U0153532

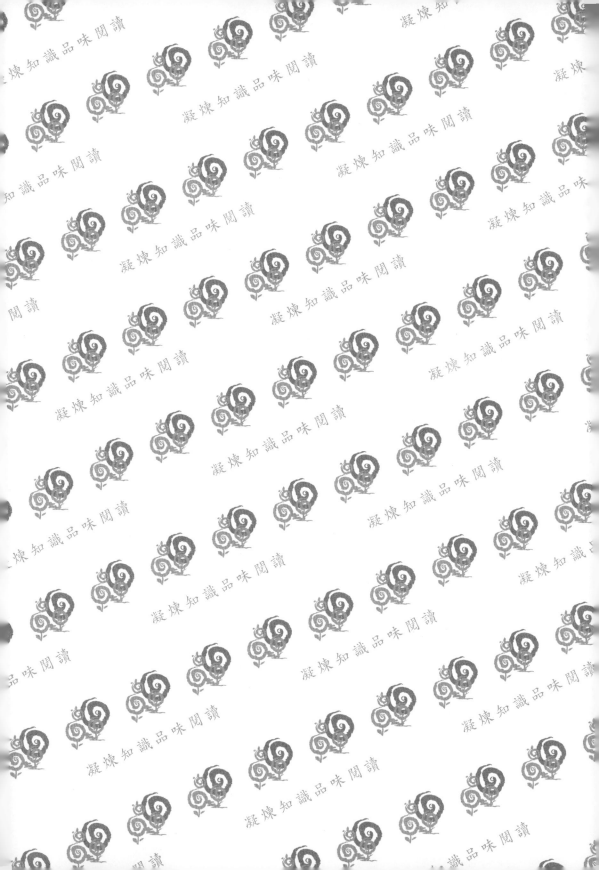

圖解系列

圖解

三大特色

● 一讀就懂的教育哲學入門知識
● 文字敘述淺顯易懂、觀念完整
● 圖表形式快速理解、易懂易記

教育哲學

葉彥宏 著

閱讀文字

理解內容

觀看圖表

五南圖書出版公司 印行

作者的話

對大部分的學習者來說，教育哲學常只是一門取得教育學分的必修課程、一項參與教職和公職考試需要獲取的知識，或是為取得學位考試資格必須修習的學分等。因此，如何有效率且能令人感興趣地將「什麼是教育哲學」傳遞給廣大的學習者，乃是本書要旨。

許多人往往會因為教育哲學中存在的許多術語而感到焦慮，甚至是怯步；此乃因教育哲學並沒有一套制式的學習方法或標準，各種教育哲學專書編排各有特色，令學習者感到入門不易。本書運用了淺白的文字和易懂的圖表解釋各種術語及理論，期望能幫助到那些富有教育熱忱、但尚未深究過教育理念和方法的學習者。

本書編排主要依據教育與哲學的發展進程，分成三個部分，一是教育哲學的發展過程與常見的議題；二是介紹影響教育哲學最深刻的三位思想家；三是詳細探討具有代表性的各種教育哲學思潮。全書運用多樣的圖表呈現，可以幫助學習者掌握遍布於教育哲學之中，各種縱橫交錯的思想路線。每一章的內容份量都不會太重，各單元之間也有一定程度的獨立性。這些特色都增加了運用本書的彈性，學習者可以針對自身需求，選擇性地閱讀。

此次改版調整許多標題以幫助學習者找到重點，也刪除過時的內容，並補充學習教育哲學需要了解的基本內容。筆者衷心感謝五南圖書出版公司編輯同仁協助改版事宜，希望每位學習者能藉本書順利且自信地把握教育哲學的面貌，讓關心教育的情感，化為源源不絕的行動能量。

葉彥宏 謹誌

本書目錄

本書目錄

本書目錄

第三部分　具代表性的教育哲學思潮

第 6 章　實在論（唯實論）的教育哲學

第 7 章　分析的教育哲學初探

本書目錄

第 8 章　四種教育思潮：進步主義、永恆主義、精粹主義、重建主義

第 9 章　批判教育學概論

本書目錄

本書目錄

第 12 章　後現代主義與後結構主義的教育哲學

第 1 章

教育哲學的由來與發展

●●●●●●●●●●●●●●●●●●●●●●● 章節體系架構 ▼

　　關於教育哲學，筆者很難給予這門學科一種明確可規範或形象清晰的定義，因為它本身就是教育學的全部，所有與教育有關的學科和活動本身都存在著程度不等的信念、理念或思想。除了以後設的角度思考教育學是什麼的問題，否則教育哲學的面貌和作用並不容易浮現出來。人們常引用 John Dewey（1859-1952）（1916a: 338-339）的名言：「哲學是教育的普遍理論」與「教育是哲學的實驗室」以作為這門學科地位的最佳註解。它們雖然不是明確的定義，但卻是一種後設描述。其實「哲學是教育的普遍理論」可呼應下面這段話：「教育哲學的工作在於，採用新的概念以引導出新的實踐模式。」（Dewey, 1938: 3）教育哲學的功能就是去判斷和評價人們對教育之興趣、思想和行動是否正邁向他們所欲達成的結果（Dewey, 1913a: 304）。正是這樣的觀點，Dewey 讓教育哲學脫離不了經驗與民主，同時也擺脫不了它們引導教育學發展和教育實踐的職責。因此，比起給予教育哲學一種明確的界定，不如先了解它的由來與發展，或許更能把握這門學科的意義與價值。

Unit 1-1
從 "pedagogy" 看教育學發展的哲學源頭

圖解教育哲學

"pedagogy"（教育科學、教育學）的希臘字源為 "πατδαγωός"（paidagogos），它是由 "paidos"（兒童）與 "agogos"（領導者）兩字所構成。在古希臘和羅馬時代是指那些受主人信賴而賦予其督導家中男孩生活與道德的奴僕而言，這樣的奴僕多隸屬於階級身分較佳的家庭中。這種家庭的男孩在快要成年之前，外出多必須聽從奴僕的督導和照顧（Paidagogos, 2008, 2013; Pedagogy, 2009）。

如果用現在的教育專業術語，像是：教師、教學、教育科學等，來概括 "pedagogy" 古老的意義是不太可行的，主要原因有二：一是因為奴僕在男孩生長過程中扮演著多重角色，其與另一個希臘字 "didáskalos"（學科教師）截然不同；另一是 "pedagogy" 此字到十九世紀初，Immanuel Kant（1724-1804）和Johann Friedrich Herbart（1776-1841）等人才先後賦予 "pedagogy"「實踐、系統、原則和科學」等意涵，在那之前，此字在學術領域並未當成是某種專業的教學或是教育理論。

與 "pedagogy" 相比，有著共同希臘字源的 "paideia"，在西方歷史中就重要得多。"paideia" 的希臘字為 "πατδεία"，有「家庭教師；教育或訓練」等義。此字的希臘字源也與 "paidos"（兒童）有關，指的是為兒童心靈和道德提供整體的教育和訓練，也可以用在帶有命令和告誡意味的責備上。此外，"paideia" 尚有透過糾正錯誤和抑制激情等方式，來陶冶成年人的心靈，並使他們鍛鍊和關注自己的身體。

古希臘人將教育重點放在培養個體成為城邦的一分子上，其具體的實踐包含教導修辭、文法和哲學等博雅教育（liberal arts）內容，以及像是算數和藥學等科學學科（Paideia, 1999, 2008, 2014）。

還有一個與 "paideia" 相關的字是 "encyclopedia"，它在古希臘是由 "ἐγκύκλτος πατδεία"（enkyklios paideia）兩字所構成，指的是「有系統地綜合起來的完整指導」（complete instruction）或「完整且有系統的知識」（complete knowledge）（Encyclopedia, 2014; Munzel, 2003: 114）。可以看得出來，"paideia" 此字在古代就已經很接近現代所理解之「教育」的意義。

再回到 "pedagogy" 之德文 "Pädagogik" 來看，其與「教育科學」（Erziehungswissenschaft, the holistic science of education）同義。按《教育大辭書》的解釋，即便教育活動始終存在於人類歷史中，但西方學術長期以來並未重視教育學的發展。到十九世紀初，Herbart留意到教育理論與實踐對人類發展的重要性，借用許多哲學和心理學觀點，試圖建立起一門獨特且能科學地探究的教育科學，他稱之為「普通教育學」（朱啓華，2000b；詹棟樑，2000）。

在Herbart的影響下，"pedagogy" 有更多實踐的意涵，包含「兒童教學的藝術或科學」和普遍意義上的「教學藝術」，與「教學」（teaching）和「教育」（education）等字同義（Pedagogy, 2009）。

教育學的出現

哈勒大學（Martin Luther University of Halle-Wittenberg）於1779年設立德國第一位教育學講座，並聘請Ernst Christian Trapp（1745-1818）擔任講座教授。Trapp並於1780年出版《教育學探究》（Versuch einer Pädagogik），提出系統和實證取向的教育科學理論（梁福鎮，2006：399）。

早先Kant受聘於柯尼斯堡大學（University of Königsberg）的人類學講座。1776年，他第一次在該講座中講授教育學。在1803年的《論教育》（On Pedagogy）中，Kant認為將教育作為一門學術加以探討有其必要（梁福鎮，2006：380）。

Immanuel Kant

資料來源：Immanuel Kant（2014）.

Kant（1803 / 1900: 21-23）在1803年的《論教育》（On Pedagogy）強調必須設立實驗學校方能確立教育的原則，並主張兒童的本性與其生長和所接受的教化有關。Herbart則是在1806年的《普通教育學》（Allgemeine Pädagogik）探討教育科學的必要性。

在Kant之後，Herbart於1809年受聘至柯尼斯堡大學講授Kant哲學；1810年，教育學講座設立，Herbart在那裡進行教育理論與實際的教學實驗，將柯尼斯堡大學教育系推至巔峰（周玉秀，2000）。

003

Unit 1-2
「教學」與「教育」的哲學意涵

"teaching"與"education"兩字原先多作動詞使用。在《教育大辭書》中，「教學」包含"teaching"和"instruction"兩字（但昭偉、簡紅珠，2000）。"teaching"在印歐語系的字根爲"deik-"，有「展示、嚴肅鄭重地發音；投入」（to show, to pronounce solemnly; to throw）等義（Deik-, 2008）。而"instruction"的拉丁字爲"instructio"，有「裝備、布署；預備、準備就緒」（equipment, apparatus; equipped, fitted out, prepared）和「建構、構造」（construct, build）等義（Instruction, 2008）。

過去著名的泛智論（pansophism）教育家Johann Amos Comenius（1592-1670），其代表著作《大教授學》（Great Didactic, 1657）所用的"didactic"之希臘字爲"didaktikós"，除了有上述"teaching"和"instruction"的意思，也用來指稱教學藝術或科學（Didactic, 2014）。

再來看"education"，此字最初乃是作爲動詞"educate"使用，其有數個拉丁字源，列舉兩例如下："educatio"有「培養、扶養」（bring up; rearing）的意思；"educare"有「引出、拉拔、培養」（lead out; draw up; bring up）之義。該字的印歐語系字根爲"deuk-"，有「引導」（to lead）的意涵（Educate, 2008）。

國內學者楊深坑（2000a）對"education"此字有詳細的闡述，他將此字的拉丁字源歸納爲「引出」和「塑造」兩種涵義，認爲它們分別對應德文的"Erziehung"（教育）和"Bildung"（陶冶、陶養、教化）。

"Erziehung"主要的涵義如下：一是從深處提升到高處；另一是外在經驗內化到心靈深處；最後是結束舊狀態並進入新狀態。這裡可以看出，教育具有將人從其未成熟的、屬於本能的一面，逐漸引導和提升至成熟的精神價值層面（楊深坑，2000a）。

至於"Bildung"此字，Gadamer（1960 / 1975: 9-10）以爲，陶養不只與天賦和能力的培養有關，也與涵養人們生活的歷史和文化有關，不過它們都還不算是構成陶養最重要的力量。陶養是主體持續不斷地塑造自身的普遍理智、精神或心靈的過程，它本身並不能當作可欲的目標來追尋，只有在教育者的反思中才能探索人是如何獲得陶養的。這種反思是從個人身處的歷史和文化脈絡出發，探索學習到的東西要如何內化至自身。在此，「內化」是將普遍理智、精神和心靈統整在一起的過程。

上面列舉之教學和教育的意涵，除了凸顯它們在實踐層面存在哲學的意涵，也可以看出，除非統整目標和方法、賦予行動意義和價值、建構關於人性的理論，否則教學和教育只會是一些盲目零散的活動。因此，「教育科學」的建立不僅爲教學和教育的活動帶來目標和方法，也彰顯了這些活動的意義與價值。

「教育」在古代中國典籍中的意涵

在楊深坑（2000a）為《教育大辭書》撰寫「教育」的詞條中，從古代典籍梳理出相當豐富的內容。這些典籍將教育的對象、功能和目標明白地呈現出來。

「教」的意涵	傳授	◆傳授的意涵，例如：《說文解字》：「教，上所施，下所效也；育，養子使作善也。」《漢書‧儒林傳》及《廣雅‧釋詁》解釋：「教，效也；上施下效，亦即以先覺覺後覺也。」
	文治教化	◆文治教化的意涵，例如：《禮記‧王制》有「言四教」與「明七教」的記載。所謂四教是指「詩、書、禮、樂」而言，而七教則是「父子、兄弟、夫婦、君臣、長幼、朋友、賓客」。
	心性休養	◆心性修養的意涵，例如：《中庸》提過：「修道之謂教」、「自明誠，謂之教」。
「育」的意涵	稚子	◆作為名詞有「稚子」的意涵，例如：《釋言》有說：「育，稚也。」
	生長	◆生長的意涵，例如：《爾雅‧釋詁》提過：「育，長也。」
	培育	◆生育、養育、培育的意涵，例如：《易‧漸》：「婦孕不育。」《中庸》：「可以贊天地之化育。」《呂覽‧察賢》：「則萬物育矣。」

◆至於「教育」兩字的聯合使用，最早見於《孟子‧盡心上》：「得天下英才而教育之，三樂也。」在此，「教育」一詞，意謂以先覺覺後覺，循循善誘培育之，使之立己達人。

資料來源：楊深坑（2000a）。

Unit 1-3
Herbart 教育學之哲學與科學基礎

006

Herbart於近代教育的影響力顯現在教育科學（pedagogical science）的主張，他認為教育學如要確立其作為專業學科（科學）的地位，教育目的不僅要奠定在倫理學的基礎上，還要以心理學作為教學方法（朱啓華，2010：103）。Hilgenheger（1993: 1-2）指出，Herbart的心理學根植於人的經驗、形而上學以及數學中，此乃因其心理學受益於Gottfried Wilhelm Leibniz（1646-1716）與Kant等人的形而上學傳統，以及Isaac Newton（1643-1727）的物理學。又因為Leibniz和Newton在微積分上的成就，使Herbart將數學運用於心理學之中。即便Herbart的心理學與後來由Wilhelm Wundt（1832-1920）等人開創的實徵心理學（empirical psychology）不一樣，但Herbart仍稱得上是一位先驅者。

Herbart在《普通教育學》中，分別從Jean-Jacques Rousseau（1712-1778）與John Locke（1632-1704）的教育觀點闡述自己關切的議題，即教學方法、內容，以及教師的任務。Herbart指出，Rousseau雖然重視孩子生命的歷程，但這卻是建立在教師徹底犧牲自己的生活、陪伴在孩子身邊的結果。對Herbart來說，這種代價太高，教師無論如何都要比孩子的生命來得更為可貴；尤其是當教師費力地讓孩子接受自然教育後，又得讓他自己在複雜的社會中努力學習生存之道，在Herbart看來，是相當不經濟且欠缺整體考量的教育（李其龍譯，1989：6-8）。

Herbart又在Locke那裡看到，作用於社會之中的道德傳統和習慣能幫助孩子成為有教養的紳士，此過程看似不需要倚賴任何教科書，只需要延請有良好德行且個性穩重的教師，該教師了解與人生活的規矩，以及在不同對象、時間和地點應該表現出來的舉止行為，並以此教導學習者在不同年齡階段應有的行為習慣。Herbart批評這種輕忽教育（教學）的做法，只是在世俗生活中培養世俗之人。如此一來，學習者的未來究竟在哪裡？便成為他所質疑的焦點（李其龍譯，1989：6-8）。

藉由Rousseau和Locke的主張，Herbart思考的問題是，如果教師能審慎地設計、安排和提供那些能激發學習者興趣的課程內容和活動，是否有可能讓所有的學習者都變得更好？換言之，如果存在著某種科學的教育學理論，其能建構起對所有學生都普遍有效的教學方法，那麼教師便能拍胸脯向人們保證，透過教的過程，學習者將能獲得全部的人類興趣和文化遺產（李其龍譯，1989：8）。

質言之，Herbart希望教育能成為一專門的科學領域，他反對各種哲學派別自以為是地提出教育主張，卻往往忽略了學習者的心靈和需求，且對於教育領域之深耕也不負起任何責任。如果教育學能成為獨立的學科，並建立起自己的理論，Herbart認為，這種作為科學的教育學，將能得到其他科學的尊重，並更進一步地吸收更多觀點，使理論與實踐能獲得更全面性地考察（李其龍譯，1989：10-11）。

Herbart對兩種教育哲學傳統的反思

Herbart主要是基於以下兩項Rousseau與Locke之教育主張的問題展開教育的反思：

缺乏效能

　　Rousseau（1762 / 1979: 51-52；李平漚譯，1989：23-24）在《愛彌兒》（Emile: or on Education）一書中，希望在孩子出生之前就有一位年輕且有智慧的教師，且永遠只教這一位學生，教導孩子做人的天職、探索行為的準則。

資料來源：Johann Friedrich Herbart（2014）.

　　若教育能成為一門科學，那麼教師便能審慎地設計、安排和提供那些能激發學習者興趣的課程內容和活動；也能建構普遍有效的教學方法，學習者將能因此獲得全部的人類興趣和文化遺產。

目標不強

　　Locke（1889: 12）說過：「教育首要關切的大事是你養成了何種習慣。」他的《教育漫話》（Some thoughts concerning education, 1693）一書從注意孩子身體健康出發，強調培養好的行為習慣有助於男童應對各種無監護人從旁觀照和幫助的問題。他認為，隨著年齡的增長，良好習慣將能使孩子懂得活用自身所擁有的自由（Locke, 1889: 7）。

Unit 1-4
趨向師資培育和教學發展的教育學研究

從教育史來看，Herbart的教育理論一直到他去世二十年後，才由其學生Tuiskon Ziller（1817-1882）發揚、充實與澄清。Ziller更加清楚地闡述Herbart的教學法，使其成為一系列有序的步驟；並繼續強調教育的道德目的，以及道德目的與教學的相互關係；同時，Ziller也持續發展Herbart的核心學科概念，意圖使人文學科在所有學科中占有中心的地位，藉以使課程內容獲得更好的統整。

Ziller的積極作為使當時的德國出現一些傑出的追隨者，如Friedrich Wilhelm Dörpfeld（1824-1893）編製了核心學科、Karl Lange（1909-1945）撰寫關於「統覺」（apperception）的心理學著作、Christian Ufer撰寫了推廣Herbart教育學的小冊子、Wilhelm Rein（1847-1929）則是將Herbart理論闡釋得更為條理分明，在教學上亦緊密結合了理論與實踐的研討，使Herbart理論得以順利地推廣至海外（尤其是英語系的國家）（李復新、馬小梅譯，1999：22；林玉体，1991：368；孟湘砥、胡若愚譯，1993：88-90）。

1890年代末至二十世紀初盛行於美國的赫爾巴特運動，其最初是由三位曾在德國學習的年輕人將Herbart理論帶回美國的師範大學和學院，作為培育教師的理論與方法。影響所及，有些學生也陸續前往德國學習Herbart理論，並將這些理論又帶回美國作為師資培育之用。1892年，美國「赫爾巴特社團」（Herbart Club）成立；接著，1895年「全國赫爾巴特協會」（National Herbart Society）亦設立，著名的教育哲學家Dewey是該協會的成員之一。該協會後來於1902年改名為「全國教育科學研究協會」（National Society for the Scientific Study of Education），之後又在1910年定名為「全國教育研究協會」（National Society for the Study of Education）。從協會創立之初，每年都會定期出版年鑑，刊載重大且具意義的美國教育課題（孟湘砥、胡若愚譯，1993：98-99；National Society for the Study of Education, 2012）。

在1890年代，整個美國教育領域，遍布著Herbart的信徒，顯見其理論深刻地影響當時教育工作者的生活和行動。儘管從協會數次更名的歷史，似乎可想見赫爾巴特運動對美國教育之影響日漸衰退。不過這種運動的衰退並不是說Herbart理論已漸漸為人放棄，而是從原先對國外理論之崇拜與介紹，走向在地化的過程，也就是真正地與美國教學情境融合。像是受到Herbart學說的影響，美國的心理及教育學者，如：Dewey、Edward Lee Thorndike（1874-1949）等人也對教育的道德目的、教學的形式步驟、核心學科和文化世代論（以人類文明和民族發展的不同階段安排課程內容）、興趣理論（教學要關照到學習者已有的經驗，並根據其情感和興趣施予教學方法）等展開研究，在不同程度上都算是呼應和更新了Herbart的主張（孟湘砥、胡若愚譯，1993：89, 93-95, 99-100）。

赫爾巴特主義（Herbartianism）的五段教學法

　　Herbart教育學本身注重教學方法之系統性，這種觀點再經由後來的Ziller與Rein之修訂，而總結出一般所謂的「五段教學法」（five formal steps），試圖為教學進程的安排取得最佳的方式。請參閱下表整理：

Herbart 教學法	五段教學法	說　明
明晰 （clearness）	準備 （preparation）	教師在此階段應設法了解學生的特質和程度，決定要教的教材、預估學習者連結新舊教材的統覺過程、設計引起動機的活動等。
	提示 （presentation）	教師以講述和說明的方式，提綱挈領的、有次序地提示教材重點。
聯合 （association）	比較或抽象 （comparision or abstract）	透過師生的互動，刺激學生將新教材與舊經驗相互比較或聯合，以發現原則或原因，促進觀念地抽象化。
系統 （system）	概括 （generalization）	此階段包括協助學生思維的類化和分化。不同的觀念使之劃分，相同或類似的經驗使之類化，以促進學習者系統和統整地吸收教材。
方法 （method）	應用 （application）	指導學習者將習得的原理原則或知識，應用於實際情境，解決問題。在問題的解決過程中，檢驗原則或知識的正確性。

資料來源：李咏吟（2000）；李復新、馬小梅譯（1999：22）；林玉体（1991：368）。

Unit **1-5**
Dewey 對 Herbart 教育學的反思

與科學結合不僅有助於確立教育之專業性，更能促成教育內部的分工趨於精密，使教育議題之探討更為細緻與深入。Herbart的顯著成就在於他集合了當時哲學、數學和物理學的成果，將「教學」型塑為一種專業活動。他希望教育能成為科學探究的學科，也期盼人們以科學方法型塑教學實踐的內涵。這種「透過教學進行教育」（李其龍譯，1989：14）的觀點，凸顯了教材組織的重要性，也意味著學習者具有可塑性（朱啟華，2010：105）。Dewey曾推崇Herbart為教育提供了明確的方法、目標和程序，而非完全放諸偶然的靈感或是屈從於傳統的做法（Dewey, 1916: 76-77）。

惟Harbert談的「可塑性」與後來Dewey（1916: 49, 77）的差別在於，Herbart認為教學活動不應過度遷就未成熟的學習者，教學者（教師）自身的作為才是真正對學習有重要影響的角色。Herbart所設想的乃是能夠達成學習者多方面需求（興趣）之平衡的教學；而Dewey則是以學習者（兒童）為中心的角度，凸顯學習者本身是正在持續生長中的行動者，「教學」乃是師生互動的過程與結果，非純粹單方面的施為可以達成。兩人雖然都同樣看重「興趣」，但Herbart著重於將諸多興趣（包含：經驗與同理的情感、思辨與社會、美感與宗教等六種興趣）統整於教材內容及教學方法中，並讓所有的兒童都能吸收諸

多興趣（李其龍譯，1989：15, 19-20, 67, 232-233）；Dewey則是回歸至觀察個別兒童的興趣，專注於關切個別兒童的需求，以及如何使這種需求轉化為教學內容。

Herbert對「教學」的看法雖然顯示出教學方法、教材組織等經驗內容的重要，但在他的想法中，學習者缺乏主動的運用理性的能力，不容易審慎地從事思考活動。儘管Herbert的教學理論未脫離經驗、興趣、情感與人們彼此的互動往來，但他始終認為這些東西並不完全可靠，Herbert以為，人的經驗和互動並無法有效地培養出精神生活的核心（李其龍譯，1989：66）。

由於Herbart並不完全信任兒童本身及其學習活動的價值，故他最終只能依賴歷史文化產物（尤其是文學作品）來組織學科和教材內容。如此一來，教學內容只是不斷地重複過去經驗，複製過去生活價值，缺乏考慮學習者的生活環境，以及當前生活意義。在Dewey看來，Herbart的做法易遠離兒童的生活經驗，更缺乏持續重建經驗的力量。因為Herbart缺乏串聯過去和現在之經驗的方法，故Dewey才批評其教育理念缺乏聯繫現在與未來的手段，只是為虛無飄渺的未來而做準備（Dewey, 1916: 86）。

赫爾巴特主義的「文化世代論」

在Dewey型塑自身教育哲學的過程中，有許多觀點都是反思赫爾巴特主義的結果。其中最知名的就是「教育即生長」（education as growth）的觀點，Dewey（1898: 329）曾這樣說過：「教育是一種作為重建的生長。」（Education a Growth – as Reconstruction）他藉由「生長」的教育目標凸顯當時美國的赫爾巴特主義有走向形式化、忽略兒童發展、與社會脫節等問題。讀者可從赫爾巴特主義的「文化世代論」（the culture-epoch theory）來理解問題所在，請見下表整理：

文化世代論的基本立場	具體課程内容
認為人的身心發展是從簡單到複雜，而歷史發展則是從原始到文明。這種理論相信人類的發展會重複著一種線性且單一的物種演化模式。	Ziller提出過一個歷史和文學的課程方案，在第一學年安排兒童較為喜愛的《格林童話》作為學習閱讀與書寫的開始；第二學年安排《魯賓遜漂流記》（Rubinson Crusoe, 1719）作為初等教育的教科書；第三學年至第八學年則陸續教導聖經、聖徒、耶和華和耶穌、宗教改革等，這些課程内容大致上以宗教的歷史為基礎，從童話、神話和傳說為開始，之後加入傳記和影響重大的宗教改革活動。

資料來源：蔡淑如（2004：63-64）。

Dewey對文化世代論的批評

問　題	批　評
線性發展的歷史主義觀點：在二十世紀以前，「文化世代論」是指「個體的動物天性或人類祖先經歷了一些狀態，所以該個體也必須要經歷這些特定的發展時期。」	Dewey（1897b: 339）認為，美國當時的赫爾巴特主義（Herbartianism）忽視學習者的本能、習慣和動力，他從自然哲學及演化論的觀點提出「教育即生長」，強調個人與社會的整體發展關係；教育的起點、歷程、結果和意義；並從社會學及心理學來重建當時的教育觀念，藉此處理赫爾巴特主義趨向形式化的困境。
環境決定論的觀點：到了二十世紀以後，該理論的重點轉移至「關注生活和社會過程中的共同力量和因素」。換言之，人類之所以會在某些方面經歷了與他們的動物祖先相似的過程，乃是因為在相似的生活原因、條件下的活動，產生了相似的結果。	Dewey（1896a: 249; 1900: 23）在1896年的一篇對「文化世代論」之評論中，提到以兒童為中心（to making the child centre）的看法；之後又於1900年強調教育應該以兒童為中心來加以組織。他當時認為：「重視當前的兒童心理層面的教育内容，要比教育歷史保存下來的觀念來得重要」，且「教育内容應活化兒童生命，豐富其對生活的興趣，而不是把他們當成是消極被動的接受者或靜態的物體。」

資料來源：Dewey (1903: 307).

Unit 1-6
教育學與教育哲學的關係

圖解教育哲學

012

前面花了一些篇幅探討 "pedagogy" 和Herbart教育學，讀者也許會好奇，教育學與教育哲學的關係為何？筆者歸納以下三點自身的觀察來勾勒兩者關係的部分面貌。

首先，就筆者目前所能蒐集到的資料，以英文撰寫的教育哲學專書，都出現於十九世紀以後，有的是基於宗教教育的需求（Simpson, 1836）；有的撰寫背景與Herbart有點相似，都受到當時科學發展的影響，強調教育科學的發展與教學藝術的增進（Gall, 1840）。

其次，在十九世紀時，教育學與教育哲學的關係還是混淆難分的，從Herbart的教育學就可以看出其理論融合的不只是哲學，還包括數學和物理學等科學。即便到十九世紀最後十年，教育學與教育哲學兩者仍是不容易區分清楚的關係。

像是1889年，美國的Calkins（1889: 3）從研究與教學的角度，為教育哲學規劃了一些子課程，如：教育史、教育原則、教學方法、學校管理、兒童研究等，他並羅列出許多與各個子課程相關之著作和相關研究，為教育哲學之教學提供多種選擇的方向。Calkins並沒有系統地介紹教育哲學，只是分項整理了許多相關研究，並將它們歸屬為「教育哲學」這一門「課程」。從這門課程涵蓋的廣泛程度來看，Calkins應該是把教育哲學看成是教育學的普遍理論。

最後，會有上述教育學與教育哲學混淆難分的時期，最主要的原因是，在十九世紀時，心理學、社會學、甚至某些自然科學等，多還是在哲學的框架下討論，尚未真正成為一門獨立的學科。從另一方面來說，直到二十世紀以後，心理學完全走向學科化，教育學和教育科學兩者的關係也才能清楚分別。

以美國為例，當時之所以興起教育學，除了受Herbart教育學的影響，也受到演化論和心理學中關於青少年和兒童研究的影響，還有當時美國社會充斥著太多外來移民者而產生的社會問題等，這些複雜的因素在一定程度上讓教育學和教育哲學的區分變得困難。

大致上，教育學在整個十九世紀仍屬哲學範疇，且從前面對 "pedagogy" 的介紹來看，也要到十九世紀以後，才有將「教學」視為一項「藝術」（art）的主張出現，且這樣的討論多還是在哲學的範疇中，Herbart教育學亦是如此。

以上對教育學與教育哲學兩者關係的闡述，主要建立在一種看法上，就是把教育哲學也看成是某種專業領域，所以，教育學的發展正好為人們帶來對教育哲學此一專門學科的需求。另外，前述教育學與教育哲學混淆難分的時期，與「哲學」本身的任務有直接關聯。

早期的教育哲學著作及特色

目前筆者所能蒐集到較早與「教育哲學」有關的英文著作多在十九世紀前葉和中葉，如：

◆ 美國人Samuel Willard（1775-1859）於1829年的《教育哲學論集》（Essays on The Philosophy of Instruction, or The Nurture of Young Minds）

◆ 蘇格蘭人James Simpson（1781-1853）於1836年的《教育哲學》（The Philosophy of Education: With Its Practical Application to a System and Plan of Popular Education）

◆ 英國人Thomas Tate（1807-1888）於1854年也有一部名為《教育哲學》（The Philosophy of Education）的著作，此部著作直到1884年才在美國出版

上面提到的Simpson和Tate的著作有幾項共同特點：著眼於教學原則與方法的確立；對典型的西方教育家的介紹；偏向官能心理學（faculty psychology）的發展理論；著眼於理性的人性觀點；結合宗教的道德訓練；最後是注重教學方法之實施等（Simpson, 1836; Tate, 1884）。

◆ 英國人James Gall（1784-1874）於1840年的《教育哲學》（A Practical Enquiry into the Philosophy of Education）

013

作為普遍教育理論的教育哲學

1889年，美國的Calkins（1889: 3）從研究與教學的角度，為教育哲學規劃了一些子課程，如：教育史、教育原則、教學方法、學校管理、兒童研究等，他並羅列出許多與各個子課程相關之著作和相關研究，為教育哲學之教學提供多種選擇的方向。Calkins並沒有系統地介紹教育哲學，只是分項整理了許多相關研究，並將它們歸屬為「教育哲學」這一門「課程」。從這門課程涵蓋的廣泛程度來看，Calkins應該是把教育哲學看成是教育學的普遍理論。

Unit 1-7
「科學」與「世界觀」：兩種哲學的任務

　　哲學（philosophy）的希臘字為"φτλοσοφία"（philosophia），有愛智（love of wisdom）和追求智慧（striving after wisdom）等意涵。

　　根據Wilhelm Windelband（1848-1915）的看法，德文中的"Wissenschaft"（科學），泛指有系統的知識或學科體系，它是以井然有條的思想認識現存事物之工作。現在人們所謂的自然科學，在古代則稱之為自然哲學（natural philosophy），屬於哲學的一個範疇。

　　另外，在個別或特殊的意義上，像是自然、歷史和地理等科學都屬於特殊且具實踐意義的哲學，它們所探究的乃是現存事物的各個領域（Windelband, 1901 / 1958: 2-3）。

　　Windelband還曾主張哲學是「對那些必然、普遍且重要之價值判斷的科學」，也可以說是「普遍價值的批判科學」（引自Bambach, 1995: 64）。這些看法不僅引導人們思索哲學作為「科學」的地位，也引導出另一種哲學的角色及任務，也就是作為「世界觀」的哲學。

　　值得一提的是，Windelband對哲學之界定有部分是受Kant批判方法（critical method）所影響。在Kant那裡，哲學不只是一種科學，或是一種嚴格的科學形式；哲學還是一種世界觀（Weltanschauung），或是生存與價值的理論（Bambach, 1995: 64）。Kant在1790年《判斷力批判》（Critique of Judgment）中，特別凸顯人類心靈的知覺能力，即"Weltanschauung"（世界觀），也就

是人們直觀覺察到的感性世界（mundus sensibilis）（Naugle, 2004）。

　　Heidegger（1975 / 1988: 4-6）曾指出，世界觀產生於對整個世界與人之「此在」（Dasein）的反思。這種反思活動凸顯世界觀是人與周遭環境統整在一起的事實，它不僅包含了人生觀，也受到周遭環境所影響。廣義來說，世界觀就是人們素樸直觀地把握世界的態度，它並非理論知識，也不是單純儲存於記憶中的知識。世界觀是一種具有融貫性和一致性的信念，該信念或多或少可清楚且直接地決定當前各種生活事務。世界觀不僅能為此在提供指引；對於身處在壓迫之中的此在，世界觀也能成為其力量的來源。需要留意的是，不管世界觀本身是否混合著迷信與知識、偏見與冷靜清醒的理性，依然改變不了它們作為世界觀的地位。

　　作為世界觀的哲學，它為人們提供諸如：理念、實在、上帝、希望、至善，以及各種人性本質的預設。和作為科學的哲學相比，作為世界觀的哲學能為人們提供那些不存在、難以用理論知識概括、卻又真實的存有（being）（Heidegger, 1975 / 1988: 11）。

　　上述說明提醒人們注意到教育哲學也存在著科學和世界觀的性質。若以此來看Herbart教育學的內容，人們應該可以了解他那時提出的「教育科學」，其實就是教育哲學的一種型態。另外，從Herbart在教師角色與兒童心理的觀點都脫胎自某些哲學和科學的觀點來看，可以得知他也接受了某種哲學的世界觀。

古代哲學的世界觀

世界觀

宇宙論

　　最早的希臘哲學源於愛奧尼亞（Ionia），當時哲學家們關切的是自然和宇宙起源的問題，他們認為，諸如：季節更替、人的生老病死、萬物的生長與消亡等自然變化，背後必定有著某種最初、永恆的「原質」（urstoff），像是Thales（624-546 BC）提出「水是萬物本源」，Anaximander（610-546 BC）則主張「無限者」（apeiron, boundless）才是萬物本源。

　　Thales和Anaximander在當時都是米利都的科學家，一位對天文和數學頗有研究，另一位則是希臘第一位繪製地圖者。他們探討的學問除了物質世界外，還包括以抽象的思辨探討宇宙起源的理性活動。後來人們視Thales和Anaximander等人為主的「米利都學派」（Milesian school）為西方哲學的開創者（傅佩榮譯，1986：24-27）。這段介於西元前600年到西元前450年的重要時期，即哲學史上所謂的「宇宙論時期」。

　　在宇宙論時期，尚有畢達哥拉斯學派（Pythagorean school）長期鑽研於音樂和數學的研究，相信「數」的性質和結構才是自然運作、宇宙和諧的根源。另外，該學派本身的苦修主義和宗教色彩，也要求人們以靜默修持、音樂陶冶和數學研究等途徑關切自身的靈魂。該學派的數學和靈魂理論似乎也影響了後來的Plato（427-347 BC）（傅佩榮譯，1986：38, 40-42）。

從宇宙論延伸（轉移）至對人類生活和認知能力的關注

人類中心論

　　宇宙論時期對於「原質」的懷疑和探索，後來又回到「人」身上。在各種對原質的理解和解釋中，答案究竟會是哪一種？而其他答案又錯在哪裡？當上述問題萌生時，哲學家們不得不從原先對自然和宇宙的關心，回到人類的思想和思考過程來追問：獲取確定知識的條件是什麼（童世駿、郁振華、劉進譯，2004：33-34）？

　　這種從「本體論、存有論」（ontology, theory of being）延伸到「知識論」（epistemology, theory of knowledge）的關注，使哲學家們不再只是斷言事物之本源，還更進一步思考自身的問題，原先對「宇宙起源」之探討回到了「對人類思維活動的探討」（童世駿、郁振華、劉進譯，2004：34）。

　　西元前450年後，人自身成為關注的中心，哲學從原先的「宇宙論時期」轉移至「人類中心論時期」，與認識論同時產生的是對倫理－政治議題的關心。這意味著人不只是純粹的思考者，他也是一位行動者（童世駿、郁振華、劉進譯，2004：34）。Socrates（469-399 BC）當時首先將哲學建立在批判的方法上，並且還是第一位試圖將道德作為科學研究對象的人（張竝譯，2011：113）。

Unit 1-8
教育學與教育哲學的同與異

016

　　據吳俊升（1979：27）的說法，美國最早的教育哲學著作出現於1886年，由哲學家、教育家兼女性主義者Anna Callender Brackett（1836-1911）將德國哲學家兼教育家Johann Karl Friedrich Rosenkranz（1805-1879）於1848年的著作《Die Pädagogik als System》英譯為《The Philosophy of Education》。這部著作內容多圍繞在普遍的教育學理論，如：教育中的普遍觀念、教育中的特殊因素和教育系統的獨特性（Rosenkranz, 1848／1887）。吳俊升（1979：27）認為，美國的第一本教育哲學專書是Herman Harrell Horne（1874-1946）於1904年的《教育哲學》（The Philosophy of Education），該書內容包括：各種廣泛的教育觀點，並分別從生物學、心理學、社會學和哲學等層面探討教育中的哲學議題（Horne, 1907: xiii-xvii）。只是在吳俊升看來，上面兩者仍多只是從「教育學體系」來思考一些哲學議題。

　　吳俊升（1979：29）主張，教育哲學應該是作為教育學之理論和實踐的指引，進一步說，它能解析教育學背後存在的哲學思想，因而這樣的哲學乃是「更深刻、更普泛的教育學」。吳俊升（1979：31）理解的教育哲學其實是「教育的哲學基礎」，他用意在於將教育哲學視為一門專業學科來看待，在一定程度上，與Herbert想確立「教育科學」的精神並無二致。

　　合乎吳俊升對教育哲學之訴求者有以下幾位：John Angus MacVannel（1871-1915）於1912年的《教育哲學的課程大綱》（Outline of a Course in the Philosophy of Education），該書以為哲學是探討人類經驗的範疇和其中的知識內涵，並作為科學的假定，理解教育和其他科學之關係的理論。因而教育哲學的目標有三：第一，從有意識且朝向人類演化的歷史奮鬥中，探索教育的意義；另一方面，也要探索教育與其他文明活動的各種關聯。第二，決定教育過程的意義和目的，這種過程的決定要考慮到以下兩件事情，一是要與當下廣大的理智及社會過程產生關聯，另一則是要聯繫至生活（life）與實在（reality）的普遍過程。第三，型塑教育倫理學（MacVannel, 1912: 9-10, 17）。

　　另外，Dewey於1916年《民主與教育》（Democracy and Education）探討的教育議題與他本人的哲學有莫大關聯。至於William Heard Kilpatrick（1871-1965）於1921年的《教育哲學教學大綱》（Syllabus in the Philosophy of Education），該書也是從哲學觀點切入教育問題的討論（吳俊升，1979：28）。還有William Chandler Bagley（1874-1946）於1911年的《教育的價值》（Educational Values），吳俊升（1979：28）認為此部著作具有哲學的綜合性質，也就是綜合了各種教育科學的知識，使之成為系統的學問。最後是Boyd Henry Bode（1873-1953）於1921年的《教育基礎》（Foundamentals of Education），從實用主義哲學探討教育問題，他希望教育能切實掌握自身的目標與觀念，也期許教育能處理心靈和理智的性質等哲學層面的議題（Bode, 1921: v）。

教育學的意涵

國內常將"pedagogy"譯為「教育學」或「教學論」，前者概括範圍廣，且著眼於"pedagogy"此字的教育史背景和教育哲學理論內涵；後者則認為"pedagogy"此字在現今的歐美已普遍用於指稱教學。

Pedagogy

如參考日文的用法（教育學，2014），"pedagogy"有「教育學」或「教授法、教法、教育法」等義。前者泛指所有與教育領域有關的學科內容、科學方法、知識系統和倫理的實踐活動；後者意指那些適用於教育工作者（諸如：教師、教育研究者及從事教育相關工作的人們）的指導原則和方法。

讀者如再進一步閱讀Dewey著名的教育哲學作品《我的教育信條》（My Pedagogic Creed, 1897），應該能理解"pedagogy"除了是指引教育工作者行動的依據；在教育工作者面對各種挑戰、衝突與統整時，也會產生出他們自身實踐的信念、理論和方法。

第 2 章

教育哲學的功能與探究途徑

章節體系架構 ▼

以下這段話是 Bagley 為 Bode 之《教育基礎》所撰之導言，頗適合用來概括本章主旨：

「然而，有些問題既非教育科學、也非教育史能獲得令人滿意的解決。科學能幫助教師實現他的目標和理念；歷史能告訴教師，前人是如何奮力實現這些目標和理念；但教師本身應要達成什麼樣的目標和理念呢？現今教育應往什麼方向去嘗試呢？應該用什麼價值標準來幫助教師決定課程材料、學校組織、教學方法、師生關係呢？這些不只是反覆發生的問題；它們是根本的問題。教育哲學的研究並不能、也應該無法為教師回答所有的問題，但是它應該要協助教師，使他們能為自己尋找答案。」（Bode, 1921: x；引自吳俊升，1979：31）

Unit 2-1
廣義的教育哲學傳統

　　Phillips（2008）為《史丹佛哲學百科》（Stanford Encyclopedia of Philosophy）撰寫的「教育哲學」詞條中，將教育哲學領域區分了五種傳統，除了第一種因為Phillips未舉例而難以判斷是指什麼樣的教育哲學傳統外，其他可見下面介紹。

　　第一，個人教育觀。來自於個人的身分、觀點、思想或行動，這些人多為學校校長、政治家、宗教領導者和記者，他們的作品雖然都觸及哲學議題，但其本意並不在於追求某種哲學方面的學術成就，而是針對當時的教育提出個人觀點。

　　第二，哲學家的教育觀。在不同時期，哲學家們不僅對人類思想產生巨大的影響，他們本身也有投入教學工作和教育著作的撰寫。他們未必會從自身的哲學立場撰寫教育著作，可能只是該哲學家的個人觀點（甚至可能是偏見），從Phillips（2008）自己的敘述來看，他認為諸如：Locke、Immanuel Kant（1724-1804）、George Wilhelm Friedrich Hegel（1770-1831）和Bertrand Russell（1872-1970）等人的教育著作多較為粗糙。像是Locke（1889: lxi-lxiii）的《教育漫話》（Some Thoughts Concerning Education）原來只是談論兒童教養的私人書信，並非他公共的觀點論述，後來因為他本人也希望能為英國紳士的教養帶來幫助，才將這些書信集結成冊。

　　第三，教育學者的觀點。有許多教育理論者和研究者，其活動的領域並非在哲學上，像是Burrhus Frederic Skinner

（1904-1990）主張透過行為科學的力量，使行動和學習可以不受個人動機和興趣所影響，如此便可確保人們獲得自由與尊嚴；Jean Piaget（1896-1980）藉由發展階段論的主張，型塑其「發生認識論」（genetic epistemology）的內涵；社會心理學者Lev Vygotsky（1896-1934）強調社會力量對個人發展有其重要性。

　　第四，教育哲學家的思想。在教育哲學領域中，有三位重量級的歷史人物：Plato、Rousseau和Dewey，他們三位的作為在很大程度上，符合學術上所界定的教育哲學。還有為數不少的教育哲學領域的人物，他們的思想彼此也都呈現出相互包容和競爭的關係，像是二十世紀中期以後，以Richard Stanley Peters（1919-2011）、Paul Hirst（1947-2003）和Israel Scheffler（1923-）等屬於分析的教育哲學（Analytic philosophy of education）之代表人物。

　　上述幾種教育哲學的傳統說明不同時代背景的人們，他們在哲學、心理學、社會學、政治領域或教育領域的作為或成就，會影響教育哲學探究的範疇。過去人們曾積極討論過的教育問題，即便與現在有所不同，但有些共同的主題（如：教育目標和概念、教與學等）仍是無可迴避的，甚至它們已變得更為複雜。除了共同探究的主題外，現代的教育哲學與過去不一樣的地方，在於加入了更多反思、評價和批判的行動，以及要求與其他社會或自然學科有更多密切的聯繫，否則便無法充分且完整地處理各種教育主題。

個人教育觀

個人的思想或作品，多有某些理念的支持，從政治、社會、宗教、學術和教學發展以及學習者的角度，反思時代的教育課題，因而人們常將他們用作為師資培育的基礎課程，讓學生了解個人的教育觀點產生的來龍去脈，並作為陶冶和型塑自身教育理念與目標的參照對象。

Thomas Arnold（1795-1842）於1828至1841年曾為拉格比公學（Rugby School）校長，他的治校理念因為深受英國聖公會（Anglican Church）的影響，因此主張學校教育目標要以宗教和道德原則為優先，其次是紳士風度，再次才是理智發展。在十九世紀初，公學的校長們都未意識到體育的教育意義，然而，Arnold當時卻認為體育和休閒活動具有改善學生品格、激發他們思考的功能（許光廌、黃建松，2008：44；關鍵時刻雜誌，無日期）。

John Wesley（1703-1791）為衛理宗（Methodism）創立者，他認為體現基督教精神最好的教義就是積極地投入於現世的社會服務。在他的影響下，信徒們進入基層消除文盲、到監獄探訪囚犯、照顧病人和窮人、反對奴隸制，把整個世界都視為基督教徒牧領之地（徐敏雄，無日期）。

Thomas Henry Huxley（1825-1895）曾任英國皇家學會會長，他是Charles Robert Darwin（1809-1882）演化論的支持者和代言者，為了捍衛演化論在探討人類起源上的貢獻，Huxley曾不惜引用各種科學與宗教界展開論爭。

英國紅衣主教John Henry Newman（1801-1890）在《大學的理念》（The Idea of a University, 1852）中，認為大學應該是提供博雅教育、培育有修養和有見識的紳士之地，這種對古典人文傳統的堅持，使大學的主要功能為型塑品格、培養人才的處所（金耀基，2003：3）。

其他還有創辦夏山學校（Summerhill school）的Alexander Sutherland Neill（1883-1973），還有像是美國總統Thomas Jefferson（1743-1826）、Benjamin Franklin（1705-1790）等人的作品、紀錄和語錄等，也被人們將其提取出來作為教科書的內容。

哲學家教育觀的闡釋路徑

Phillips（2008）提到，有些教育理論家往往只注意到Locke的《教育漫談》，卻忽略了他的《人類悟性論》（An Essay Concerning Human Understanding, 1690）和《論寬容》（A Letter Concerning Toleration, 1689）等著作與教育哲學的關聯。像是《人類理解論》成為十九世紀聯想心理學（associationism）的基礎；它也刺激了人們對兒童發展與人類學習過程的興趣，尤其是將人類心靈視為一塊白板（blank tablet），需要透過教育為心靈輸送所需的觀念，協助其訓練自己的心靈以發展更為抽象且複雜的觀念。綜言之，Phillips旨在提醒兩件事情：第一，這些思想家的教育著作未確實與他們自身的哲學思想密切結合；第二，他們對教育哲學的貢獻主要在於自身的哲學成就，而非教育著作。

Unit **2-2**
哲學對教育的需求

關於教育的哲學基礎，在第一章已經有過討論，筆者將沿著單元1-7介紹過的兩種哲學任務闡述哲學對教育的需求。

用最廣義的視野來看，早在哲學活動產生之前，人類就有教育活動。只是哲學發展的條件遠比廣義的教育活動來得更為深刻和嚴格，它需要大量的時間以深度思索自然或人類的學問。米利都學派、畢達哥拉斯學派、智者派（Sophists），甚至是希臘三哲，他們彼此在教育方法、內容和目標上都不盡相同。除了Socrates（469-399 BC）之外，多數思想家都可連結至某個學派、學術組織或學校機構。事實上，"school"（學校）此字的希臘字源與"leisure"（閒暇）有關。

Aristotle（384-322 BC）（2007）在《形而上學》（Metaphysics）區分兩種知識：「能為生活帶來愉悅或實際效用的技術」和「由閒暇階級在閒暇場所創造出來的知識」。前者是工匠的技術，後者則是如數學家、哲學家的知識。從Aristotle的區分來看，顯然受到當時城邦中階級劃分的影響，同時也相信成天為生活奔波、需要消耗大量體力的人，是不可能有時間學習高深知識的。對許多古希臘哲人來說，教育機構、制度和教師對整個城邦的穩定與繁榮有著不可或缺的重要性，學校教育的方法和內容也是哲人們將自身哲學理念和社會重建構想寄託其中的地方。

到了希臘化時期，哲學已成為「基於科學原則之生活技藝的實踐意義」（Windelband, 1901 / 1958: 2）。過去那種純粹對於理論的興趣，逐漸轉移到個別、特殊的哲學中，並集中於某些人感興趣的特定領域，像是上面提到的歷史、地理和自然科學等。看起來，哲學（作為普遍、廣泛意義的科學）試圖要含括所有與人有關的知識內容，但仍存在著例外，像是數學和醫學很早便堅守自身獨立於普遍哲學（科學）的立場。大致來說，哲學長久以來都密切地接觸那些和人類有關的科學，試圖「從人類知識最普遍的結論中獲得指導生活的信念」（羅達仁譯，1998：3）。

希臘化時期之後，教育已普遍為思想家和政治家實踐自身理念的手段，例如：羅馬時期普遍流行的「七藝」（the seven liberal arts）、基督教興盛時期的教義問答學校、中古時期的大學、文藝復興時期的人文學校等。儘管教育是在十九世紀之後、甚至是二十世紀初才成為獨立的學科，但哲學對教育的需求卻早已根深柢固於人類的生活之中。

哲學的發生雖然與教育有關，但是從古希臘開始，哲學就已經是一門需要花很多時間探討的科學，它有屬於自身的世界觀，也都貼近人類的認知、價值和信仰（形而上的範疇）活動。在教育學成為一門學科之前，哲學早就奠定了它與人類生活密不可分的地位，因此，哲學才能作為教育實踐的指引，且教育的歷程本身也是哲學實踐不可或缺的環節。

中世紀以後的哲學發展

　　比起哲學與教育的關係，哲學與宗教彼此糾纏不清的關係，讓十九世紀的教育哲學多與宗教信仰的落實和強化有關；而在此之前的教育措施，多圍繞在一種教育目標與方法脫節的形式訓練上。儘管現在看來過去的教育是落伍的，但其反映的卻是過去人類在理智和信仰方面的成就；且延續下來的人文精神、博雅教育、大學理念等文化財產，除了可作為今日教育反思和重建的一種參照對象，人們也賦予它們新的時代意義。

哲學與宗教的關係	說　明
與宗教的差別	古代哲學的任務到了中世紀，卻為宗教所取代，宗教提供了指導個人生活規律的確定信念，還在理論層面提供了對整個實在（reality）的看法。由於基督教教義本身便是建立在古代哲學的基礎上，因而它的理論就更具有哲學的性質。在漫長的基督教統治時期，哲學只能作為宗教的婢女，發揮其「以科學來奠定、發展與捍衛教義」的地位和功能。從另一方面來看，哲學和神學在方法上也出現了顯著的對立態勢，神學仰賴天啓（divine revelation）從事宣教的工作，而哲學卻從運用人類的知識（human knowledge）來獲取信眾和闡述教義。
與宗教的衝突	Windelband認為，哲學與神學在方法上形成的張力，無可避免地使思想愈來愈不受教會束縛，而哲學便更能獨立解決哲學和宗教共有的問題。這樣一來，哲學從宗教的婢女，過渡至對教義的批判，最後更擺脫宗教的影響。這都是因為哲學所訴求的方法和對象來自於人的理性和經驗所致。這種與在方法和對象上的張力，在近代（指十八世紀的啓蒙時期）世俗哲學（Weltweisheit）那裡，甚至演變成在本質上與基督教教義的對立。
哲學的理智與道德功能	雖然哲學與宗教有著糾結複雜的歷史關係，但哲學的任務仍舊是以科學的洞察，探究世界與人類生活的理論基礎，而在世俗哲學中，宗教顯然無法再滿足於這些需求。十八世紀的哲學再度取得古希臘時期的哲學地位，哲學家們普遍相信哲學能勝任其作為科學的任務，也就是引導人們注意事物的本質，並且從這種洞察事物本質的立場，規範個人與社會的生活。
理性的哲學批判功能	然而，啓蒙時期的世俗哲學並沒有因此在形而上學取得優位，因為這種希冀恢復過去那種無所不包的哲學企圖，到了Kant手上，卻將其限制於「理性自身的批判活動」（critical consideration by reason of itself）。在此意義下，哲學乃是一「特殊的科學」，它透過理性的自我批判，延伸至認識活動之外的普遍性和宇宙論中，這亦是哲學在生活實踐層面之使命。

資料來源：Windelband（1901 / 1958: 3-4；羅達仁譯，1998：3）。

Unit 2-3
影響教育思想發展的哲學議題

根據前面的討論，哲學思想的發展與學派、學術團體或學校教育等教育組織或機構的興起有關，社會整體的狀況，如：穩定程度、富庶與否、自由和包容程度等因素也關乎哲學思想的性質。就像米利都學派的興起與愛奧尼亞的社會和政治氛圍有關；Plato的教育思想與當時城邦社會有密切的關係；Rousseau的自然教育觀乃是批判當時社會問題的產物；Dewey的民主教育觀也是反思當時美國工業和科學快速發展的社會狀況的結果。與哲學一樣，教育的活動和各種思想的型塑也都受到特定時空因素所影響，然而，這種特殊性並不影響人類對目標之追求、對超自然的崇仰、對生命的關切、對自然的嚮往、對知識的興趣、對人性和人類活動之探究的欲求。

大致來說，許多教育哲學的議題多圍繞在幾個哲學主要的範疇上：

「形而上學」（metaphysis）探討如：普遍真理、永恆、靈魂、自然、實體（substance）、上帝、存有（ontology）、意志、身體與心靈、觀念與經驗之關係等議題。教育哲學常會討論學習者的自主、認同、潛能、可能性；或是各種與教育有關的「性質、本性、本質」（nature, essence）等議題。

「知識論」（epistemology）探討人的認識何以可能？如何獲取知識？知識是否蘊含信念？以及主客觀性、理性與情感、經驗與探究、思維活動與思考歷程等議題。在教育哲學中，知識論最常用於架構思考、推論和實驗的探究模式；建構研究方法論；藉由認知歷程來設計教學理論與方法等。

「倫理學」（ethics）探討人類的行為（conduct）與其認知活動的關係，像是：應用倫理學（applied ethics）會思考如何將道德知識予以付諸實踐？規範倫理學（normative ethics）會在意如何建立普遍的是非對錯之原則？後設倫理學（meta-ethics）會討論有關「善、惡、對、錯」等的意義，並且推敲人們使用的道德判斷是否有效等問題；描述倫理學（descriptive ethic）則是會詳細地描述特定事件的歷史和社會脈絡，了解道德觀念形成的原因。在教育哲學中，倫理學的討論常見於以下議題：知行關係；教育的意義與價值；人性與行為；道德發展；道德和品格教育的實施；人權與公民身分；各種人與自身、他人、社會和自然的關係；教育政治學；正義與關懷倫理學等。

「美學」（aesthetics）在古希臘是指人的感官知覺，後來德國哲學家Alexander Baumgarten（1714-1762）之《美學》（Aesthetica, 1750）出版，美學才成為獨立的學科。教育美學的探討重點有：教學藝術；教育的美感性質；以美學原理安排教育歷程，提升學生的品味和批判能力；重視感官知覺能力、敏於覺察的感受力、感性的發展；從藝術教育和美感經驗的角度設計課程，以補充量化評鑑的不足（楊深坑，2000b）。許多教育哲學家都不約而同地主張教學藝術和教師即藝術家的主張，藉此凸顯教育活動並非僵化死板的知識傳遞，而是帶有批判、想像、創造和解放的實踐。

各種哲學範疇的相互關係： 以教育倫理學爲例

在教育實踐中，各種哲學範疇其實是相互作用的關係，要找到完全獨立的形而上學或知識論的教育哲學議題應該是不可能辦到的。國內學者歐陽教曾規劃多項教育倫理學的研究子題，這些子題不僅與哲學範疇有關，也深受現代科學的發展所影響。筆者在此列舉數項歐陽教提到的幾個子題來說明：

子題	說明	涉及的範疇
教育價值論 （educational axiology）	解析教育價值的性質、類型及規準，俾作為一般教育目的、理想、政策、方法及材料之合價值性的理論基礎，更進而建立道德教育的健全方法與內容。	形而上學、知識論、美學
教育目的性的倫理分析	根據教育價值論的原理，分析教育目的之內外在或特殊、普遍的合價值性。	形而上學、知識論、美學
道德教育的心理學基礎	根據道德認知的邏輯或觀念分析，作進一步的道德判斷發生學研究（genetic approach），以確定道德判斷或道德行為的心理發展次序，俾有助於了解無律（anomy）、他律（heteronomy）與自律在道德教育上的分期及相續意義。尤其對「自律」之三種心理特質的分析，更是教育倫理學中所不可或缺的。	形而上學、知識論、美學
道德教育方式的可欲性	一般的教育方法，其程序必須合於道德的可欲性；至於道德教育所採取的歷程或方法，更不能與道德原理相悖。道德教學、道德訓練、道德灌輸及道德行為中潛意識的認同，其不同層次的意義、可行或不可行，都應予以徹底澄清。	形而上學、知識論、社會學、心理學
道德教育與其他相關教育的關係	如德育與智、群、體、美、聖等教育內容的配合運用和密切關係，以收德育的廣泛效果。	形而上學、知識論、認知科學、美學和社會學
學生的自由與自律	學生在校內外各種學術及課外活動的自由權與自律之義務感的檢討，以有助於對學生自由權之正用與誤用的了解。	形而上學、知識論、社會學和政治學

資料來源：歐陽教與方永泉（2000）。

025

Unit 2-4
教育哲學議題：教育目標、個人與社會、批判思考

在Siegel（2007）爲《大英百科》（Encyclopædia Britannica）撰寫的「教育哲學」詞條中，他主張教育哲學是針對教育性質、目標與問題的哲學反思。這種觀點與分析取向的教育哲學並無二致。由於教育哲學探討的議題甚廣，以下僅節錄Siegel（2007）列舉過的主題來展現教育哲學思考問題的一些方式（2-4至2-6單元）。

一、教育目標
（the aims of education）

教育目標是教育哲學最基本的問題，諸如：引導教育觀念的適切目標；用以評價教育成就、制度、實踐與產物等的適切範疇；許多由哲學家或教育理論家提出的目標包含了探究的氣質（disposition）和好奇心（curiosity）；創造力的培養；擴大想像的範圍；促進道德思考、感受和行動；生長、發展與自我實現的培養；實現自我潛能；克服偏狹的地域主義和封閉的心靈；自主的培養；將自由、幸福和自尊極大化；培養與關懷（care）和關注（concern）有關的態度和氣質；培養社群情感、社會團結（social solidarity）、公民身分（citizenship）、公民意識（civic-mindedness）；保護學生免於受到有害的文明影響；培養政治意識與行動；使個別學生之需求和興趣能與其生活之社會環境統整起來或達致平衡；培養構成「合理性的行動」或批判思考的技能和氣質。

不管是哪一個時期的教育哲學家，都會致力於爲某種特定教育目標的概念辯護，或是批判其他教育目標。這也意味著，任何教育目標的提出都要顧慮到各項細節並審慎地爲其立場辯護，因爲所有的教育目標會持續地遭遇到各種批評。

如提出較大範圍的目標，其將促使教育哲學家們始終保持著活力，並擴大接觸其他領域的哲學和學科（如：心理學、社會學、人類學及物理學）之範圍。

教育目標在理智地引導教育行動中，有著根本的重要性，這是當代對教育政策的討論鮮少注意到的事情。

二、個人與社會的關係
（the individual and society）

與這一主題相關聯的各種問題，基本上屬於道德和政治哲學的範疇。學校在正義和民主的社會中，是什麼樣的地方？學校應該是讓學生更加地趨於社會化還是個性化？當這些目標無可避免地有所衝突時，究竟該以社會還是個人因素優先考量？如果教育制度應該致力於平等的對待所有學生，則應該爲學生謀求什麼樣的平等（機會的平等或結果的平等）？個人的自主是否要比社會品格來得有價值？普遍來說，教育實踐是否該更加自由地看待個人與社會的關係？像是把個人的獨立性視爲最重要的基礎，或是更加社會化地視個人的獨立性在社會中乃是其來有自且綿延深遠的因素。由於上述問題也涉及到比較和評價等因素，因爲具有認識論的性質，故Siegel認爲它們也和批判思考（critical thinking）有關。

批判思考

對許多教育者而言，批判思考之培養乃是教育目標之一。而對從事批判思考的人來說，至少有以下兩項特徵：

◆ 他們會採取好的推論，也就是建構並評價各種已存在的原因和理由，這些原因和理由或是為他人所提供、或是為人所反對的信念、判斷和行動。

◆ 他們有意願或想要透過那些經過評價後的理性指引，讓他們實際所相信的事物、判斷和行動與那些經過推論過的評價相一致。

在關於批判思考的議題中，存在著知識論的性質，例如：什麼是好的推論？什麼樣的推論過程會產生好的或不好的理由？在批判思考的概念背後有著什麼樣的認識論假定？批判思考所預設的立場，是客觀與絕對之真理、知識或圓說（justification），還是能兼容更具有相對性的文化、種族、階級、性別或概念圖式（conceptual scheme）？

還有一些更為特殊且爭論得更為激烈的議題，例如：對於使用批判思考的群體而言，批判思考是否為中立的（neutral），或是帶有政治偏頗，使得思考的類型過度偏向從歐洲白人男性思想家的角度，導致低估或是侮辱到與其他群體有關的思考，像是：女性、有色人種及西方世界以外的人類群體，這些群體認為思考是共同而非個別的、合作而非對抗的、直覺或情感的而非線性與不帶人性的？批判思考是否會贊同並長久保存那些支配群體的信念、價值與實踐，並貶低那些社會邊緣或受壓迫的群體？理性本身是否如某些女性主義和後現代哲學家主張的那樣，是一種霸權形式？其他的議題尚有，構成批判思考的技巧、能力和氣質是普遍的還是特殊的？

Unit 2-5
教育哲學議題：教與學、課程、教育概念之澄清

三、教學、學習與課程（teaching, learning, and curriculum）

　　許多教育實踐的問題產生於哲學議題，例如：對教導和學習來說，什麼學科最有價值？什麼東西構成這些學科的知識，這些知識又是如何發現和建構出來的？對所有學生來說，是否應有單一且共同的學科？或是像Dewey想的那樣，針對學生不同的需求和興趣設計不同學習內容？如果是針對不同學生設計學習內容，那麼是否要根據能力來追蹤他們的學習情況？對於能力稍遜的學生（less-able students），是否要引導他們至職業教育中？在學術和職業教育之間，是否存在著正當的區分方式？學生是否應該按照年齡、能力、性別、種族、文化、社經地位或其他特徵予以分組？或是說，教育工作者是否應該在教室中探索這些不同特徵和範疇之差異？

　　無論是什麼樣的課程，應該要如何教導學生？是否如Locke那樣，認為心靈如同白板，只能消極接受各種資訊？還是像Dewey、許多心理和教育學者主張的那樣，視學生為主動的學習者，鼓舞他們投入於自我導向的探索與學習？應該要如何設想並實施教導活動？是否應該期待所有學生都學習到相同的東西？假如不是這樣，許多人主張，是否要運用標準化測驗來測量教育的結果、成就或成功，才能使學習內容具有意義？如這些看法是正確的，普遍的分級和評價以及特殊的標準化測驗之效果會是什麼？

有些人主張，任何種類的分級或評價，是無法達到教育目標的，因為它抑制了合作，並破壞了學習的動力。近來，對正式測驗（high-stakes testing）的批評主張，這類測驗的效果是相當消極的，導致課程的簡化、為測驗而教、給予學生和教師過度的壓力、分散學校教育的真正目的。這些複雜的問題包含了哲學所關注的目標問題、教育的正當意義、人類心靈的性質、學習與教導的心理學、學校教育的組織和政治訴求，還有很多與社會科學的研究有關。

　　還有關注特定課程領域目標的問題，舉例來說，科學教育之目標所應傳達給學生的是否僅是當前流行的理論，更確切的說，應該是理解科學方法、掌握科學假設之試探性和可謬誤性，並透過評價過的理論來理解？科學的課程是否應聚焦在單獨一種當前流行之理論？或是否應該要包含對學科之歷史、哲學和社會學的關注？從這些關注中，是否只要追求信念就好了，還是要連同技巧也一起追求？這些問題幾乎也能用來檢視其他課程領域，它們至少有部分與哲學有關，而且就像課程理論家和教材專家一樣，教育哲學也常處理這些議題。

反思教育實踐的一種方法

　　有的教育哲學並不以建立理論或思想為要務，而是著眼於教育情境中使用的語言是否準確、概念是否規範得合理等問題。教育情境中充滿了各種人際互動和對話，運用適合的方法隨時反思自己和別人說過的話，以及與他人的溝通方式和內容，將有助於改善對話和互動的品質，或是讓一些教育研究者或團體更清楚地傳達研究立場與教育理念。

教育概念之澄清（clarification of educational concepts）

澄清概念	教育哲學的主要任務之一，就是闡明關鍵的教育概念，包含教育本身，以及與其相關的概念，像是教學（teaching）、學習（learning）、學校教育（schooling）、兒童撫養（child rearing）和灌輸等。
將其中蘊含的哲學議題凸顯出來	分析的任務並不必然只是要確定那些飽含情感的或帶有爭議的概念，還要確定那些看起來模稜兩可的不同意義，使其變得清楚明確，從而凸顯隱而未顯的形而上學的、規範的或文化的假定，人們便可闡明這些假定的各種結果，探索彼此相關之概念的語義聯繫，還能說明那些在嵌入的哲學主張和命題之中獲取的推論關係。

資料來源：Siegel (2007).

教育與灌輸（indoctrination）的差別

　　教育與灌輸的關係是分析取向的教育哲學關注之基本課題，它可作為上述概念澄清的範例之一。

教育與灌輸的關係	教育究竟如何與灌輸有所不同，在教育理論中還是有許多爭論，有一派人將教育和灌輸區分開來，認為灌輸是不可欲的；另一派人則認為，灌輸和教育兩者在原則上並沒有什麼不同，即灌輸本身並非是不好的。
分析灌輸的途徑	教育理論普遍會依據目標、方法和教條等界定灌輸的內涵：(1)所有的教學形式，其目標在於使學生採納獨立的信念，不管那些信念是否有獲得證據的支持。(2)所有的教學形式，其所憑藉之方法在於灌輸信念，無須顧慮到學生意願，也不能質疑或評價那些信念。(3)所有的教學形式只是毫無根據地要求學生接納一組特定的信念，如某種政治意識型態或宗教教條。

資料來源：Siegel (2007).

Unit 2-6
教育哲學議題：女性主義、多元文化與後現代

四、面對女性主義、多元文化主義，以及後現代的批評（feminist, multiculturalist, and postmodern criticisms）

這三種議題已超越了前面批判思考的範圍，它們處理更為廣泛的教育哲學之理論與實踐的特質。

女性主義教育哲學家看重的是，那些因傳統的男性中心而被排除掉的教育目標。有的女性主義者以關懷為目標，並著力於培養學生對自身與他人的關懷傾向和能力。更普遍的目標在於發展所有學生的情感、直覺和意欲，而非只是著重認知層面的發展。許多女性主義教育哲學家也質疑傳統公私領域的區分，他們主張，教育不應該只是聚焦於發展公共領域所需要的能力和特質，如：理性、客觀和公正；還要發展在家庭和家人的私領域中，所需要的能力和特質，如：情感連結、熱情、直覺，以及敏於覺察他人身體和心理的需求。

多元文化主義的教育哲學家強調的是文化差異的意義。他們強調差異不只是在於語言、習俗和生活風格，在根本上還有基本信念、價值和世界觀。他們主張教育必定不能使特定群體文化享有特權，而是要帶著嚴肅且尊重的態度，平等對待所有群體文化。

有些人認為，正義和價值就是要平等地把每個群體的傳統、信念和價值看成是正當的；另一些人則主張，即便某一群體本身的信念是錯誤的，價值也是有缺陷的，但對於該群體的尊重還是有可能辦得到的。而多元文化主義者也不認為正義和尊重是普遍共享的概念，他們傾向於從特定文化的定位來看待這兩種概念，所以那些在文化上享有特權的信念和價值，便與多元文化的運動相衝突。上面兩派人馬的主張，目前仍無最好的解決之道，有些解決的途徑是採取文化的相對主義（cultural relativism），有些則是混合了多元文化主義和普遍主義的觀點。

後現代的教育哲學家挑戰的是與傳統哲學有關之客觀性、中立的理性、固定不變的意義，以及真理和權力的區分。他們懷疑那些關於哲學和教育等的普遍理論，他們認為那些大型敘事（grand narrative）來自於特定的歷史情境，因而必須反思在那些情境中，支配著群體之世界觀、信念、價值和興趣的東西。

有些人著眼於權力和正義的議題，為了要使社會變得更為正義，不再受到權力所宰制，他們致力於揭露那些由權力所宰制的運作的不正當性。其他人強調意義的不穩定性和大敘事的脆弱性（質疑宰制性和正義的敘事之正當性），這些人擔心對大敘事的追求可能會逐漸損害那些致力於消除權力宰制的政治努力。

女性主義、多元文化主義以及後現代等不同立場的主張互有重疊之處，他們常會質疑那些普遍教育理念和價值的可能性，並且都把教育看成是政治的，凸顯教育理論和實踐之間存在權力關係；還會指出許多教育哲學家們所忽略的東西，主張充分考慮到群體的價值和興趣。

其他與實踐有關的教育哲學主題

與教育實踐有關的議題，如：個人與社會行為、知識與行動的關係等，都與倫理學和政治學有關。可參考以下兩種常見的教育哲學主題：

對權利、權力與權威（rights, power and authority）的探討

權威的性質 權利的使用 權力的賦予	在此一主題下有數個議題值得探討，例如：教師施加在學生身上的權威，其性質和理由是什麼？國家是否能正當地剝奪學生自由？家人和他們的孩子是否應該有不參加他們認為不適當之課程內容的權利？學校是否應該鼓勵學生普遍地反思並批判？
標準化測驗 無法增進學 生的力量	在最近的美國，正當權威的議題產生於標準化測驗的實施。有些批評指出，標準化測驗會歧視某些種族、文化、宗教或族群的孩子，因為測驗本身蘊含的內容無法為某些群體成員所接受和理解。弱勢群體要根據什麼樣的權力，使孩子免於受到歧視或不公正的對待？

資料來源：Siegel (2007).

道德教育（moral education）

道德教育的 功能與限制	許多問題和議題需要從道德層面尋找適切的教育途徑，諸如：教育是否應致力於建立學生之特定道德信念和價值？或是增進學生透過道德議題思考的能力？如果要增進學生的道德思考能力，教師應該如何區分好的和不好的思考道德議題之能力？道德教育是否應該聚焦於學生品格，而非反覆灌輸特定信念和價值，或是發展對道德議題而言，好的思考能力，並盡力培養出如誠實和敏感（honesty and sensitivity）的性格？還是說，這些方法都無可避免地也包含某種程度的灌輸（也可以這樣問，難道這些方法都迴避不掉某些人們極力想避免的東西）？
道德教育的 哲學思考層 面	上述途徑也存在著反對的聲音，由於道德信念和價值在一定程度上都與文化和社會有關，因此，道德教學無論如何都事先假定了一種站不住腳的道德絕對主義（moral absolutism）。類似這種範圍更廣大且複雜的問題，就可以聯繫至後設倫理學（metaethics）和道德知識論（moral epistemology）。此外，道德心理學和發展心理學也與上面所列之問題的解決高度相關。

資料來源：Siegel (2007).

Unit 2-7
教育哲學議題：道德理論與品德教育

教育哲學常介紹的道德理論主要有以下幾種（林建福，2009：57-71；林逢祺譯，2010：145-153、169-185、245-246）：

1.義務論（deontological theory）：此種道德觀相信人本身即是目的，肯定人的內在價值和自主性，內在動機比行為的結果更重要，認為道德規則是絕對的、普遍的。如Kant的「定言令式」（categorical imperative）強調，人的行為必須遵守自身理性所認定的普遍法則，無論如何都不可違背。Kohlberg（1971）的道德認知發展第六階段「普遍倫理原則導向」強調個人遵循內在良心的抉擇，即是對Kant義務論的應用。

2.效益論（utilitarianism）：此種道德觀預設人是理性的，會重視行為能否帶來善果，並期待能夠無私、公正且仁慈地對待每個人的最佳福祉，例如：教育經費與資源如何公正地分配才能創造最佳的效益。

3.社會契約論（social contract theory）：此種道德觀預設人是理性且利他的，願意為彼此的福祉探討和決定一套法律規則，並根據法律規則判斷個別行為在道德上是否可以接受。一般來說，人們須服從共同商訂好的法律，如若法律無法保障或是會傷害不同身分之人時，公眾抗爭就成為合理的途徑之一。Kohlberg（1971）的道德認知發展第五階段「社會契約導向」強調社會公眾認可的權利和標準都可受批判性地檢視，此即是社會契約論的應用。

4.德行論（virtue ethics）：此種道德觀欲改善「知而不為」的道德實踐困境，希望實踐以下兩種品格教育來實現至善與幸福的生活目標：(1)與學生共同探討哪些為當前社會所推崇的良好行為習慣，要如何理智地實踐；(2)在自身的專業領域上求知若渴，不為名利，不懈地追求卓越、精益求精。

5.能力取向（capability approach）：此種道德觀廣泛用於政治、衛生、環境、教育與跨領域的倫理議題。經濟學家A. K. Sen反思效益論只考慮行為結果而忽略過程的問題，他主張個人的幸福與否，端視其是否有充分自由的選擇機會，去做珍視的事、過有尊嚴的生活、發展潛能及追求自我實現（王磊、李航譯，2012：268-270）。

相較於Sen強調自由選擇的能力，M. Nussbaum的能力取向則是注重人類尊嚴（human dignity）。Nussbaum提出「核心人類能力」（central human capabilities）清單，如：生命權、健康、身體自主、表達思想、感受與想像的自由、情感表達的自由、追求隸屬的自由、形成自我價值與批判思考的自由、能自由從事遊戲與創造性的活動、自然環境與物種之關注、政治權。Nussbaum希望能保障個人最基本的人權與能力，還必須關切政府和國際組織是否有剝奪這些能力的情況發生（Robeyns & Byskov, 2020）。

本書會在第十一章〈女性主義的教育哲學〉介紹關懷倫理學（care ethics）。

品德教育的教學實踐策略

我國自2004年起推動《教育部品德教育促進方案》，強調運用民主程序，並基於德行論的理念型塑「品德核心價值」，如：尊重生命、仁愛、誠信、謙遜、欣賞感恩、關懷、正義、廉潔等，期望能具體落實於現代生活的各種情境，成為各個群體的「行為準則」（教育部，2019）。

教育部（2019）依據Ryan（2015）的觀點，提倡「創新品德教育6E教學法」：

6E教學法	內　　涵
典範學習	學校能鼓勵教師或家長等學生生活親近之人物成為學生學習典範，發揮潛移默化之效果。
啓發思辨	學校能鼓勵各級學校對為什麼要有品德、品德的核心價值與其生活中實踐之行為準則進行討論、澄清與思辨。
勸勉激勵	學校能透過影片、故事、體驗教學活動及生活教育等，常常勸勉激勵師生實踐品德核心價值。
環境型塑	學校團隊能發揮典範領導，建立具品德核心價值之校園景觀、制度及倫理文化。
體驗反思	學校能推動服務學習活動、課程及社區服務，實踐品德核心價值。
正向期許	學校能透過獎勵與表揚，協助學生自己設定合理、優質的品德目標，並能自我激勵以具體實踐。

學者李琪明（2000）曾引介國外的六種道德教學模式：

道德教學模式	內　　涵
理論基礎建立模式	教師是道德的反省者，帶領學生重建道德價值並發掘道德的本質精神。
體諒模式	以角色扮演等方式，幫助學生覺察人們的共同道德需求，促進人與人之間的關懷與了解。
評價過程與澄清模式	藉價值清單的設計等使學生經選擇、珍視、進而行動的歷程，以提升其對於道德價值的認知、情感與行動的能力。
價值分析模式	啓發學生系統性地思考道德價值問題，使其能於每個思考點做出正確的判斷。
道德認知發展模式	以道德兩難的困境引導學生解決問題，並進而提升其道德認知發展的階段。
社會行動模式	教導學生如何在所處環境中具有研究、發展與解決道德問題的能力，並能將道德理論付諸行動並進而影響他人。

Unit 2-8
教育哲學研究的方法與取向

由於教育哲學「研究方法」並不存在於任何量化或質性的教育研究法之著作中，缺乏那種理論清晰、結構明確的研究方法，有時候會予人過於抽象、不嚴謹或不知從何著手研究的疑惑。儘管此問題存在著不確定性，但長久累積起來的教育哲學研究眾多，還是可從這些研究或著作中歸納一些教育哲學研究的取向出來。從下面所列的研究取向，或許可以為「什麼是教育哲學的研究方法」的問題，找出可以為人們所接受的解釋。

在吳俊升（1979：37-40）和伍振鷟（1999：47-50）的著作中曾談過教育哲學研究方法。伍振鷟（1999：49-50）在著作中提到的研究方法，如：演繹法、歸納法、直覺法、辯證法、歷史法、引微法、通全法和比較批判法，惟這些方法普遍適合不同類型之研究，不易看出「教育哲學研究法」的特色。

更早之前，吳俊升（1979：37）提到的方法與伍振鷟並沒有太大的差別，但除了方法外，他又進一步介紹了三種研究程序，讀者可以在許多教育哲學專書中看到這幾種研究取徑，分述如下（吳俊升，1999：38-39）：

1.將哲學理論應用於那些與哲學有關之教育主題中，像是探索教育的心靈論、認識論、道德哲學和社會哲學等內容的哲學意涵，如伍振鷟主編（1999：1-4）的《教育哲學》便以形而上學、知識、倫理和藝術向度為主要的探討架構。

2.從教育的根本問題出發，發掘不同哲學派別對於教育目的、方法、價值和課程等的討論。這一類的教育哲學著作通常會以「教育的哲學基礎」為名。

3.探討各個哲學派別，如：觀念主義、實用主義、社會主義等在教育方面的主張和影響，如邱兆偉主編（2000，2003）的兩部《教育哲學》。

邱兆偉和簡成熙（2000：21）曾引用美國全國教育研究協會（National Society for the Study of Education）在1940和1950年代區分過的一些與教育哲學有關之哲學學派或哲學家的教育主張，諸如：實用主義、實在論、觀念論等，或是如：實驗主義者、存在主義者、馬克思主義者、邏輯經驗論者等。邱兆偉和簡成熙（2000：22）指出，區分學派的教育哲學雖易於捕捉各學派教育哲學之主題，掌握各種教育主張背後的哲學立場，並能用來指引教育的方向等優點，但仍存在下述問題，如：各個哲學派別對教育哲學的討論多寡不一，因而在探討上很容易陷入太多哲學的討論，缺乏教育實踐的探討；同一哲學派別的思想家不僅在哲學立場上不盡相同，對教育之看法也就難以契合。

二十世紀中期以後盛行的
教育哲學研究取向

　　二十世紀中期以後，產生了兩股由教育領域發展出來的教育哲學理論及方法，其中一種是從學院發展出來，以澄清教育概念為目標之分析取向的教育哲學；也有從勞工和農民等基層的成人識字教育運動發展出來之批判教育學（critical pedagogy），茲扼要概述如下：

分析哲學取向

　　1950年代末，教育哲學領域受分析哲學的影響，開啓了分析的研究取向。這種取向特殊的地方在於，與其將它看成是某種哲學派別，將其當成某種探究哲學之「方法」會更恰如其分。換言之，分析取向的教育哲學家對理論建構的興趣較少，他們認為傳統哲學關注之問題並不是真正的哲學問題所在，而是語言和意義的使用不夠精確的結果（簡成熙譯，2002：193）。大致來說，分析取向的教育哲學為教育哲學研究提供了分析和澄清教育之意義和概念（包含了各種教育的定義、隱喻和口號）的手段。

批判教育學取向

　　1960年代以後，巴西教育家Paulo Freire（1921-1997）在其著名的《受壓迫者教育學》（Pedagogy of the Oppressed, 1968）中闡述了批判教育學的研究方法。Freire融合了各種與反威權、對話和人類互動有關的哲學思想，將它們充分反映在對生活世界之政治和社會現象與議題的探討上。因而此種取向不僅是教育學的，同時更是追求去殖民化之抗爭運動的終身實踐。比起固定的方法形式，批判教育學的研究需要投入更多人性的智慧、情感和反省的能力（蕭昭君、陳巨擘譯，2003：XXIII-XXVII）。

Unit 2-9
如何學習教育哲學

036

以下提供初學者學習教育哲學的一些途徑和觀點，它們並不是一種教條，讀者可參考下面說明，再根據自己的目標，找出適合自己需求的學習方式。

一、從教育史開始

林玉体（1991、1999）的《西洋教育史》文筆通暢、敘事明晰輕快，讀者可以了解整個西方教育史發展的基本輪廓，其中也有大量的思想史介紹，有助於理解各種教育思想和制度發展的由來。

二、閱讀代表性的教育哲學著作

中外各種教育哲學的專書、論文集多得令人目不暇給，但那些著作多不適合初學者。學習者剛開始宜先閱讀教育哲學家他們最具代表性的著作，除了有助於連結到那些思想型塑出來的時空脈絡，也能幫助學習者儘快把握教育哲學所關切的課題。建議讀者閱讀以下兩部著作，它們不僅創造出許多教育哲學的話語，同時也與我們的生活脈絡較為契合。

Dewey的《民主與教育：教育哲學導論》（Democracy and Education: An Introduction to the Philosophy of Education, 1916）是到目前為止最合乎民主社會需求的教育哲學著作，讀者可選擇任何版本的中譯本來研讀。另外，Freire的《受壓迫者教育學》能為第一線的教育工作者、學習者和社會大眾提供「自我增能」（self-empowerment）的意識、力量和行動，讀者可閱讀方永泉（2006）的中譯版本。

三、閱讀中譯本好嗎？

大多數的教授會鼓勵直接閱讀原文，但是對絕大多數學習者來說，學習教育哲學的目的並非從事學術研究用途，因而選擇平易近人的中譯版本，若有不解或是感到困惑的地方再比對原文即可。比起探討中譯本是否準確的問題，學習者在研讀過程中對教育理論和觀念的思考，以及型塑自身的教育觀點及看法等，才是較為重要的事情。

四、參閱適合的二手文獻

儘管有上述看法，但筆者認為完全接受中譯本也是有風險的。因為許多教育哲學著作總會話裡藏話，作者並非不想把話說清楚，而是沒辦法每個細節都一一交代清楚。多數中譯者也未必能將作者沒說清楚的意思翻譯出來，這時候就需要一些能將細節闡釋清楚的二手文獻輔助。以Dewey為例，國內教育史學者李玉馨（2009、2010、2014）的研究就很適合作為了解Dewey思想與身處之時代脈絡的文獻；筆者的學位論文在撰寫上也是以貼近Dewey觀點為闡釋依據（葉彥宏，2014）。

五、善用圖書館和網路資源

舉例來說，國內目前已有《教育大辭書》線上版（http://terms.naer.edu.tw/），這是一部集結眾多學者編纂出來的智慧結晶，讀者進入網頁後，輸入檢索詞、資料類型選擇「辭書」，便可查找教育專有名詞。

一些運用本書的方法

本書分成三個部分,讀者可選擇循序漸進地閱讀,如同許多哲學的問題都來自古希臘時期的哲人,許多教育議題同樣也是如此。哲學之所以能成為教育的普遍理論,也是因為兩者都來自於人類生活,哲學在理論和方法方面的成果可以作為思考教育議題的工具。

1 第一部分探討教育哲學本身的由來與意義

2 第二部分為教育哲學入門必須認識的教育哲學

3 第三部分介紹具代表性的教育哲學思潮

若讀者本身對自然哲學有興趣,想涉獵一些與之相關的教育哲學,可選擇以下四章閱讀:

Rousseau的自然教育

實在論的教育哲學

Dewey的經驗教育

Plato的城邦教育

如想要了解與研究方法或方法論有關的教育哲學,可從以下四章開始閱讀:

分析的教育哲學 → 現象學、詮釋學與存在主義的教育哲學 → 後現代主義與後結構主義的教育哲學 → 女性主義的教育哲學

若是關心社會、個人與教育三者的關係,或是希望教育哲學能展現出更多對社會行動與改革之關懷者,可重點閱讀以下五章:

四種教育思潮:進步主義、永恆主義、精粹主義、重建主義

批判教育學概論

女性主義的教育哲學

後現代主義與後結構主義的教育哲學

現象學、詮釋學與存在主義的教育哲學

Unit 2-10
本書定位：把握教育哲學思想的來龍去脈

　　目前國內外的教育哲學著作相當豐富，筆者在此只能粗略地根據書名將這些著作區分為五種類型。筆者亦將這些著作的書目資料直接整理於下面兩頁，以便讀者查找。

　　第一，有以普遍教育哲學為主題的論文合集或專書，如：伍振鷟（1999）、吳俊升（1979）、邱兆偉（2000、2003）、高廣孚（1989）、陳昭雄（2001）、陳迺臣（1998）、賈馥茗（1988），以及歐陽教（1987、1999）。

　　第二，有以不同哲學取向為主的論文合集或專書，如：李奉儒（2004）、林建福（2001）、林逢祺與洪仁進（2011）、張光甫（2003）、梁福鎮（2006）、鈕則誠（2004）、馮朝霖（2002）、溫明麗（2008），以及簡成熙（2004、2005）。

　　第三，也有將各種相關議題之討論匯聚為系列專書出版，如：林逢祺與洪仁進（2003、2005、2006、2007、2008、2014），以及郭實渝（1995、1997）。

　　第四，還有相當不錯的中文譯著，它們有些是從哲學的角度，有些則是從教育應用的角度或是從社會關切的教育主題來探討教育哲學，如：卯靜儒、楊滿玉與張宜煌（2006）、宋明娟、于霞與曾春蓮（2007）、陳迺臣（1988）、曾漢塘與林季薇（2000）、黃藿與但昭偉（2007）、劉育忠（2007）、簡成熙（2002）。

　　第五，當然國外的教育哲學著作更是多不勝數，如：Barrow、Bailey、Carr與McCarthy（2010）、Blake、Smeyers、Smith與Standish（2003）、Brumbaugh與Lawrence（1986）、Curren（2003）、Dunn（2005）、Rorty（1998）、Straughan與Wilson（1987），以及Ulich（1954）。

　　上面所列的每一本著作，常會因為作者和編者各自不同的專業背景和研究旨趣而有不同的撰寫和編排方式。雖為有心的學習者提供了諸多選擇，但對初學者來說，如果沒有教師或前人指點，要找到平易近人的著作並不容易。

　　國內外的教育哲學著作之豐，往往會讓初學者摸不著入門的方向，且多數學習教育哲學的人，其本意旨在投入教師甄試或國家考試，因而在學習上可能會更加倚重補習班精心編製的教育哲學著作。惟此種著作多為應試導向，實用性雖高，卻不易引導出學習的興趣，考上之後很快就會忘得一乾二淨；且為了幫助學習者迅速掌握教育哲學的理論內涵，補習班在內容編排上常會過度地將理論組織為簡單的概念和句子，讓那些理論顯得精簡而看不出發展的來龍去脈，導致學習過程只是不斷地記憶和嫻熟作答之道。

　　與國內外專業且豐富的教育哲學著作相比，本書將如一塊指引初學者進入此一廣大領域的敲門磚，使他們領略教育哲學為教育理論與實踐帶來的作用和影響。與補習班精心編製的教育哲學著作相比，本書更著眼於脈絡的解釋，使學習者不至於囫圇吞棗，即便只是將教育哲學用於應試，也有能引導他們領略各種教育哲學思想之來由的參考書籍。

以普遍教育哲學為主題的論文合集或專書

伍振鷟（編）（1999）。教育哲學。臺北市：五南。
吳俊升（1979）。教育哲學大綱。臺北市：臺灣商務。
邱兆偉（編）（2000）。教育哲學。臺北市：師大書苑。
邱兆偉（編）（2003）。當代教育哲學研究。臺北市：師大書苑。
高廣孚（1989）。教育哲學。臺北市：五南。
陳昭雄（2001）。西洋教育哲學導論。臺北市：心理。
陳迺臣（1998）。教育哲學。臺北市：心理。
賈馥茗（1988）。教育哲學。臺北市：三民。
歐陽教（1987）。教育哲學導論。臺北市：文景。
歐陽教（編）（1999）。教育哲學。高雄市：麗文。

以不同哲學取向為主的論文合集或專書

李奉儒（2004）。教育哲學：分析的取向。臺北市：揚智。
林建福（2001）。教育哲學：情緒層面的特殊觀照。臺北市：五南。
林逢祺、洪仁進（編）（2011）。教育哲學：新興議題研究。臺北市：學富文化。
張光甫（2003）。教育哲學：中西哲學的觀點。臺北市：雙葉書廊。
梁福鎮（2006）。教育哲學：辯證取向。臺北市：五南。
鈕則誠（2004）。教育哲學：華人應用哲學取向。臺北市：揚智文化。
馮朝霖（2002）。教育哲學專論：主體、情性與創化。臺北市：高等教育。
溫明麗（2008）。教育哲學：本土教育哲學的建構。臺北市：三民。
簡成熙（2004）。教育哲學：理念、專題與實務。臺北市：高等教育。
簡成熙（2005）。教育哲學專論：當分析哲學遇上女性主義。臺北市：高等教育。

將各種教育相關議題匯聚為系列專書出版

林逢祺、洪仁進（編）（2003）。教育哲學述評。臺北市：師大書苑。
林逢祺、洪仁進（編）（2005）。教育與人類發展：教育哲學述評（二）。臺北市：師大書苑。
林逢祺、洪仁進（編）（2006）。民主社會中的教育正義：教育哲學述評（三）。臺北市：師大書苑。
林逢祺、洪仁進（編）（2007）。課程與教學哲學：教育哲學述評（四）。臺北市：師大書苑。
林逢祺、洪仁進（編）（2008）。教師哲學：哲學中的教師圖像。臺北市：五南。
林逢祺、洪仁進（編）（2014）。教育哲學：方法篇。臺北市：學富文化。
郭實渝（編）（1995）。當代教育哲學論文集。臺北市：中研院歐美所。
郭實渝（編）（1997）。當代教育哲學論文集II。臺北市：中研院歐美所。

國外教育哲學中文譯著

卯靜儒、楊滿玉、張宜煌（譯）（2006）。B. J. Thayer-Bacon、C. S. Bacon著。教育的應用哲學：培養教室裡的民主社群（Philosophy applied to education: Nurturing a democratic community in the classroom）。臺北市：學富。

宋明娟、于霞、曾春蓮（譯）（2007）。J. Passmore著。教學哲學（The philosophy of teaching）。臺北市：心理。

陳迺臣（譯）（1988）。G. F. Kneller著。教育哲學（Introduction to the philosophy of education）。高雄市：復文。

曾漢塘、林季薇（譯）（2000）。N. Noddings。教育哲學（Philosophy of education）。臺北市：弘智文化。

黃藿、但昭偉（總校譯）（2007）。D. Carr著。教育意義的重建：教育哲學暨理論導論（Making sense of education: An introduction to the philosophy and theory of education and teaching）。臺北市：學富文化。

劉育忠（譯）（2007）。H. A. Ozmon、S. M. Craver著。教育哲學（Philosophical foundations of education）。臺北市：五南。

簡成熙（譯）（2002）。G. R. Knight著。教育哲學導論（第3版）（Issues and alternatives in educational philosophy）。臺北市：五南。

國外的教育哲學專書（僅舉數例，有的與上面譯著重複）

Barrow, R., Bailey, R., Carr, D., & McCarthy, C. (Eds.). (2010). *The sage handbook of philosophy of education.* London: SAGE.

Blake, N., Smeyers, P., Smith, R., & Standish, P. (Eds.). (2003). The *blackwell guide to the philosophy of education.* Oxford, UK: Blackwell.

Brumbaugh, R. S., & Lawrence, N. M. (1986). *Philosophers on education: Six essays on the foundations of western thought.* New York: University Press of America.

Curren R. (Ed.). (2003). *A companion to the philosophy of education.* Oxford, UK: Blackwell.

Dunn, S. G. (2005). *Philosophical foundations of education: Connecting philosophy to theory and practice.* Upper Saddle River, NJ: Merrill Prentice Hall.

Noddings, N. (2007). *Philosophy of education* (2nd ed.). Bulder, CO: Westview Press.

Ozmon, H. A., & Craver, S. M. (2003). *Philosophical foundations of education* (7th ed.). Columbus, OH: Merrill Prentice Hall.

Rorty, A. O. (Ed.). (1998). *Philosophers on education: New historical perspectives.* New York: Routledge.

Straughan, R., & Wilson, J. (Eds.). (1987). *Philosophers on education.* London: Macmillan.

Ulich, R. (Ed.). (1954). *Three thousand years of educational wisdom: Selections from great documents.* Cambridge, MA: Harvard University Press.

第 3 章

Plato：觀念論教育學說的開創者

●●●●●●●●●●●●●●●●●●●●●●●●● 章節體系架構 ▼

　　任何按照時間或人物來介紹教育哲學的著作中，Socrates 和 Plato 總是會安排在最前面，而現在人所認識到的 Socrates，大多是依靠 Plato 專門為公眾撰寫的《對話錄》（Dialogues of Plato）。所以當人們介紹 Plato 的教育哲學時，無可避免的，Socrates 的教育主張也會一併探討。至於 Plato 在哲學或教育哲學的定位，多數人會把 Plato 劃入觀念主義（觀念論、理型論）（idealism），雖然他的《對話錄》有許多關於教育的討論，但其中仍以〈理想國篇〉（The Republic）和〈法篇〉（Laws）對教育制度和內容探討的最多、最有系統，更重要的是，它們在內容上有許多可相互連貫、互為補充的地方。

　　筆者在此將著重於下面幾項主題：首先，Plato 的生平及影響其思想發展的來源；其次，帶領大家理解 Plato 筆下的 Socrates 的教師形象；再次，分別介紹與 Plato 之存有論（本體論）（ontology）和知識論有關的靈魂（soul）及著名的洞喻（the allegory of the cave），並探討它們的教育意義。

Unit 3-1
Plato 思想產生的背景

古希臘哲學家Plato的生平，在網路上多可以找到，這裡僅截取要點概述，尤其是凸顯Plato和Socrates彼此的關係和教育活動。Plato出生於較為富裕的家庭，父母親的族譜似乎都可以追溯到名門望族，甚至是古雅典國王的後代，其本名為Aristokles，然而因為他強壯的身軀、寬闊的前額或出色的口才等原因而得到Plato的稱呼。

Plato出生後的第四年，長達二十多年的伯羅奔尼撒戰爭（Peloponnesian War, 431-404 BC）開始，這場戰爭最終以斯巴達的勝利告終，而雅典的民主制也宣告結束。只是由斯巴達扶植的三十僭主（Thirty Tyrants）的獨裁政權，施行八個月的暴政後就垮臺，雅典重返民主制。當時雅典正試圖要消除戰敗的恥辱感，並逐漸往穩定的局面發展。在此氛圍下，便有一種聲音認為，雅典之所以戰敗乃是因為不敬神的緣故，如要補救這樣的缺失，需要懲罰那些不敬或質疑神的人。Socrates便是在上述氛圍中，受人指控「不敬神」和「蠱惑青年」等莫須有罪名（嚴群譯，1983：81），最終被判有罪，處以死刑。

Socrates之死對身為他追隨者之一的Plato來說，不僅難以接受，也對雅典民主深感失望。在Socrates去世後，Plato便離開雅典四處遊歷（如：南義大利、埃及和西西里島），直到西元前387年才返回雅典，並在雅典城外創立「學園」（Academy），因設置於希臘神話

英雄阿卡德摩（Academus）的神殿附近而得名，並且直到西元529年為東羅馬帝國的查士丁尼大帝（Justinian I）關閉為止，共維持了九百多年。學園不但是西方最早有完整組織的高等教育機構，也是中世紀「大學」和現代「學院」之前身。

雖然Plato深受Socrates思想的影響，但從Plato所辦的學園及其講學風格和內容來看，影響Plato者有下面幾位思想家及其學派（Laertius, 1853）：第一，在理智方面，Plato親近於Pythagoras（570-495 BC）的觀點，也就是認為數學能體現出存有世界之和諧與完美。第二，感覺經驗層面，可聯繫至Heraclitus（535-475 BC）主張萬物皆是流動的，而在流動背後，存在著能包容一切卻仍為人所認識之規律和比例，即所謂的「邏各斯」（logos）。第三，在政治學的部分則是追隨Socrates，關心統治者、城邦的公民和女性教育的需求。

雅典城邦的宗教信仰

　　古希臘的宗教屬於多神（泛神）信仰，也就是對各種自然神靈的崇拜。因此，Socrates當時之所以受指控為不敬神，乃是因為雅典屬於政教合一的城邦政治，雅典娜（Athena）便是象徵雅典城邦精神與榮耀的智慧女神。

Socrates之死

　　Socrates被判處死刑時，雅典城邦剛結束獨裁政權不久，其原先自豪的民主制不僅未回到穩定狀態，許多公民仍未走出獨裁政權的陰影，對政治事務採取明哲保身的姿態，也讓一群打著恢復雅典過去光榮的政客主導著審判的走向。

在「學園」建立之前

　　在Plato返回雅典創立「學園」之前，曾遊歷西西里島，並受當地國王禮遇，然不幸遇到政變，國王遇刺，Plato也淪為奴隸，後由其弟子贖回，才得以返回雅典（鄔昆如，2006：27）。

「學園」講授的課程內容

　　Plato在學園講學內容除了哲學外，還包括如：算數、幾何、天文和物理等科學。學園所學習的東西都是不講究利益和直接應用的客觀學問（傅佩榮譯，1986：175）。

　　關於Plato的生平，目前已經有容易取得的網路資料，如：
1. 中文或英文維基百科
　（http://en.wikipedia.org/wiki/Plato）
2. 《史丹佛哲學百科》（Stanford Encyclopedia of Philosophy）
　（http://plato.stanford.edu/entries/plato/）
3. Diogenes Laërtius（約活躍於三世紀）的《哲人言行錄》
　（The Lives and Opinions of Eminent Philosophers）
　（http://classicpersuasion.org/pw/diogenes/）
4. Plato本人的《第七封信》（The Seventh Letter）
　（http://classics.mit.edu/Plato/seventh_letter.html）

Unit 3-2
Socrates：未經省察的生活是不值得過的

一般來說，要從Plato的《對話錄》中將Socrates和Plato兩人的思想分開是不容易的，因而人們通常會將他們視為一整體的關係；當然，如要從《對話錄》區分兩人思想的差異也非不可能，惟就教育哲學的初學者來說，理解兩人思想的差異並不是那麼迫切重要。

前面談到對Socrates之死的描述，主要出現於Plato的〈申辯篇〉（The Apology），其中生動地敘述Socrates受到指控之後，在法庭上為自己作辯護的過程。Socrates強調自己一直以來都秉承神的旨意，持續從事輔益青年的工作（嚴群譯，1983：86）。他旨在教育那些無知或自以為知的人，運用方法引導他們關心自己的靈魂，而非外在的財富名聲。對他來說，成就自身靈魂的完美要勝過於擔任公職的榮譽。更重要的是，關心自己（發現自身靈魂中的真理）、完善自身靈魂都是榮耀神最好的作為，此即Socrates所實踐之神的旨意，也就是引導人在實際生活中實踐真理和至善。這些關心人類行為的作為都可以視倫理學為Socrates首要關懷的重點（傅佩榮，1986：137）。

《對話錄》中的Socrates常將知識與德行結合在一起討論，他相信知德本是一體，即知善必定會行善，知惡則必定會避惡。這種「主知主義」（intellectualism）常招致的質疑是，人在生活中難保不會碰到「知而不為」或「明知故犯」的情況，這即是Aristotle指出的一項問題，即「意志薄弱」的事實。儘管Aristotle的質疑有其道理，但從〈申辯篇〉確實能看出Socrates的確擁有知德合一的品格，而Socrates確實也點出存在著真正、普遍、恆常存在的價值，可以作為人類行為的指引（傅佩榮，1986：139-140）。由上面〈申辯篇〉的引文可以看出，Socrates相信存在真正對個人和靈魂有益的德行。

如進一步闡釋這裡的教育觀點，可以聯繫至下面兩項問題：德行要如何教？如何運用詰問、辯證和歸納等教育技術來引導個人實踐知德合一的原則，進而追求真正幸福的生活？這些與教育有關的問題，都有著共同的對象——靈魂。無論是Socrates或是Plato都將靈魂視為認識真理的重要媒介，靈魂在認識和實踐真理的同時，始終都要與身體和城邦維持著緊密的聯繫，就像Socrates一直在做的事情那樣，幫助城邦之人關心自己、發現靈魂中的真理。

Socrates的申辯

　　有人將Socrates對人類生活和行為之關切視為一種人類中心論，以此與Socrates以前的哲學家關切自然、宇宙的議題作對比（傅佩榮，1986：143-144）。在〈申辯篇〉裡，有一段話將Socrates的教育理念描述得相當動人且清楚（Plato, The Apology, 1966: 29d-30b）：

> 　　假如你們以此條件放過我，那麼我可要對你們說：「雅典人啊，我敬愛你們，但我服從神而非服從你們，只要我還活著且力所能及，我就不會放棄哲學，並總是告誡你們，為我所能遇到的任何人指明真理，以我習慣的口吻說：『在這座以智慧和力量聞名的偉大城市裡，你們是最優秀的雅典人啊，卻只關心積聚財富、追逐名聲和榮譽，而不思慮智慧和真理以及自身靈魂的完美，你們不覺得慚愧嗎？』」
>
> 　　如果你們之中有人反駁我的說法，說自己對這些事情是關心的，那麼我不會輕易讓他離開，我自己也不會離開他。我會質疑、省察並反覆詰問他；如果我發現他並未擁有德行，但他卻說自己已經擁有，我會責備他輕視了最重要的事情，只去在意沒什麼價值的事情。
>
> 　　我對遇到的任何人都這樣做，無論老少、異邦人和同胞，尤其是對同胞，因為你們和我的關係最密切。你們要明白，這是神指示我做的事情，相信在這座城市裡沒有比侍奉神更大的善行了。
>
> 　　我把自己所有的時間都花在教促和勸導你們，不論老少，使你們首先關注的不是自己的身家財產，而是自身靈魂的完美。我告訴你們，財富無法帶來德行，但財富以及所有與個人和城邦有關的善事，都來自於德行。

資料來源：Socrates (2013).

　　Socrates受指控時已經71歲，他很清楚那些指控他的人和數百名審判者不過是想看到他表現出認錯、悔改和再三懇求的態度，好成就那些人執法有度、恩威並濟的虛假名聲（嚴群譯，1983：84-85）。Socrates並未遂了在場多數人的心願，他反過來利用這樣的機會闡述自己從來都沒有違背神旨，也未像智者那樣蠱惑青少年，這應該是他第一次、也是最後一次在公開場合向著公眾闡述自己對雅典人所施行的教育技術和理念。

Unit 3-3
Plato 的教育哲學：
靈魂不朽與力求完美的教育觀念

圖解教育哲學

046

Socrates曾對學生Alcibiades說過：「人只能是靈魂」（the soul is man）（The First Alcibiades, 1955: 130c），這句話幾乎可用來總結Plato《對話錄》中所有關於靈魂的討論和論證。靈魂不只是與身體共同構成人的整體，更是主宰身體、運用身體的統治者（Plato, The First Alcibiades, 1955: 130a-c）。如果以教育的眼光來看Socrates和Plato談的靈魂，其既是教育的對象也是目的，一切教育手段都要回到靈魂自身並受靈魂主宰才有意義，像是在〈理想國篇〉第一卷末，Plato便強調教育活動必須建立在靈魂與城邦的緊密關係上，也就是說，要讓與靈魂有關的德行和城邦所擁有的稟性（如：智慧、勇敢、節制和正義等）能相互建構為和諧穩定的整體，亦即靈魂中的理智完全掌控各種欲求，而城邦統治者則透過階級化的教育制度，井然有條地治理城邦（徐學庸譯注，2009：489, 528, 605, 607）。

以教育的角度思考Socrates和Plato談的靈魂，會發現兩人把教育寓於靈魂和自然的實踐關係。精確地說，自然的部分說明了Socrates和Plato對世界上的神祇和自然萬物的虔敬，哲學的部分則顯示出兩人連結了「活著的人」、「死後的靈魂」、以及「靈魂欲前往的世界」，這一連續的關係把處在當下的個人納入世界與時間的整體探索活動之中。Heidegger（1927 / 1996: 11-12, 16-17）認為希臘人便是藉此來理解「存有

（者）的存有」，在此狀況下，時間呈現出存有的真實意義，即「延續下去」（to be）；也就是說，當人處在「現在」（當下）時，便已經把過去、現在和未來統整在人所存在的時間之中（陳榮華，2006：4, 22-23）。

綜觀《對話錄》中所有關於靈魂的討論，可就下面六點歸納來說明。第一，靈魂在人的生活中發揮其功能，生活本身就是靈魂的一項功能，Socrates描繪的理想城邦本身就具備了靈魂的形象。第二，靈魂具有選擇的能力，一個人在世時的作為將會持續地影響下輩子的生活。第三，靈魂常被比喻為人的視覺能力，可以透過教育使其注視正確的地方；換句話說，靈魂是向著真理的存有。第四，靈魂與不朽是一體的關係，因此，靈魂的教育有其必要性，人必須終其一生的關心與自己學習相關的事物，不能間斷和懈怠，才能真正使靈魂不朽。第五，靈魂不朽不僅促使人關注自己與他人的關係，同時也要求不斷地轉向自身靈魂的思索與探究工作。第六，在《對話錄》中提到的認識自己、關注自己，其焦點都指向靈魂本身的反思能力、精神性、各種與他人的關係，以及一連串來自生活與教育的諸種實踐技術。

Socrates和Plato對靈魂的探討 散見於Plato《對話錄》各篇

〈理想國篇〉
（The Republic）
靈魂的純淨與不朽需要完美地與德行生活結合起來。

〈法篇〉（Laws）和
〈米諾斯篇〉（Minos）
從靈魂不朽與其主宰身體之地位得出法律能為生活帶來秩序與和諧。

〈申辯篇〉
（The Apology）
Socrates首次公開向城邦公民陳述自身秉承神的旨意，要幫助大家關注自身靈魂。

〈斐多篇〉（Phaedo）
靈魂延伸至人死後的生活，人需要終其一生且不容懈怠地關注、認識和教育自己。

〈會飲篇〉
（Symposium）
透過教育，將個人的身體與心靈之美聯繫起來，並進一步由靈魂不朽覺察到純粹與永恆之美。

〈斐萊布篇〉
（Philebus）
從追憶和回溯曩昔（recollection and reminiscence），提醒個人要注意靈魂自身需求。

〈蒂邁歐篇〉
（Timaeus）
透過創世神話，將靈魂誕生的來龍去脈交代清楚。

〈泰阿泰德篇〉
（Theaetetus）
Socrates自承其產婆法意在教育個人靈魂。

〈美諾篇〉
（Meno）
藉由談論「德行是否可以教」這件事情，強調教育靈魂之重要性。

〈阿爾西比亞德篇〉
（The Alcibiades）
一旦人關注自己的靈魂是否能趨於完善、純淨與不朽，都無可避免地需要持續地讓靈魂接受各種教育和修鍊。

Unit 3-4
Plato 的教育哲學：
「從身體來認識世界」的教育意涵

〈理想國篇〉存在著三項著名的比喻，分別是日喻（analogy of the sun）、線喻（analogy of the divided line）和洞喻（allegory of the cave），其中最具有教育意義和價值的是洞喻。在「洞喻」裡，Plato（The Republic, 1969: 515e-516a）描述洞穴中的人不知所措且不情願地被拖向陡峭崎嶇的坡道，有學者將洞穴比喻為現實城邦，而洞穴外則為理想的城邦，並指出洞穴內的人既不感到匱乏，對其中的生活又無不滿，迫使他們走出洞穴的又無關愛欲，藉此推論洞穴內的人是受到外在因素促使自己不自覺地被洞穴外的世界所吸引。而爬出洞穴的人將不再審視洞穴內的自己，不僅否認日常經驗，甚至亦毫無窒礙地接受洞穴外的理想、抽象和普遍的世界以及認識形式，包含「何種知識是城邦統治者所需要的教育」（Nichols, 1987: 118-119；王雙洪譯，2007：147-148）。

將洞穴比喻為現實城邦提示了一項教育觀點，走出洞穴的個人在看到真理、認識到「共相、理型」（form）後，他仍得要回到洞穴（現實城邦）之中，除了幫助其他受到禁錮之人解放外，還要接受各種實際經驗的考驗，以證明自己在面對誘惑時，是否能堅定不移（Plato, The Republic, 1969: 539e）。然而，將洞穴比喻為現實城邦並未處理到下面兩項課題：

第一，並未有跡象顯示洞穴內的人毫無自我意識，以至於連是否要往洞穴外移動都無法自主。

第二，「城邦統治者需要的教育」、「哲人需要的教育」顯然不是僵化的教育形式，更非家長式強加授與，且走出洞穴之人似乎更不可能使自己接受既定且普遍的教育形式。

靈魂學習的過程不是單純的從認知歷程中檢索舊經驗，靈魂的學習過程必定是實際的探索以及深刻的反思，更重要的是，個人是無法完全做到這些事情的。如個人要從自己靈魂中提取知識，單憑一己之力幾乎不可能達到。也就是說，如欲追求個人靈魂中的真理，就需要接受他人的幫助（教育）。儘管洞穴內的人是「不知所措且不情願地被拖向陡峭崎嶇的坡道」，但這並不表示原先他對洞內的生活完全沒有疑惑，或是對外面的世界不感到好奇。因此，最後回到洞穴之人才有可能幫助洞穴之人解除禁錮、矯正迷誤（Plato, The Republic, 1969: 515c）。

「洞喻」的主要內容

（Plato, The Republic, 1969: 514a-b）

- 有一群人從出生就在洞穴之中，他們的身體因為受到禁錮而無法移動身體，也無法轉動頭。
- 這群人只能看著眼前的石壁，不能輕易地移動到它處。除了身體受到禁錮外，他們的感官都沒有任何影響，彼此能說話、傾聽，以及用身體去感受環境的各種刺激。
- 在這群人的身後，有一道通向洞外的崎嶇坡道，這條坡道雖然崎嶇難行，但仍然可以從洞穴內看到出口的光亮。
- 在坡道之上有一堵石牆，離石牆不遠處升起了一團篝火，在石牆和篝火之間尚有一條走道。
- 有一群演員們在走道上來回地走動，並展示各式各樣的東西。由於篝火的關係，所有演員和東西的影子都映照在洞穴內的石壁上。
- 那些一出生就在洞穴生活的人，他們所能吸收到的一切資訊來源只有石壁上的影子。理所當然地，他們會視那些「影子」為真實的存在。

Plato洞喻示意圖

資料來源：作者按Hank（2012）繪製。

Unit 3-5
Plato 的教育哲學：
「運用身體來認識世界」的教育意涵

除了將洞穴內外比喻為現實和理想的城邦，筆者想提出另外一種比喻，就是將洞穴比喻為人的身體，洞穴內的「人」為靈魂。這種比喻的一部分根據在於，Plato（The Republic, 1969: 464b）曾將治理良好的國家比喻為身體各部分器官的協調一致。

這樣一來，洞穴內外的差別在於：在洞穴內，靈魂為身體所禁錮；到了洞穴外，靈魂脫出身體禁錮後，個人開始藉由靈魂重新認識並開始關注自身的真理。這裡存在的教育之目的是，使人逐漸意識到，認識和關注自己靈魂的重要性。

在洞喻裡，教育扮演了相當重要的角色和功能，返回洞穴的人（教育者）將洞穴內的人引往洞穴外的過程，足以說明追求靈魂的真理並不能以自我為中心的方式來認識自己，他人的關注與幫助幾乎決定了個人是否能離開洞穴。進一步說，教育不僅是個人對自身靈魂的探索，同時也具備教育身體的功能。只要在活著的時候，靈魂始終會與身體在一起（Plato, Timaeus, 1925: 42a），教育的工作即是要讓個人的靈魂成為身體的主宰者。是故，儘管靈魂所受的教育使其可獨立於身體而存在，但與身體在一起的時候，必須要設法使兩者和諧運作，這也是為何柏拉圖會如此在意「節制」（temperance）的原因。

若把洞穴視為人的身體，那麼離開洞穴（身體）的人（靈魂）注定要回到洞穴之中（Plato, The Republic, 1969: 539e），因為只要人還活著，其靈魂始終會與身體在一起。靈魂為神所創造，而身體則是神創造出來接納靈魂在世的一切活動。即使人離開了洞穴，還是會冒著極大的風險幫助還在洞穴的人如何尋找自己靈魂的真理。這也許意味著在活著的狀態，靈魂不但要努力學習如何支配身體，還要控制身體其他部位的靈魂。

對於返回洞穴的人而言，幫助洞穴裡其他人（靈魂）解除禁錮（身體），具有相當程度的危險性與挑戰性。如果教育者無法覺察到哪個人最需要幫忙，或是哪個人很可能會傷害教育者，都將無法稱職地發揮教育的功能。〈申辯篇〉和〈理想國篇〉都有提到，當Socrates和哲人意識到自身的危險時，寧可低調地在私領域（個人生活的範圍）進行教育工作，也不會刻意讓自己暴露在公共領域（參與公職）中，行不義之事或是使自己的生命安全受到威脅。在〈泰阿泰德篇〉中，Socrates自承其教育使命乃是神的旨意，所以他不能輕易地犧牲自己的生命。可見無論是Socrates或哲人在面對自身使命的前提下，都會選擇避開風險高的事情，以此來理解為何Socrates和哲人會選擇回到洞穴中教育那些個別的靈魂，就可以發現，他們無法給予脫離身體的靈魂任何的教育，人死後的事情是Socrates無法控制的，教育的工作只能在人活著的時候進行。

筆者對Plato「洞喻」的看法乃是根據〈美諾篇〉中Socrates的一段話：「在他朝著發掘事物真理的過程中，我們確實要給予他一些幫助：他目前雖然缺乏知識，但他將樂於持續地尋找。」（Plato, Meno, 1967: 84b）

雖然洞穴內的人可能是無知的，但應該不會無任何自我意識地往洞外移動。

另外，〈泰阿泰德篇〉也顯示，當一個人迫切地想追求真理、看清靈魂的本質時，必定會陷入相當迷惘、痛苦的探索過程，只有在那個當下，產婆法才能對個人的靈魂發揮效用（Plato, Theaetetus, 1925: 151a-d）。

或許可以這樣認為，洞穴內的人向著通往洞穴外的坡道移動時，絕對不會是輕鬆且毫無負擔地接受旁人引導，而是深刻地為自己將面臨的處境而感到惶恐不安，即使有他人的幫助也不可能完全撫平不安的情緒。當靈魂即將面對未知卻又極其重要的轉變時，個人是惶恐不安、兢兢業業、無法泰然處之的。

在洞喻中，第一位真正依靠自己的意志和力量爬出洞外的人，也許最初是受自身的疑問和好奇吸引而往洞外移動，但在這種個人因素的背後，似乎也存在著神的旨意。

Unit 3-6
Plato 的教育哲學：
靈魂教育的重點在於使自身趨向真理

052

誠如前述，如果一開始洞穴中的人不曾關心過自己的靈魂，走出洞穴的機會便微乎其微。若是看到各種影子卻仍無法激起任何想法、疑問或興趣，那麼解除禁錮的事情也就不會存在。實際上，當人往陡峭崎嶇的上坡道不情願地邁進時，坡道的崎嶇不順、拖著自己往前走的人和盡頭的亮光，這些感受都直接地傳達給靈魂。

也就是說，作為身體之隱喻的洞穴，在一定程度上，為靈魂提供感知世界的媒介、窗口和各種通道。教育的工作就在於使靈魂不再全盤接受身體顯現出來的表象，而是轉向關心靈魂自身的需求，敏於覺察並主控來自身體的各種刺激，使身體反倒能幫助靈魂趨向真理。

以「洞喻」比喻身體與靈魂的關係，還可從〈蒂邁歐篇〉得到更多支持。在Plato的神話中，不同的靈魂被神安置在身體的各個器官（頭部、骨髓和骨骼）（Plato, Timaeus, 1925: 69c-76e），身體又是由土、火、水、氣四種元素構成（Plato, Timaeus, 1925: 82a），身體疾病的產生就在於這四種自然元素的失調，當身體產生問題，靈魂也無法置身事外。靈魂的失調來自於瘋狂和無知，當頭部、骨骼和骨髓出問題時，靈魂便會沾染身體之惡（Plato, Timaeus, 1925: 86b-87b）。

教育的工作在於促進身體和靈魂之關係的均衡，使身體的需求和靈魂對智慧的慾望皆能保持健康的發展（Plato,

Timaeus, 1925: 88b）。Plato透過創世神話和自然的概念把靈魂與身體結合起來，身體不應該是承載靈魂的容器，它比較像是一條條聯繫靈魂與「感官—理念」、「抽象—現實」世界的通道、孕育靈魂不朽的母體。

總而言之，如果身體沾染惡習，靈魂也將受到影響，故靈魂的教育不能忽視身體的因素，兩者應該與自然世界的創造和生成形成一致且和諧的關係。後來人們較少使用「靈魂」，而常用「心靈」和「精神」等概念，雖然也都具有抽象、崇高的性質，但都不如Socrates和Plato闡述的靈魂那樣寬廣豐富地與身體、世界、時間和他者形成的各種關係、對話的行動以及深刻的反思來得有教育意義。

洞喻傳達出來的意義不只是靈魂與身體的關係，還包括靈魂轉向自身後與世界建立起來的各種關係。另外，洞喻尚存在一項值得深思的時間課題。當洞穴內的人開始對影子感到疑惑，接著受到幫助而解除禁錮，並逐漸把目光轉向洞外的亮光，從而往崎嶇的坡道上艱難地行進，直到爬出洞外，甚至最後又回到洞穴之中。這一整個過程，凸顯時間因素在整個靈魂轉向自身的過程中扮演重要的角色。

Plato觀念論的核心是靈魂不朽

1. 靈魂對身體有著絕對的主控權；但只要是活著的人，靈魂無可避免地會受身體影響，所以體魄的鍛鍊、習慣的養成、品格的涵養等教育措施有其必要。
2. 身體是靈魂向上提升的主要媒介，也是聯繫靈魂與世界的通道。
3. 因此，在人還活著的時候，如果要持續保持靈魂的純淨與不朽，就必須要持續關注自己的身體，並趨向真理。

Socrates的靈魂論來自於生活（Plato, The Republic, 353c-354a）

1. 靈魂具有「生活」的功能，只有擁有好的靈魂才能成為一位好的統治者；如果靈魂失去德行，便無法完成自身的職責。
2. 因此選擇正義的生活絕對比不正義的生活要好；正義才能帶來幸福，不正義只能伴隨著痛苦。靈魂的完滿來自於德行生活的實踐。
3. 當靈魂與生活產生連結後，無論人們思索靈魂或是德行的問題，都將無法脫離生活的脈絡。

Plato（2004）教育哲學的特色（徐學庸譯注，2009：489, 528, 605, 607）

1. 教育活動建立在靈魂與城邦緊密連結的關係上。
2. 靈魂的幸福必須建立在整個城邦的幸福上，與靈魂有關的德行和城邦所擁有的稟性，如：智慧、勇敢、節制和正義等品格，就是城邦中每位成員要追求的目標。
3. 當靈魂與城邦形成和諧的整體關係時，代表靈魂中的激情和欲求完全為理智所掌控；對城邦而言，城邦統治者的作用就如同靈魂中的理智，透過階級化的教育和統治，才能有效地使城邦獲得治理。

Unit 3-7
對 Plato 教育哲學反思：
洞喻的時間性及其教育意涵

從教育的觀點看洞喻，Plato只有描述洞穴外的理想世界以及哲人的教育內容，卻未敘明人解除禁錮到走出洞外的過程。人們需要結合《對話錄》各篇內容，才有辦法以教育的眼光看待那段走出洞穴的過程。若以此認為Plato將洞穴內外作了二元（感官與理念）的區分並不精確，因為從一開始為Plato的靈魂論所接受的世界，只有洞穴外的世界（真理指的是太陽），只有看過陽光的人才有可能把真理帶回洞穴之中，並對其他人進行教育。無論是接受神的旨意回到洞穴的Socrates，或是基於正義的請求而回到洞穴的哲學家，都可說明洞穴內的教育是存在且必要的（Plato, The Republic, 1969: 520e）。

另一項關於洞喻的不足在於，Socrates未曾描述過，對一位在洞穴中的人而言，究竟是花了多少時間才意識到影子的存在，或是用了多少時間才對洞內的影子產生質疑。至少，自禁錮解脫及轉向洞口的光亮，並往洞外移動的過程，這些都與時間脫離不了關係。也許花了數年的時間，也許終其一生都消耗在通往洞口的崎嶇坡道上。在這樣的過程中，可能得到過許多人的幫助、用過不同的學習方法，但也可能被錯誤的教育方式、不正確的學習方式，甚至因為缺乏天賦而使前進之路受阻。

Heidegger（1927 / 1996: 11-17）很早就意識到靈魂橫跨了過去、現在和未來的時間。對於洞喻的考察，人們向來把焦點放在洞穴內的人如何的無知，而洞穴外的世界又是如何的真實明亮，但這卻已忽略了真實的存有必定開顯於靈魂自身。靈魂與身體、靈魂與他者的幫助、靈魂與關注和認識自己、靈魂與其自身的真理、靈魂所在的空間與時間之結合，諸種關係以經緯線交錯的方式呈現出自身的面貌，這些都意味著靈魂與身體在一起時，將不會停止對真理的探索。離開洞穴的人（靈魂離開身體），可能是在活著的時候認識到真理，也有可能是死後才憑藉靈魂與其生前的教育而達致不朽。

綜上所述，若從時間的因素思考Plato的洞喻，回到洞穴的靈魂，可能是原來的靈魂，但也可能是新生的靈魂進入新的身體之中。如此一來，就如〈理想國篇〉提過的，靈魂的生活始終脫離不了教育，甚至在人死後仍伴隨著靈魂，直到靈魂以另一個身體重獲新生。

時間性對教育哲學的重要性

將時間性納入各種人類互動之中，人們便可以實際觀察和檢驗下面情況：

1

靈魂轉向真理的過程是如何發生的

從時間的角度來看洞喻，它就像是循環反覆的機制，把時間的軸線拉向無止盡的永恆流轉，為了把握時間與空間的延續與轉換，使靈魂能趨向純淨和永恆，必須依靠教育和學習的手段，敦促人們在活著的時候努力實踐德行、扮演好身為城邦一分子的公民身分，才能使靈魂趨向真理。

檢驗獲致普遍價值的方法與過程

有一種看法是，Socrates運用「歸納法」界定的德行概念和Plato強調殊相的背後，總是存在著可與之符合的理型（共相），兩人其實都想訴求穩固不變的價值和實踐模式，但卻缺乏靈活的變化、豐富的個性與社會互動之關係。

2

3

生活之實踐與真理的內外在關係

若是將時間因素納入洞喻之中考量，則「原先就在洞穴之人的生存方式」和「回到洞穴之人所面對的考驗」，兩者之互動就不只是純粹單方面教育技術的施展，還要考慮到物理時間和心理時間的遞嬗在這兩者互動過程中的影響。

總括來說，真實的存有體現在活著的靈魂曳引各種關係與意義交錯的時間與世界。故使靈魂達致純淨與完美的教育，不能忽視交錯在現實與理想世界之間的複雜關係，以及貫通過去、現在與未來的時空線索。

這種對「過程、關係和發生」的探討，意味著放棄純粹思辨層次的哲學與教育討論，轉向時間性、關係性、持續交流互動的、知行合一的教育哲學討論。

Unit 3-8
靜態的與城邦穩定為主的教育觀

圖解教育哲學

056

Plato受現代女性主義者批評較多的是他的兩性教育，因為Plato構想的城邦社會中，妻子兒女屬於公有，男女都要共同承擔建設、守衛和作戰等任務，諸如：

1.國家應盡可能促成同一階級的男女同組家庭，這樣的過程也必須要確保男女自由選擇對象。

2.女性生育下來的兒女交由專門官員和保母處置或撫養；只讓母親們前來哺育孩子，卻不能讓母親認出自己的孩子。

3.無論戰爭或和平時期，男女都應承擔同樣職責。

4.男女都應接受國家的教育。

5.男女都應認可最擅於戰爭和哲學的人作為統治者（Plato, The Republic, 1969: 454b-466d, 543a）。

如將上述主張與當時的情況相對比，婦女那時不僅無法接受教育、不能參與城邦事務、其地位只能依附在家長或丈夫和兒子身上、女嬰拋棄的比率大於男嬰等。與當時的社會情況相對比，人們實在不需要苛責Plato對待兩性的立場過於看重城邦的利益，畢竟他賦予了女性在城邦的地位、責任和權利，這在當時已是相當激進的觀點。

就Plato那個時代的社會脈絡來說，他的教育主張大多是富有啟示性的，例如：

1.教育是一輩子的過程，在不同年齡與身體發展階段提供適合的教育方法和內容（Plato, The Republic, 1969: 498b-c）。

2.教育不是將知識灌輸到如白板一樣的靈魂，而是引導靈魂轉向真理和存有的技術（Plato, The Republic, 1969: 518a-d, 521d）。

3.在學習算數、幾何和辯證法之前，必須要預先學習一些準備性的功課，也就是藉由具體的材料引導他們轉向抽象思考（Plato, The Republic, 1969: 536d）。

4.以非強迫的方式讓孩子學習，從遊戲過程中了解每位兒童的天性（Plato, The Republic, 1969: 536e-537a）。

5.教育的目標是希望使個人能過正義的生活，並致力於發現城邦的正義；也就是說，透過教育引導個人從對自身的關注，擴大到為公眾和整個城邦的幸福和至善而努力。

6.學習內容不只侷限於哲學，還包括音樂和體育等對節制靈魂和強健體魄有益的內容（Plato, The Republic, 410c, 404e），還有算數、幾何、天文和物理等客觀科學，這意味著教育活動要專注在鍛鍊靈魂（靈魂與身體的均衡和健康）、實踐真理的生活及城邦的稟性發展上，而非追逐名聲、利益和物質上的滿足。

Deway（1916a：94-97）
對Plato教育哲學的質疑

◆Plato受限於身處的社會脈絡，只能將教育工作限縮在分配個人
　至所屬的不同階級之中，作為社會穩定與進步的基礎。

　雖然《對話錄》充分地呈現出Socrates尊重個性的教學風格，但
　因為社會階級制度的封閉性，使Plato的教育哲學最終只能不斷
　地再製單一封閉的社會階級，《對話錄》中最富有生命力的個
　性根本無從開展。

◆Plato只是透過靜態的理念，將個人與社會的關係統整為一穩定
　靜止的狀態。

　Dewey於1916年曾提過，教育能使社會變得更好，而當社會愈
　來愈好的同時，教育也能持續地獲得改善與更新。對當時的
　Dewey來說，民主的社會環境愈有助於促成動態合作的共同生
　活型態。

辯證法

　　這裡提到的「辯證法」是指，同時考量一項論點或議題的正反兩面，使
保持正反意見的雙方有充足的時間和資訊質問彼此的立場，雙方將在這樣的
過程中逐漸達成協議或綜合（統整），從而更接近真理。

Jean-Jacques Rousseau: 兒童中心學說的奠基者

 章節體系架構 ▽

　　Rousseau 的教育思想影響許多重要的教育家，諸如：主張教育愛並將學校視為家庭的 Johann H. Pestalozzi（1746-1827）、幼稚教育之父 Friedrich Fröbel（1782-1852）、強調以兒童為一切教育舉措之中心的 Francis W. Parker（1837-1902）、兒童研究運動與青少年心理學之父的 G. Stanley Hall（1844-1924）（Ozmon & Craver, 2008: 123）。除了在教育上影響深遠外，Rousseau 在哲學、文學、政治學、人類學和音樂理論等範疇，有著比教育更為深刻的影響（參閱張育瑛，2007：6, 9）。筆者在此將聚焦於兩處：一是扼要地介紹 Rousseau 的代表著作，這些著作除了標誌出他當時關切的社會課題，它們也是 Rousseau 教育思想產生的主要背景。另一是介紹 Rousseau 撰寫的教育小說，也是相當重要的教育哲學著作《愛彌兒》（Emile: or on Education, 1762），探討各卷重點，點出其中的教育哲學意涵。

Unit 4-1
Rousseau 的三論與自然狀態

關於Rousseau的詳細生平與教育思想，可參閱張育瑛（2007）的碩士論文，她的研究為任何對Rousseau生平和教育思想有興趣的人，提供了相當具可讀性和信實性的參考依據。筆者在此的介紹只圍繞於Rousseau的重要著作，解釋它們的關聯及大致內容。許多關於Rousseau的研究會提到「一論、二論、三論」，初次接觸Rousseau思想的人可能會對這種稱呼感到疑惑。事實上，這只是對下面幾篇文章的簡稱。

《第一論》（First Discourse）

1749年，法國第戎學院（Academy of Dijon）以「科學與藝術的復興是否有助於敦化風俗」為主題徵文，Rousseau當時便以《論藝術與科學》（Discourse on the Sciences and Arts, 1750）應徵，並於1750年獲首獎。Rousseau（1750 / 1997a: 5；何兆武譯，2002：208）主要站在守護德行的立場，批評當時科學和藝術的發展造就出一批遊手好閒、愛慕虛榮又奢侈無度的社會階層，這種現象的形成與當時社會風俗的敗壞有關。當科學和藝術未能促進人類和社會的福祉，而是用來作為私人競逐名利和榮譽的工具，並機構化為學院的教條原則之後，人的精神生活將始終無法擺脫權威的奴役，而與生俱來的個人自由也將受限於專制、虛偽和各種對一致性原則的追求。

《第二論》（Second Discourse）

到了1753年，第戎學院再度徵文，主題為「人類不平等的起源是什麼？人類的不平等是否為自然法所許可？」Rousseau以《論人性不平等的起源和基礎》（Discourse on the Origin and Foundations of Inequality Among Men, 1754）一文應徵，但並未獲獎。在第二論中，Rousseau（1754 / 1997b: 131；高煜譯，2002：69）認為人類存在兩種不平等，一是自然或生理上的不平等，另一是道德或政治上的不平等。他提到道德與政治取決於人民許可的協約（convention），不過這種協約通常會成為少數有錢人、貴族等階級的特權。Rousseau並以「自然狀態」（the nature of state）對比自己身處的社會，反思各種社會問題。

《第三論》（Third Discourse）

在《論藝術與科學》獲獎之後，Rousseau結識了一些百科全書派（encyclopédistes）的學者，因而在1755年，他也為《百科全書》第五卷撰寫《論政治經濟學》（Discourse on Political Economy, 1755）的條目。根據Rousseau（1755 / 2004a: 3；王運成譯，1962：1）的考察，「經濟」源於古希臘字的「家」（oikos, house）和「法」（nomos, law）意指：「賢明合理地管理家政，為全部的家人謀幸福」，可見最初「經濟」的意義便是「家政」的一環。Rousseau認為個人之國家意識的形成，與他所居住的地方有關，因為總是需要政府和法律保障居住地的生活安定（李平漚譯，1989：722）。

文藝復興帶來的文化危機

《第一論》對藝術和科學的批評主要著眼於當時法國上層社會的問題，十四至十六世紀的文藝復興，美其名乃是要恢復古代的文藝傳統，但在實際上創造出來的文學、藝術、科學等文化，與過去的歷史卻風馬牛不相及。作為告別中古時期的歐洲世界，文藝復興的成就似乎和德行、社會善良風俗之發展也沒什麼直接的關聯。文藝復興本身也是因為商業蓬勃發展而產生的結果，像是附庸風雅的商人和貴族、攀附權貴的文人和藝術家，兩者之結合產生的德行問題便成為Rousseau《第一論》批評的重點。

自然狀態

《第二論》提到的「自然狀態」並非Rousseau創造的觀念，在他生存的時代有很多人提過重回自然的看法。甚至在更早之前，Thomas Hobbes（1588-1679）與John Locke（1632-1704）就有提過自己的看法：

Hobbes

自然狀態中的人沒有任何善的概念，理所當然地只剩下惡的成分，且最終會導致永無止境的戰爭。

Locke

在自然狀態下，人只要未違背自然法，便能按照自己意志自由而行動。自然法便是理性本身（江國琛，2008：10）。

Rousseau

Rousseau反對Hobbes的結論，他認為人自我保護的行為不會傷害到他人；且大自然賦予人的本性便是不願意看到他人遭遇到苦難，這種基於同情憐憫的自然情感，先於任何自尊、慾望的發展（高煜譯，2002：94-95）。

Locke認為指引自然狀態的是理性；而Rousseau認為理性是更為成熟的東西（在社會狀態中，理性可能成為敗壞社會風俗的要素），存在於自然狀態中的是人的基本需求及情感。

Unit 4-2
Rousseau 的政治與教育著作

Rousseau在《論政治經濟學》中強調統治者和國家、人民的利益必定是密不可分的，此即是「統治者及人民的意志」和「國家的公共經濟」兩者結合在一起的關係。因此，合法的或是人民的政府，首先需要的便是遵從公眾意志（general will）。是故政府先要關心自己的人民，才能將人民塑造成政府想要的樣子。最完全的權威若要能洞悉人的內心深處，除了要關心人的行動外，也要關心人的意志。那些輕視人民、不能尊敬人民的君主，只是自招侮辱罷了。因此要統治人，就要先塑造他們；要使人能遵守法律，便要先使其熱愛法律。這樣人民所要知道的，就只是他們做這些事情所要承擔的責任是什麼了。大致來說，Rousseau在《論政治經濟學》勾勒的乃是一有為政府的治理之道，他亦藉此諷刺當時政府只顧詐取金錢，未能以人民為念（Rousseau, 1755 / 2004a: 13-14；王運成譯，1962：12-13）。

Rousseau於1758年左右開始撰寫《愛彌兒》，該書關於人性、政治和倫理等內容，都與前面提到的幾部著作有關。《愛彌兒》影響幼兒教育深遠，書中強調自然發展中的身體、感覺、知覺和情感對於個人生長的重要性，因而可以視Rousseau為浪漫主義的先驅之一。這種對個人自然情感的重視，也使Rousseau主張在個人年齡發展過程中的教育，應該從具體經驗的操作，發展至對抽象觀念的思考；從對自然科學之觀察和試驗，逐漸發展至對地理、歷史和文學的知覺感受和理智判斷能力；從講究自愛、自利的自然狀態，擴大至對社會狀態下的道德行動和政治的參與；還有在《愛彌兒》第四卷中的一篇短文〈薩瓦副主教的信仰告白〉（Profession of Faith of the Savoyard Vicar）刻劃出Rousseau本人的自然神論和唯實思想（realism）。由上述說明可以看到，僅僅將Rousseau思想歸類至浪漫主義，並不周延，還要考慮到他的自然主義、德行倫理學和契約論的政治學主張。

Rousseau最重要的政治哲學著作，是他從1760年開始撰寫的《社會契約論》（The Social Contract, or Principles of Political Right, 1762）。在撰寫此書的同時，《愛彌兒》仍未完成，故《愛彌兒》第五卷有部分內容和《社會契約論》有關。在這部著作中，Rousseau以其公民和主權者（sovereignty body）的身分探討，人們要如何在自己塑造出來的社會秩序中維繫自由的權利？Rousseau從自然的角度主張個人權利乃是不可讓渡的，只是對共同的生活來說，無可避免地需要相互同意和約定共同生活的形式，它需要集合眾人的意志和力量來保障每個人的身家財產。這種集體的意志不僅要服從於每一位個別的人，還要維繫每個人原先就擁有的自由。此即建立社會契約所要解決的基本問題（Rousseau, 1762 / 2004b: 45, 50, 54-55；何兆武譯，1997：3-4, 12, 19）。

顛沛多舛的命運

Rousseau的生平，在他自己的《懺悔錄》（Confessions, 1770／1782）中談得非常詳細，筆者在此僅將一些值得注意的要點整理如下表：

重要生平	說　明
自由的生長背景	1712年6月28日，Rousseau誕生於日內瓦一個法裔新教家庭。十八世紀的日內瓦是一個獨立的民主共和國，其最高權利屬於人民議會。早在1536年，日內瓦憲法就規定，所有國家重要事務都應由全體人民議會決定。之後，由於權勢階層逐漸取得較大的政治權力，在人民不斷鬥爭之下，1707年人民起義，要求每年舉行一次人民議會，但旋即遭到鎮壓。然而，反抗運動一直都沒有停息，1734至1737年間，日內瓦公民進行大規模示威和武裝起義，終於在1738年新憲法中，重新確立日內瓦人民議會的重要權利（伍厚愷，1997：1）。在這樣的生長背景下，很容易培養出對自由的愛好，以及相信人有追求更好的社會的權利。
流浪與遊歷的經驗	Rousseau晚年很推崇自己年輕時的旅行經驗，他認為自己的思想和靈感都源自於這裡，旅途中的景色與自己的身心暢快地結合在一起，使他感受到悠遊於大自然時，人境一體的愉悅感受（余鴻榮譯，1997：160）。Rousseau的旅行經驗是一種邊流浪打工邊遊歷的生活，他做過打雜和學徒的工作，也抄寫樂譜和擔任家庭教師。
與百科全書派的合與分	1740年代，Rousseau到巴黎定居，結識了當時百科全書派的Denis Diderot（1713-1784），和啓蒙思想家Voltaire（1694-1778）等人。定居在法國這段期間是他寫作最多的時期，惟他的作品與自身看待文學和藝術的觀點常與百科全書派的學者格格不入，最終與之關係決裂。在後來受宗教迫害的艱困時期，最讓Rousseau感到痛苦的來源之一，就是那些從未間斷地誤解和詆毀他的言論。這是Rousseau後來撰寫關於自身精神和情感活動的傳記——《懺悔錄》的主因之一。
受宗教迫害的時期	1762年4月《社會契約論》出版，同年5月《愛彌兒》亦於阿姆斯特丹和巴黎出版；然而，兩部著作的內容，觸怒了教會而成為禁書；同年6月19日，Rousseau的家鄉日內瓦亦焚毀《愛彌兒》和《社會契約論》。由於宗教迫害，Rousseau輾轉流亡至許多地方。1766年1月，Rousseau應David Hume（1711-1776）的邀請前往英國，並開始撰寫《懺悔錄》。Rousseau於1767年潛回法國，過著隱姓埋名的生活，繼續寫作《懺悔錄》；這段期間他仍居無定所，且以抄寫樂譜為生。他於1770年完成《懺悔錄》，並初次在朋友面前朗誦與說明。1776年，Rousseau開始撰寫《懺悔錄》的補篇《孤獨散步者的遐思》（The Reveries of the Solitary Walker），然而，此著作還未完成，他便於1778年去世。

Unit **4-3**
《愛彌兒》：自然發展的教育觀

曾閱讀過《愛彌兒》的人，必定會對Rousseau各種細膩的教育安排感到驚艷。在Rousseau的時代，雖然也有不少人關切幼兒和兒童的教養問題，但當時多數人對待兒童的觀念和教育方式仍不正確，且文學家和哲學家也不重視「型塑人的藝術」（the art of forming of men），導致教養兒童的著作自Locke之後就鮮少有人討論過。像Rousseau這樣，從自然發展的觀點，鉅細靡遺地談論兒童發展與其教育的問題，可以想見他是有多麼熱切地想將自己心中構思的理想教育觀向公眾傳達（Rousseau, 1962 / 1979: 33；李平漚譯，1989：1-4）。

Rousseau在《愛彌兒》的初稿注釋中，將他虛構的一位普通男孩——愛彌兒（Emile）的生長軌跡，依照年齡劃分成五項時期，前四項教育時期是《愛彌兒》全書重點，也是他念茲在茲的自然教育之核心。從他的自然思想中，彷彿能看到一個純樸可愛的鄉村家庭，以及和諧融洽的親子與師生關係。

Rousseau主張在個人年齡發展過程中的教育，應該從下面幾點著手：

第一，從具體經驗的操作發展至對抽象觀念的思考。

第二，從對自然科學之觀察和試驗，逐漸發展至對地理、歷史和文學的知覺感受和理智判斷能力。

第三，從講究自愛、自利的自然狀態（the nature of state），擴大至對社會狀態下的道德行動和政治的參與。

第四，還有在《愛彌兒》第四卷中的一篇短文〈薩瓦副主教的信仰告白〉，刻劃出Rousseau自然教育的哲學基礎是他本人的自然神論和唯實思想（realism）。

第五，從自然發展到邁向社會化的教育過程中，Rousseau關心的是如何成為一位好公民；以及社會該如何型塑，方能保障每位公民的自由意志和權利不受到損害，又能維繫社會秩序的發展。

Rousseau的《愛彌兒》於1758年左右開始撰寫。這部小說的內容，全部都放在愛彌兒與其家庭教師一起生活的各種層面。書中除了刻劃很多自然發展中的知覺、理性和情感對於孩子生長的重要性，同時也將教師角色描繪得栩栩如生。Rousseau在該書第一卷提到：「孩子的教師應該是年輕的，甚至他本人就是一個孩子，成為自己學生的夥伴，在分享歡樂的過程中，贏得學生們的信任。」（李平漚譯，1989：23-24）他希望在孩子出生之前就有一位教師，且永遠只教一位學生，教的東西便是做人的天職。

讀者可藉由右頁表格理解《愛彌兒》的寫作架構，同時也可以看出Rousseau主張依個人的年齡和身心發展來型塑教育的手段。這種看法與那時把孩子視為「小大人」（little men），或是將成年人看成是「大孩子」（big children）等不把孩子看成是獨立個體的說法相比，實更具現代教育的觀點（Rousseau, 1762 / 1979: 67；李平漚譯，1989：46）。

愛彌兒（Emile）的生長軌跡

年　齡	0-12歲	12-15歲	15-20歲	20-25歲	25歲以後
時　期	自然 （nature）	理性 （reason）	力量 （force）	智慧 （wisdom）	幸福 （happiness）
身　分	幼兒至兒童	兒童	青少年	成人	
發展重點	感覺與感官的發展	理智的發展	情感的發展	尋找伴侶與擔負社會責任	完成教育之後的生活
教師角色	如家人和朋友般的關係	如家人和朋友般的關係	信任與相互承諾的關係	信任與相互承諾的關係	永遠的師生關係
《愛彌兒》	第一、二卷	第三卷	第四卷	第五卷	1783年的續篇
兩次誕生	第一次：作為物種之人類的「生存」		第二次：作為性別上的男人而「生活」		

註1：25歲以後的幸福時期並不是說愛彌兒自此就過著幸福快樂、無憂無慮的生活，而是他能充分運用以前學習過的東西面對遭遇到的各種困境，使自己變得更堅強自主、更受人敬重。

註2：「兩次誕生」（born twice）出現於《愛彌兒》第四卷，Rousseau（1962/ 1979：211-212）從自然的角度指出，人不會只停留於孩提的階段，用現在的話來說，第一次誕生是從幼兒到兒童的發展階段，第二次誕生便是青少年期以後的發展階段。

註3：關於愛彌兒25歲以後的生活，讀者可參閱李平漚翻譯（1989）的中文版本附錄〈愛彌兒和蘇菲或孤獨的人〉，原著是在Rousseau去世後1783年出版。

資料來源：張育瑛（2007：129）、黃群等譯（2009：94）。

Unit 4-4
《愛彌兒》第一卷：教育應以人為中心

圖解教育哲學

　　《愛彌兒》第一卷重點雖然在描述幼兒的扶養，但整體重點仍在於Rousseau的基本教育主張。在第一卷開始有段描述性善的名言，Rousseau說道：「出自造物主之手的東西都是善的，到了人的手上就全變壞了。」就在同一頁，他又提到：「偏見、權威、必然性、先例，以及將我們自身淹沒的一切社會制度，扼殺了他的自然本性……。」（Rousseau, 1762 / 1979: 37；李平漚譯，1989：1）由於人生來軟弱、一無所有和愚昧，其所需要的力量、幫助和判斷都來自於教育。

066

　　教育來自於自然、人或事物，如能均衡發展這三種教育，使它們都朝向同一目的，則人便能達到自己的目標，生活和諧一致。「自然的教育」是指，內在於人的官能和器官之發展，它屬於人力不可及的自然性質（天性）；「人的教育」則是指，教導人們如何活用這些內在於人之官能和器官的發展，它雖然屬於人能夠控制的範疇，但這只是一種假定，要完全控制是不可能的；「事物的教育」是指，從那些影響我們的事物中獲取自身的經驗，而事物只有在某些層面才能為人們所控制。依Rousseau的想法，有必要讓人和事物之教育（較有可能為人所控制）趨向於以自然（無法為人力所控制）為目標（Rousseau, 1762 / 1979: 38-39；李平漚譯，1989：2-3）。

　　以自然為目的的教育，其目標在於培養自在自為的自然人（natural man），教育過程要全心全意地為了個人自身考量。Rousseau認為，這種為個人考量的教育，是無法與為他人考量（社會）的公民教育同時進行的。因為自然人全是為了自己而生存，但公民自身的價值卻要受到社會所控制。Rousseau以為，Plato的〈理想國篇〉代表的是公眾的與普遍的教育典範，而Rousseau自己所關切的則是個別的和家庭的教育。對他來說，這兩種教育雖然無法同時進行，但如能確切落實任何一種教育，甚至能同時有效地落實自然人和公民的教育，都能培養出有用的人。然而，Rousseau當時的情況是，不管是法國人、英國人、中產階級，甚至是學院（colleges）培養出來的人，多為言行不一，表面上事事為別人著想，實際上卻處處為著自己的利益（Rousseau, 1762 / 1979: 39-41；李平漚譯，1989：4-6）。

　　Rousseau自己的做法是，先自然（個人）而後公民（社會）教育。因為在自然秩序中，所有人都是平等的；而在社會秩序中，人的地位都已經事先決定好了。社會地位指的是人所追逐的目標，這裡，Rousseau關切的是人的身分（estate）。Rousseau當時的社會問題在於，除了階級是不會改變的之外，當時人們普遍缺乏與自身相稱的身分，無法獨力承擔自身的責任和本分。他強調要研究人類行為（human condition），也就是說，最懂得如何去承擔生活的幸福和憂患者，便是受過最好教育的人（Rousseau, 1762 / 1979: 41-42；李平漚譯，1989：7-8）。

奠基於自由的自然教育觀

對個人及其行為之研究方面，Rousseau
（1762 / 1979: 68；李平漚譯，1989：48-49）
主張由下列四項自然教育準則著手：

第一，教導孩子使用大自然賦予他們的力量，這些力量是他
　　　們無法隨意濫用的。

第二，一切身體的需要，不管是理智或體力方面，都需要給
　　　孩子幫助，使其能彌補自身的不足。

第三，只有在孩子真正需要幫助的時候才幫，要能分辨出他
　　　們胡亂的想法和無道理的欲求。

第四，仔細研究孩子的語言和動作，以辨別他們自然產生的
　　　欲求。

　　這四項準則意在使兒童獲得真正的自由，而不是駕馭他
人的想法；透過實際讓孩子動手去做，而不是幫他們完成，
他們便能逐漸控制自己的欲求。

對幼兒教育的啟示

　　如將上面所列準則應用於幼兒時期（0-12歲），此時，幼兒因為缺乏理性而無
法發展明辨善惡的良心。儘管在12歲以前，幼兒可盡情運用天生的感覺、器官、直
覺和情感與外部世界接觸，但依舊是虛弱無助且需要別人幫助。Rousseau將這種無
助性，看成是幼兒淘氣、搗亂的原因。一旦孩子接受教育並逐漸獲得理智和力量之
後，便能養成收斂自身行為的習慣（Rousseau, 1762 / 1979: 67-68；李平漚譯，
1989：47-48）。

Unit 4-5
《愛彌兒》第二卷：消極教育與自然懲罰

在這一卷中，愛彌兒從幼兒成長為兒童，他的知識和體力已有所發展，能做的事情也愈來愈多，個人的生活已經開始。愛彌兒現在能意識到自身，他的自我認同感（sentiment of identity）亦隨著記憶擴展至他活著的每個時刻。簡言之，他成為真正的人，能追求幸福，也會招致禍端，可以開始將他視為一位道德存有者（moral being）（Rousseau, 1762 / 1979: 78；李平漚譯，1989：69）。

Rousseau認為大自然賦予兒童發展的時期，不能強加予成人的規則及價值觀，因而在教育的部分，他提到：

> 最初幾年的教育應該是消極的。它不在教以道德和真理，而是在防止他的心沾染罪惡，防止他的思想產生謬見。（李平漚譯，1989：94）

為使孩子能順利度過兒童發展時期，Rousseau希望在孩子15歲以前不要強迫他們讀書識字、背誦課文和樂譜、學習寓言等和語言、觀念學習有關的內容。這些內容要發展至15歲以後，才能引導孩子學習（李平漚譯，1989：347-348）。

兒童的教育不能操之過急，不能急於傳遞某種道理或規範給兒童，特別是不能讓兒童贊成他不喜歡的事情，因為這只會使他產生厭惡、懷疑。尤其是太早將理性的話語灌輸給兒童的做法（Locke的主張），是相當不恰當的，因為兒童的官能發展尚未達到理性階段。兒童身體先成熟的是感官，故首要鍛鍊

的也是感官，要學習透過它們進行正確的判斷，也就是學會感受（李平漚譯，1989：87-90, 94, 155）。

Rousseau談的消極教育（negative education）是指兒童生來的衝動、欲求和自我中心都不具有惡意，即便在成人看來是搗亂、破壞和容易受傷的行動，對兒童來說，其心中根本就不存為惡的意圖。因此Rousseau主張，除了陪伴在兒童身旁，時刻觀察他的發展，並為他營造安全、可以盡情活動和感受的環境，使他順利度過兒童發展時期外，此時所有教育手段都不應該急功近利（李平漚譯，1989：122-123, 180）。

消極教育的積極意義在於，鼓勵教師觀察個別兒童的發展狀況，以充分了解每位兒童的資質。Rousseau認為兒童期最有效的教育方法是：「不僅不應當爭取時間，而且還必須把時間白白地放過去」（李平漚譯，1989：93），和「你不急於達到什麼目的，反而可以很有把握和十分迅速地達到那個目的」（李平漚譯，1989：131），還有「不要按照成規來管教自己的學生，要放任無為才能一切有為」（doing anything by nothing）（李平漚譯，1989：135）。這些話除了說明兒童還不具有理智，不能從成人的角度看待他們的教育，也凸顯觀察兒童需要花上一些時間。俗話說「欲速則不達」，過於急躁不僅容易壓抑兒童的自然本性，人們也容易忽略個別兒童的發展（李平漚譯，1989：92-95）。

兒童期的教育特色（一）

《愛彌兒》第二卷關於兒童期的教育特色大致有四項，由於篇幅的限制，筆者將分二部分介紹：

特　色	說　明
自然狀態為自由的可靠基礎	● 自然狀態中的孩子，因為發展尚未成熟，只能享有部分的自由。自然狀態的成人之所以能享受幸福，那是因為它們能運用自己的自由。自然狀態下的人只有滿足自己的需求，並自由的去做任何事情，這樣的人才會快樂。 ● 文明社會的成人也和小孩一樣，只享受部分的自由而已。這是因為成年人未意識到那些保障和照料自己的法律和社會，存在著各種內容的不完備和混亂，因而滋生各種罪惡。 ● Rousseau強調屬於自然的是「物的隸屬」，屬於社會的是「人的隸屬」。前者不含善惡的因素，因此不損害自由，也不會產生罪惡；後者常受到少數人所把持和操控。如要建立起一種不會受到少數人的力量而左右的法律制度，這種法律需要建立在超越個別意志之上，才能真正使公眾的意見得到保障（李平漚譯，1989：79-80）。
自然懲罰：從經驗中學習	● 按照上述，如果孩子只依賴於「物」，就能按照自然的秩序對其進行教育；所以當孩子遇到障礙或是因自己的行為而產生懲罰，就會收斂自己的行為。這是自然懲罰的概念，教育在這裡的工作是要讓孩子認知到懲罰是對自己不良行為的自然後果（李平漚譯，1989：105）。 ● Rousseau認為經驗和體力對兒童來說就是法規，兒童能憑藉這兩者而不依賴他人，學習去做自己力所能及之事（李平漚譯，1989：80-81）。兒童只會在自己的經驗中學到教訓，而不是從大人的口頭訓斥來找到自己的錯誤（李平漚譯，1989：87）。如此一來，兒童不僅能真正看到自己的問題在哪裡，也能避免因為大人的訓斥而對自身行為產生畏懼和抑制的心理。 ● 關於體力對於兒童發展的重要性，Rousseau說明若要使兒童身心感受到極大的愉快，就需要讓孩子體會一些微小的痛苦。兒童的天性就是如此，如果讓他們太享受，精神就會敗壞，只有體會過痛苦，才有機會理解愛與同情（李平漚譯，1989：83）。

Unit 4-6
《愛彌兒》第三卷：培養探究的興趣與習慣

對Rousseau而言，12至15歲的階段仍是兒童期，也是體力旺盛發展的時期，比起從學校或書本中學習，他更贊成讓兒童關注自己感興趣（好奇）的事物，培養對個別事物持之以恆的習慣，進而能手腦並用的自由探索與發現事物之價值和意義。像是他希望能培養兒童對科學的興趣，使兒童在思索研究的過程中，願意依靠自身的力量，實際動手去做，使身體保持主動、四肢保持靈活、雙手持續勞動。

此時，家庭教師依舊是消極地從旁協助，幫助兒童自己動手達成目標。Rousseau相信，與自然有關的技術，個人都可以獨力完成，他希望透過這種過程，在正式接觸到社會事物之前，養成愛彌兒獨立判斷、動手嘗試、不囿於權威的實驗精神（Rousseau, 1762 / 1979: 165, 185；李平漚譯，1989：213, 245）。

雖然15歲之後即將步入青少年期，但在這之前，愛彌兒的理性和判斷之發展仍是緩慢的，但偏見卻大量地來到，兒童必須避免受偏見所囿。教育的重點在於，使兒童獲得準確清楚的觀念，而非教給他們很多東西，因為這些東西很多是帶有偏見和錯誤的真理。Rousseau甚至寧願兒童一無所知，也要極力避免兒童為偏見所囿。Rousseau設想的良好教育是，培養兒童愛好科學的品味（興趣）。當這種品味培養起來時，兒童便能養成持久地注意同一件事的習慣，這樣，他們便能學習探索科學的方法。當兒童依靠自己的力量學到事物的觀念後，就不會只是盲從權威（Rousseau, 1762 / 1979: 171-172, 176；李平漚譯，1989：223-224, 231）。

雖然此時兒童已具備理性和判斷力（理智已發展起來），但所有關於道德秩序和社會習慣的東西仍不宜告訴兒童。此時，道德教育的任務在於使愛彌兒關切與自身有關的品格，如：喜愛勞動、性情溫和、有耐心又頑強、充滿勇氣。要讓兒童將時間運用於他在此一時期感受得到的「實物」（經驗）（things, experience），也就是適合他年齡的東西，而非成年人所知道的抽象事物。但這不是說教師要為兒童安排學習的東西，而是要讓兒童隨其欲求決定自己要探索與發現的東西。教師所要做的只是提供滿足他們欲求的手段。這種對兒童之欲求（熱情）（desire, passion）的重視，也顯現在道德教育中。除非兒童能把自身欲求、興趣與各種是非善惡的實際情況連結為因果關係，否則純粹地闡述道理是沒有用的。如果無法激起他們的行動，就無法產生與興趣有關的欲求（Rousseau, 1762 / 1979: 177-180, 183, 208；李平漚譯，1989：233-237, 242-243, 281）。

Rousseau對愛彌兒的自然教育超越了學校和書本的範圍，他打從心裡認為這些教育的媒介存在著各種阻礙自然本性發展的問題，學科和書本傳遞的知識內容與實物脫離甚遠，內容也多無法彼此連貫和綜合為共同的目標。他在第三卷唯一提到的書本是《魯濱遜漂流記》，因為書中描述的那種與世隔離的環境，與愛彌兒的處境有些許類似，和書中的主人公一樣，愛彌兒必須根據事物原來的用途和關係，對其進行判斷（Rousseau, 1762 / 1979: 184-185；李平漚譯，1989：243-244）。

兒童期的教育特色（二）

前面尚未交代完兒童期的教育特色，餘下兩項仍有必要完整地介紹如下：

特　色	說　明
消極教育：參與並觀察兒童的發展	• 兒童的教育不能操之過急，且不要急於傳遞某種道理或規範給兒童，特別是不要叫兒童贊成他不喜歡的事情，因為這只會使他產生厭惡、懷疑。此時，最重要的是鍛鍊兒童的體魄，盡可能發展兒童的器官、感覺和體力；Rousseau以此批判Locke太早鍛鍊兒童的心智（李平漚譯，1989：94）。Rousseau反對用理性去造就傻瓜，兒童期官能的發展應該著重在感官的訓練，理性不可能是各種官能的總和，用理性發展各種官能是行不通的（李平漚譯，1989：87）。 • 換言之，要以抽象的理智內容去駕馭活生生的經驗是不可能的。兒童期的教育在於提供孩子鄉間的生活環境，給予他們自然的經驗，教師的工作就只是和兒童一起生活。以培養兒童道德觀念來看，Rousseau認為需要先對其天資有充分的理解，每個人的心靈皆有其形式，必須要按照這個形式去指導他，如此才能收得教育的效果。 • 此時，教師應該要仔細觀察學生的自然本性，「慎重端詳」他們的發展，才能在日後給予其需要的幫助（李平漚譯，1989：94-95）。也就是說要尊重兒童，不要急於評價他們，讓其本性和天賦先接受大自然一段長時間的培育，如此，等到教師接替大自然之後，便能了解採取適合孩子的方法（李平漚譯，1989：114）。
感覺：培養想像力的來源	Rousseau在第二卷中尚提到一種綜合其他感官能力的感覺——共通感（common sense），這是協同各種感覺產生的知覺及觀念，簡單來講就是人的智力。不過，12歲以前的孩子尚未形成共通感，他們還需要花時間在發展自身的感官能力，且感官能力攸關人的想像力之發展。Rousseau希望教師此時儘量看著兒童在自然環境下自主的探索和學習，而非主動介入，告訴或要求他們該學什麼（Rousseau, 1762 / 1979: 157-158；李平漚譯，1989：192-193）。

Unit 4-7
《愛彌兒》第四卷：情感、良心與品格的教育

在兒童期以前的發展，都是以自我保存和自我品格的培養爲目標。Rousseau的看法是，當兒童擁有屬於個人的品格後，只要再學習那些規範人與人之關係的知識，就能逐漸習得社會道德，這也是《愛彌兒》第四卷的要旨之一。

到了15歲以後的青少年期，隨著男孩生理上的性徵，以及心理變化的發展，愛彌兒已開始要過眞正的生活。青少年期的愛彌兒，一隻腳已經跨入社會生活中，Rousseau在此用了很多篇幅處理愛彌兒要如何協調自然和社會狀態的關係。在愛彌兒十多年的光陰中，一切的學習都會在他進入社會的那一刻起發生作用。

Rousseau認爲，此時期青少年身上不僅擁有旺盛的生命力，並充滿了和各種欲求有關的力量。這股力量（欲求、熱情）的源頭是「自愛」（self-love），也就是前三卷屢屢提及的內容，它是與生俱來的自然欲求。在幼兒階段，人首要關切的便是自己的生存，之所以能逐漸與重要他人（家人）建立關係，也是因爲他們與自己的生存有直接關聯的緣故。「自愛」可說是兒童期最重要的欲求。Rousseau主張讓兒童期的愛彌兒在不與同儕和異性接觸下獨自生長，也是希望維持他自然本性之良善和個人需求之單純，讓他不會事事與人比較或聽信各種偏見（Rousseau, 1762 / 1979: 211-214；李平漚譯，1989：287-292）。

青少年所能感受到的第一種情感是「友誼」（friendship）。在漫長的自然成長過程中，雖然大多數的時間，兒童都是以關心自己爲目的，但長期發展起來的感性，已在他心中種下如同情（commiseration）、仁慈（clemency）和慷慨（generosity）等人道的種子。到了青少年期，愛彌兒旺盛的生命力和趨向外放的欲求，使他注意到自己並非單獨一個人生活著，而開始對與自己同類的人感興趣，如：夥伴、朋友。此時，愛彌兒的友誼會比愛情早出現，他尤其能對朋友的痛苦（而非愉悅）感同身受（Rousseau, 1762 / 1979: 220-223；李平漚譯，1989：302-307）。

Rousseau還歸納了三條準則，說明人之善良、人性、同情、善行和所有動人的情感是如何發生的（Rousseau, 1762 / 1979: 223-225；李平漚譯，1989：307-311, 339, 342）：

第一，幾乎所有的人生來都是一無所有的，任何人都會遭遇到各種人生的苦難、憂慮、疾病、匱乏等痛苦，並在最後面臨死亡。這種共同的生命經驗使Rousseau相信，人在心中所設想到的是那些比我們更值得同情的人。

第二，由於生活中存在著各種風險，自我會運用記憶和想像，將這些自身可能遭遇到的風險延伸至對人類苦難的感受。簡言之，人們會同情的事情是那些自身難免也會面臨的痛苦。

第三，對他人痛苦的同情程度在於自身投入情感的程度，這條準則帶有判斷和比較的成分；也就是說，我們能辨別不同的人所遭遇的痛苦，並透過判斷的過程來決定自己的感受。

Rousseau自然主義的道德發展要點

訴諸良心

青少年期的愛彌兒已經能夠愛人，與他人建立親密的友誼關係，Rousseau認為此時已經可以引導愛彌兒進入道德秩序之中，將他身上自然形成之愛、恨等情感引導至善、惡的判斷，並傾聽自身心靈活動時良心（conscience）的呼聲。

正義和良善並非純粹抽象的存有，而是藉由理性啟發靈魂的真實情感。不過，單單憑藉理性，而未依靠良心，是無法建立任何自然法則的；若自然權利未以人類心靈的自然需求為基礎，則它只不過是虛構的妄想。Rousseau對愛彌兒的道德教育並未訴諸哲學的討論，而是根據他情感和知識的發展狀況，使他主動地意識到自己內在良心的聲音而已。從這一段的說明，也可看出Rousseau的道德觀重視的乃是人心，而非純粹外在的行為（Rousseau, 1762 / 1979: 235-236；李平漚譯，1989：326-328）。

順應自然的發展：先感覺再理智

Rousseau在青少年期仍多強調情感和品格的培養，對他來說，人是主動理智的存有者，而他的自然主義也主張，真理蘊於實際事物之中，因而在進行判斷的過程中，他人影響的因素愈少，則愈能接近真理。以歷史的學習為例，Rousseau（1762 / 1979: 239；李平漚譯，1989：332）希望愛彌兒能自主判斷各種事實，而非總是藉由書本作者的眼睛去看待問題。

當Rousseau宣稱：「多憑藉感覺，少憑藉理性」，可以看出他講究順應自然秩序的真理，儘量減少偏見和腐敗的學院及社會環境之影響，僅透過適當地引導孩子的各種感覺發展，使其逐漸獲得敏感的知覺和判斷等理智的能力（Rousseau, 1762 / 1979: 272；李平漚譯，1989：382）。

Unit 4-8
《愛彌兒》第四卷：自然宗教觀

圖解教育哲學

074

Rousseau談的良心乃是建立在自然秩序之中，以人的感覺為基礎，並逐步發展至認識到抽象的上帝概念。他以此批評Locke要人們先探究精神再考察身體的做法，他主張應該先長時間研究身體，才能型塑真正的精神概念。從Rousseau的自然理論來看，感覺乃是認識的首要工具，人們唯一可以立即獲得的觀念便是有形的、可感受到的存有者。人最初是無法認識到抽象且難以感受到的「精神」，之所以會崇拜偶像，乃是人們將各種巨大的自然力量和事物想像成是許多有實際軀體的神，這也是為何原始的部落總是崇尚多神信仰的緣故。當人們開始將多神信仰和各種觀念歸納至唯一的造物主和普遍觀念時，他們便願意接受「實體」（substance）其實是最為抽象的字詞（Rousseau, 1762 / 1979: 255-256, 267；李平漚譯，1989：358-359, 374）。

既然「實體」存在著巨大的力量，那祂就不會只是某種被動存在的物質，而是自發、主動和有意識地運作。Rousseau在〈薩瓦副主教的信仰告白〉中，試圖為宇宙和自然萬物運轉的自發性和恆常性提供一種存有論的解釋，他將存有者的自發行動歸納為下面三項原理（Rousseau, 1762 / 1979: 273, 275, 280-281；李平漚譯，1989：384, 387, 395）：

第一，存在著一種意志在推動著宇宙運轉，並使自然具有生命。這意味存在著超自然的力量，它不存在於物質之中，也不是從自然的作用和反作用力之間產生，它本身就是自發且自願的行動。

第二，如果物質的運動存在著意志，那麼按照一定法則而運動的物質便存在著理智。行動、比較和選擇等活動的運作，都是由主動且能思考的存有者，所以可以說，這樣的存有者是存在著的。

第三，每種行動都存在於自由存有者的意志之中。因此，人在其行動中是自由的，而其自由的行動則會受到一種無形實體的鼓舞。

這三種原理除了證明上帝的無所不在，也說明下述「人生而自由」（man was born free）（Rousseau, 1762 / 2004b: 45）的自然觀點：一旦人愈能活用自身感覺和判斷等帶有情感和理智的自由行動，便愈能顯現出對自然（造物主、上帝）的虔敬。在Rousseau的觀念中，「上帝」此概念和實體乃是所有理智、力量和意志的集合，且它們最後必然會以良善之結果為目的。因而，只有建立在自然秩序基礎上的「良心」，個人才能自發地將自身對秩序之愛用於善行的實踐中。所謂「正義」，就是持續地維繫這種秩序之愛下的產物（Rousseau, 1762 / 1979: 277, 282；李平漚譯，1989：389-390, 397-398）。

Rousseau自然宗教觀的要點

要　點	說　明
人性的陶冶始終需要宗教的指引	當人發展到一個時期，他會渴望了解並得到他所不知道的幸福，然此時感官卻容易被虛幻的事物蒙蔽。按理來說，上天賦予人的本性都是善的，且上帝已經給予個人發展所應該具有的一切東西了，人只要充分利用那些東西，便能走在一條正確的、和善的道路上。惟即便如此，人還是會犯錯。自愛不是自大，人只有體會到自己會犯錯的可能，才會虛心、誠心期盼有人能指正自己的缺失。這便是Rousseau在愛彌兒青少年期談論宗教的原因（李平漚譯，1989：415-416）。
質疑人為造作的區分	Rousseau的自然宗教信仰主要有幾點（李平漚譯，1989：418-420）： ● 自然宗教依然是一種基督教信仰。 ● 自然宗教追求的不是繁文縟節，也不是狹隘和曲解的教義，而是發自內心的誠敬。 ● 自然宗教講究的是普遍性的包容，反對那些區分「我們」、「他們」、「新」、「舊」、「儀式」、「經典」等由人為的方式刻意操弄出來的分裂與爭端。
質疑教會權威	Rousseau的自然宗教觀所質疑的是當時的教會。信仰自然宗教的愛彌兒，一定不會認同虛偽的教義和儀式，因為他天生就已經擁有去認識上帝的能力，他不需要透過某種地域性、排他性，以及由繁文縟節和不人道的方式所構成的宗教機構來找到自己的信仰。
讓宗教回歸簡樸自然的精神教化功能	Rousseau揭示的是一種與生活密切聯繫的自然宗教，也就是將自然狀態和人的天性都歸功於上帝。在此情形下，「真正的宗教義務是不受人類制度影響，真正的心就是神靈的殿堂，不管你在哪個國家、哪個教派……只有道德的天職才是真正的要旨；在這些天職中，為首的一個是內心的崇拜；沒有信念，就沒有真正的美德」（李平漚譯，1989：443）；以及「不要使你的生命屈從於窮困和失望的念頭，不要把自己的生命交予他人擺布，從今不吃那些令人發嘔的施捨麵包。回到你的故鄉，再次信奉你祖先所信奉的宗教……，因為它非常樸實和神聖。我相信，在舉世所有宗教中，只有它的道德最純潔，其教理最能自圓其說。」（李平漚譯，1989：442）

Unit 4-9
《愛彌兒》第五卷：家庭與親密關係的教育

青少年期（20歲）之後，愛彌兒已是成人。Rousseau在此卷用了許多篇幅探討愛彌兒之後的伴侶——蘇菲（Sophie）及女子教育。Rousseau的基本看法是，自然賦予人的性別，其中便已蘊含有各自的差別和目的。男女之間的能力是互補的，因而教育的重點也該有所不同。雖然女孩和男孩的教育都一樣注重從身體開始，但男孩比較偏重體力的自由發展，女孩則偏向於發展其吸引力（attractiveness）和靈活機敏（adroitness）。雖然Rousseau認為男女都擁有彼此的特質，但他在自然教育上仍採取性別差異的手段，惟這並不表示男孩不需要培養自身的吸引力和靈活機敏的特質（Rousseau, 1762 / 1979: 357, 365-366；李平漚譯，1989：529, 531, 539, 543）。

Rousseau批評Locke的《教育漫話》只關切要如何培養出有教養的紳士，卻沒想到要選擇並教育孩子的伴侶；又批評Plato在兩性平等教育的主張。Rousseau認為Plato只是取消掉家庭制度，並將女人改造得像男人一樣，卻忽略了自然賦予女性的溫柔順從。此外，Plato只是關切公共的教育制度，卻沒有考慮到，人是先有家庭生活後，才進一步型塑出國家的概念。換言之，愛彌兒在成為好公民之前，他首先會是好兒子、好丈夫和好父親；而蘇菲則要扮演好母職、伴侶和女兒等家庭角色（Rousseau, 1762 / 1979: 370；李平漚譯，1989：529, 537-538）。Rousseau反對當時修道院式的教

育，並主張女孩的自我約束、義務及溫順等習慣和性格，都是在恬靜質樸的家庭氛圍中，潛移默化地養成的（李平漚譯，1989：580）。

Rousseau除了讓家庭教師介入愛彌兒與蘇菲的交往中，也讓蘇菲的母親指導蘇菲要如何把握住眼前的好對象。透過這些關係，愛彌兒與蘇菲的交往得以展示在大家的關注之下。此外，愛彌兒要通過蘇菲家人的認可，才能成為蘇菲的情人；當蘇菲對愛彌兒行使情人的權威後，也宣告兩人關係已經存在契約履行的關係（李平漚譯，1989：641）。大致來說，兩人的關係是在教師和蘇菲家人的媒介之下產生實際的互動，Rousseau希望兩性交往能透過家庭教育達成，如此一來，家庭教師和男女雙方的家人便能在他們交往的過程中，予以關心和指導。

成人的愛彌兒已經身處社會之中，他和蘇菲的愛情本身不全然是私人的活動。第五卷後半部可以看到蘇菲也會公正賢明地對待愛彌兒。他們之間的愛情包含了許多公共德行的價值在其中，如：終生相敬、把甜蜜的愛情變成權利等。從另一角度來看，愛情又能使德行在真正意義上融入親密的生活中，如：性情相投的友誼、一切幸福要從愛情取得等。這種相互滲透的情感關係，有助於社會穩定發展，還能確立和諧的夫婦相處之道，如此一來，社會便能容納自然情感的率真與其帶來的快樂（李平漚譯，1989：716, 725, 728-729）。

《愛彌兒》第五卷的幾項要點

要　　點	說　　明
以行動面對社會挑戰	Rousseau認為過去對愛彌兒的自然教育，使他即便身處社會狀態也能按照良心行事。然而，在社會環境的各種慾望衝擊之下，如果只是獨善其身，只能算是一位好人，卻不能說是一位有德行的人。因此Rousseau提過：「沒有勇氣就得不到幸福，不經過爭鬥就不能完成德行。」（李平漚譯，1989：675）
自然教育培養起來的良心，能引導知識與德行趨向美好的公共生活	這種來自於身體力行和自由意志實踐德行的自然觀點，不同於只是經由認識的過程掌握德行。Rousseau的看法是，良心（而非理性）才是所有實踐德行的源頭和動力。在社會環境中，由於德行為慾望所蒙蔽，因而人們才會想透過認識的過程，使良心繼續面向那些永恆不變的美和善，使自身不會受到各種意外變化的傷害，並能勇於面對逆境，履行自己作為公民的職責，最終重新獲得對德行的掌控（李平漚譯，1989：675-676, 678）。
家庭教育有助於兩性交往關係的完善	Rousseau在處理愛彌兒和蘇菲的關係上，他採取一種協調互補的自然方式闡述兩性的關係。人們可以看到愛彌兒和蘇菲的教育是截然不同的，蘇菲的教育重視約束和義務的習性養成。Rousseau企圖由家庭這個與蘇菲關係最為密切的地方，利用各種潛在的技術，使蘇菲成為樸實羞怯、溫順可愛、機智乖巧的女人；且在母親的教導下，蘇菲能服從丈夫的指揮，並專注在家庭的管理。透過家庭教育型塑愛彌兒和蘇菲的交往關係，Rousseau確信他們的婚姻關係將能以自然的形式展開單純且幸福的生活。
建立在家庭與社會制度上的兩性互動關係	從前面的說明，讀者大概能推敲出Rousseau自然教育的起點就是「家庭」，儘管他的兩性觀在如今看來問題重重，且他將女性視為男性的輔佐者，而男性依舊是一家之主的看法，也只是因循著傳統歐洲家庭中的家長制。惟考量到他重視家庭教育的作用，同時他也讓兩性的交往建立在一種可與家庭和社會制度相互連結的關係上，這些觀點仍可為現今讀者帶來一些教育面的啟發。

Unit 4-10
《愛彌兒》在教育哲學中的定位及影響

若是拿之前的討論來比較，Rousseau與Plato的教育思想存在的根本差異是，Rousseau主張教育應該著眼於發展每個人的自然本性；Plato設想的教育制度則始終離不開社會，因而教育的作用在於培養能使城邦運作良善的公民。這種截然不同的觀點也造就了不一樣的教育哲學。

為了使城邦生活獲得高度的穩定，Plato將永恆不變的觀念和真理視為教育的目的，除了採取幾何和邏輯等思辨性較強的教育手段，也主張孩子一出生就要交由城邦扶養，並接受公共教育；而Rousseau則以為應該要優先發展身體和各種官能的知覺能力，才能循序漸進至認識普遍和永恆的觀念，這種看重個人發展過程的自然觀點，使得他認為每個孩子的家庭才是教育的起點。

Rousseau身處的社會和時代背景，使他認為社會制度、學校機構和書本學科等存在著太多偏見、虛偽和慾望。與社會相比，「家庭」（自然）反而是在污濁渾沌的世道中，保有較多自然、良善與道德的地方，這也是為何Rousseau會批評Locke不看重挑選和教育孩子的伴侶之問題。

在Rousseau之後，所有關切兒童教育和心理研究的運動，幾乎都可以看到《愛彌兒》的影子。雖然兒童心理研究運動之蓬勃發展與科學和心理學的發展有關，但在思想層面，Rousseau仍是獨一無二的先驅者。Rousseau對教育哲學領域的影響有二：首先，自然發展的觀點在應用上是考慮到不同年齡階段的學習者需求；其次，他的自然宗教觀奠定了人生而自由的基礎，後來的結構主義者，如Jean Piaget（1896-1980）曾主張人在自然狀態下具有「自發性和主動性」，這種對人之自主和自由的討論，在1960年代以後，分析的教育哲學也多以此作為教育的目標。

可見《愛彌兒》不只是單純探討兒童教育的著作，它的內容也暗示了人終生都有教育的需求，即便是完全接受Rousseau構想出來的教育方式，也無法倖免於各種偶然發生的逆境和不幸。

Rousseau的教育只是讓個人有足夠的能力和品格面對所遭遇到的問題。人們不該忽視，在這段花費了教師二十年以上的光陰，從幼兒至成人的教育過程，它絕不純粹只是某種教學方法的實踐，它更像是某種要求人不斷地關切自身（心靈、靈魂）的教化活動。

也許可以將這段漫長又連續的生長和教育過程，看成是追求個人自我實現和型塑良善社會價值的必要環節；或是思考如何讓個別的家庭變得更為民主開放，使學校教師能得到更多來自家長的幫助，並減少彼此的對立。上述議題，對教育哲學領域來說，不啻是一種更新Rousseau教育思想和擴大實際應用之方式。

一些關於 Rousseau 自然教育的啓示

啓　示	說　明
自然狀態就是回到人生來就擁有之善的本性	在《愛彌兒》中，Rousseau描述人的自然本性以及與每個人都切身相關的家庭生活，連教師也聘請要能長期陪伴在孩子身邊的家庭教師，這些都是愛彌兒教育的出發點。
自然賦予每個人不同的性格與發展狀況	Rousseau（1762 / 1979: 170；李平漚譯，1989：222）在《愛彌兒》前三卷始終提醒成人要設身處地考量兒童的觀念，不能強加自以為是的真理束縛他們。Rousseau認為人生來就有不同的稟性，而自然已為每個人安排好各自的發展狀況。如果成人操之過急，反而會破壞自然的秩序。
自然教育旨在培養一位有豐富情感、有洞察力、判斷力和行動力的自由人	Rousseau的教育哲學從自然狀態對社會狀態的反思出發，讓處在不同發展時期的孩子能充分運用感官能力，鍛鍊體魄和意志，使精神趨向理智和自由，愈來愈具有同理心，以及為社群成員之自由而奮鬥。
人生始終都會面臨各種挑戰和挫折	Rousseau希望家庭教師陪伴和引導愛彌兒順應自己的自然稟性發展，其目的並非要愛彌兒日後在社會上過著富裕、有名望或穩定安逸的生活。愛彌兒只是一位普通的男孩，在家庭教師長期陪伴教導下，身心健康、愛好自由，有虔敬的信仰、豐富的情感與理性，更有充分的理智和感受能力可以因應各種挑戰和挫折。這位男孩會是一位好的情人、丈夫、父親和公民，在他困窮不得志或遭受他人背叛時，他仍會時時刻刻惦記著過去教師的指導，以此來惕勵和支持自己繼續在坎坷的道路上走下去。

資料來源：Jean-Jacques Rousseau（2014）．

079

第 **5** 章

John Dewey:
經驗與自然之教育學說的重建者

●●●●●●●●●●●●●●●●●●●●●●●●● 章節體系架構 ▼

●●●●●●●●●●●●●●●●●●●●●●●●●●●●●●●●●●●●●

　　　與 Plato 和 Rousseau 相比，John Dewey（1859-1952）是一位不折不扣的教育哲學家，除了有許多關於倫理學、邏輯、美學、心理學和社會學等哲學著作，還有諸多探討教育制度、兒童心理與行為、道德教育、學校教育、課程與教學及科學探究等豐富的教育作品。他本人也實際參與實驗學校的設立，並在大學教授教育學，積極在公共領域發聲，甚至退休之後還是積極參與政治活動，為實現美國民主社會的理想而努力。

　　　Dewey 相信教育可為自我實現和社會進步帶來力量，更可貴的是，他終生一直以此為目標，希望教育能發揮統整知識與實踐、科學與藝術等功能，為人類生活的各個層面，如：理智、價值和文明的進展等，帶來幫助。

　　　本章將從 Dewey 的作品呈現他不同時期教育哲學的面貌，讀者可藉此掌握比較完整的 Dewey 教育哲學內涵。至於 Dewey 的生平，國內可參閱李玉馨（2009：115-120；2010：56-58）富有歷史視野的介紹，國外則可參閱 Westbrook（1991；王紅欣譯，2010）的著作，而 Rockefeller（1991；趙秀福譯，2010）的著作也可選擇性地參閱。本書將直接介紹 Dewey 教育哲學的主要內涵。

Unit 5-1
教育能促成個體之個性化與社會化之發展

圖解教育哲學

　　Dewey教育哲學最早的代表作是1897年的〈我的教育信條〉（My Pedagogic Creed），雖然該文篇幅不長，但型塑出一種兼顧兒童心理發展與社會生活需求的教育哲學，奠定了與Plato和Rousseau不同類型的教育哲學定位。以下以五個單元扼要整理Dewey在〈我的教育信條〉中分別闡述之五項教育信條：

信條一：教育是什麼（what education is）

　　1.普遍的教育過程奠基在社會和文明發展的基礎上。人在出生時便無時無刻受社會所影響，如：個人的力量、意識、習慣、思想、感受和情感等。這種來自社會的教育，讓個人在有意和無意間，分享了人類累積下來的理智和道德資產。個人於是就成為那些已經建立起來之文明資本的繼承者（Dewey, 1897a: 84）。

　　2.真正的教育乃是透過社會來刺激兒童的力量，使他發現自己為社群的一分子，擺脫原來狹隘的行動和感受，從自身所屬之社群的福祉設想自己。舉例來說，兒童會因為別人對他牙牙學語有所反應，逐漸能轉化為清晰的語言，於是便能將兒童引導至由語言總結起來的觀念和情感之資源上（Dewey, 1897a: 84）。

　　3.由個人意識到自身與社會之聯繫的教育過程，使Dewey認為心理學和社會學對教育有著同等的重要性。心理學的作用在於探索兒童的能力、興趣和習慣，此乃是教育活動的出發點；而能力、興趣和習慣運作之目的、作用和功能，則要從社會環境中尋找。因而心理和社會層面是有機的連結，只有不斷地闡明能力、興趣和習慣的意義，以及將它們轉化為社會的用語，人們才能脫離那些阻礙兒童本性之抽象、不確定和獨斷的教育手段（Dewey, 1897a: 85-86）。

教育即生長

　　1898年，Dewey（1898: 339）曾批評當時美國的赫爾巴特主義普遍忽視學習者的本能、習慣和活動，且其教學法有淪為形式化的現象。Dewey（1898: 329, 339）提出「教育是一種作為重建的生長」，歸納四點與生長有關的看法，試圖導正當時赫爾巴特主義的問題（Dewey, 1898: 331, 333）：

　　第一，生長最初總是從直接經驗（direct experience）開始，這種經驗乃是外部、自發和非反思的，像是溝通、建構、表現和探究等活動。

　　第二，生長是清楚地意識到手段與目的之關係。

　　第三，生長要能夠逐漸意識到組織本身具有之普遍性和特殊性。

　　第四，生長還要愈來愈能意識到生活的職責與功能。

　　總括來說，教育即生長意指個人與社會的整體發展關係，它包含教育的開始、過程、結果、意義（如：學校、教學內容和方法）和觀念之重建（如：各種官能的發展、解釋和準備）（葉彥宏，2013：82）。

影響Dewey教育哲學的因素（一）：演化論

Charles Robert Darwin（1809-1882）的演化論影響愈來愈廣泛後，也產生了各種演化論的解釋方式。在十九世紀末的美國社會，存在著兩種達爾文主義（Cremin, 1964: 99-100）。

一種是以Herbert Spencer（1820-1903）和William Graham Sumner（1840-1910）為代表的「社會達爾文主義」（又稱為保守的達爾文主義）（Conservative Darwinism），其重要主張如下：

1.強調自由放任的個人主義。
2.真正的科學進步來自不可阻擋之演化進程的自然運作。
3.認可「適者生存」的自然運作之道，以及以此觀點設計的課程內容。
4.由於持靜態的演化觀念，以為人非歷史的創造者，因而消極看待公眾教育，並反對國家教育的力量。對Spencer來說，教育永遠無法成為影響社會進步的一個重要因素。

另一種則是以Lester Frank Ward（1841-1913）、Albion Small（1854-1926）和Dewey等人為代表之「改革的達爾文主義」（Reform Darwinism），其主張如下：

1.人的心靈存在著目的，且能透過計畫完成該目的，並不會一味地隨波逐流。
2.持動態的演化觀念，認為公眾教育有助於轉化人性、改善社會風氣。
3.認為科學知識的普及，必然可以創造出人類與自然關係的廣泛理解，並且促使人類在日常生活中運用其優勢與自然現象和諧共存。
4.人的能力和環境之互動具有潛在的可能性，而非只有相對的限制。

Unit 5-2
教育即生活：學校的家庭與社會功能

圖解教育哲學

084

信條二：學校是什麼（what the school is）

1.教育一直都是社會的過程，學校也是一種社會制度和社群生活的形式，教育工作者會以最有效的方式引導兒童分享人類繼承的資產，使兒童能運用自身力量追求社會目的（Dewey, 1897a: 86-87）。

2.為了有效地引導兒童朝向社會目的，便不能以模糊抽象的未來生活為目標，而是要落實在連續的生活過程中；也就是說，要使兒童能主動地為現在和未來的自己動手打拼，而不是事先傳授給他們目前用不到的知識和技術。至於落實的途徑有以下三點（Dewey, 1897a: 86-87）：

(1)提供兒童當下生活的內容，如：在家庭、鄰里和運動場等富有生氣的生活；從這些對兒童來說是真實的生活中，提供各種有價值的生活形式（forms of life）。

(2)考慮到兒童的發展狀況，將學校生活簡化為社會生活的雛形（embryonic form），避免使兒童為社會之複雜和多樣性所迷惘，而失去自身有條不紊的反應力量。簡單來說，要優先考慮到個別兒童本身的發展狀況，不要揠苗助長。

(3)家庭本身也是一種社會生活形式，而作為雛形社會的學校，也要提供兒童在家庭中已經熟悉的活動。學校教育應該要關切兒童的家庭，並將家庭生活形式，引導至學校教育內容之中。這些途徑主要是希望學校能重製這些有價值的社會生活形式和家庭活動，使兒童逐漸學習到它們的意義，並且在各種生活形式的關係中，扮演好自身角色。

3.Dewey（1897a: 87）結合了第一項信條，再次強調經驗性研究的重要。從心理學來說，因為生長的需求，使得學校所欲傳授之新經驗，必須建立在舊經驗的基礎上。從社會學來說，因為家庭也是社會生活之形式，兒童能在家庭中獲得養育和道德訓練，故學校的任務在於幫助兒童擴大和深化自身與家庭的聯繫。

Dewey（1896b: 434-437）在主持芝加哥大學教育學系所設立的實驗學校時，把實驗學校看成是與教育工作密切相關的實驗中心或實驗室。實驗學校從兒童的生活出發，將教育意義和興趣建立在社會結構之上，再藉由審慎的實驗與批評，理智地設計出能將理論與實際狀況聯繫起來的教育內容，藉此搭起能有效應用並作為指導教育工作者的可靠橋梁。

4.按上面對學校任務的闡述，Dewey（1897a: 88-89）認為學校中的分級和測驗，其作用在於了解兒童對社會生活的適應能力，並且顯示將兒童安置在什麼樣的地方最能發揮他的能力，還有什麼樣的地方能使他獲得最大的幫助。這種看法回應了他視學校為一種特殊的雛形社會，兒童在其中能健全生長，並自由發展參與社會之實踐的興趣（Dewey, 1913a: 439-450）。

影響Dewey教育哲學的因素（二）：新心理學

Dewey的新心理學受William James（1842-1910）和Granville Stanley Hall（1846-1924）影響最多，兩人都曾為Dewey的老師。

Dewey之所以十分看重兒童心理和社會層面的研究，與Hall大力倡導有關（Cremin, 1964: 107-108）；至於Dewey對人之主動性的強調，並將事件和經驗的探究視為建構知識理論的必經過程，則是受James影響較多。

新心理學代表的是一種與真實生活確實聯繫起來的學科，這種聯繫體現在兩處（葉彥宏，2014：56-57, 182）：

第一，人的行為處處體現著有機體與環境的互動關係

Dewey在〈心理學中的反射弧概念〉（The reflex arc concept in psychology, 1896）中主張，行為與環境乃是整體與協調之倫理關係。人的習慣、反射動作等行為，並不純粹是「刺激－反應」，而是個人對不同類型刺激的感受和可接受與否的能力。如此一來，所有行為（conduct）不僅都與社會環境有關，且都具有特定的意義和價值。上述Dewey的看法，主要與James《心理學原理》（The Principles of Psychology, 1890）有關。

第二，經驗生活的意義與探究價值

Dewey從James的心理學探究方法，發現心理學中的社會面向，他相信哲學發展與探究也有很多地方需要與目前的社會和科學發展有所聯繫。Dewey主張，哲學如能與實際經驗產生有意義的聯繫，除了有助於與其他學科產生良好的互動，也能使哲學、科學和現代生活的種種需求結合起來，將變化不定的現實生活，納入理智的省察範疇之中，此種觀點與Socrates之「未經省察的生活是不值得過的」相互呼應。

Unit 5-3
教育是經驗持續不斷重新建構的過程

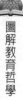

圖解教育哲學

086

信條三：教育的題材（如：學科、教材）（the subject-matter of education）

1.就社會層面來看，在兒童全部的訓練和生長中，社會生活是聚集和相互聯繫的基礎；質言之，社會提供了人們統整自身意識、努力和成就的背景，因而學校課程內容需要注意到這種由社會整體逐漸分化出來的現象。就心理層面來看，為順應兒童天性，並使他們獲得最好的倫理教育，應該避免太過突然地提供許多與社會生活無關的學科內容，如：讀、寫和地理等（Dewey, 1897a: 89）。

2.所有學科內容和教學的共同焦點在於兒童本身的心理及社會活動，例如（Dewey, 1897a: 89）：(1)教育不能統整在一種脫離人類活動的科學或自然研究中，因為自然本身是存在著各種東西的時空，它是由許多零散沒有統整的東西構成，如果以自然為教育的中心，便無法提供整體且集中的原理原則。(2)文學雖然能反應和解釋社會經驗，但它本身也無法超越經驗。因此，文學不能作為社會經驗的基礎，卻能用來總結社會經驗。(3)歷史若能呈現出社會生活和生長的功能，就有其教育價值。如果只是把歷史視為遙遠過去的記憶，它就無法再發揮任何作用。所以要把歷史用於參照現在的社會生活，使它富有生氣地成為人類社會生活和進展的紀錄。在

教育上，必須讓兒童真正體驗到社會的生活，才能使歷史的作用和價值持續下去。

3.使兒童認識到社會遺產的方法，便是讓他們參與那些表現和建構現代文明的活動，如此一來，烹調、縫紉和手工勞作等活動的標準就可以建立在此定位上。這些活動不僅代表社會活動的類型和基本形式，且以這些活動為媒介，引導學生進入正式學科內容中也是可行的途徑（Dewey, 1897a: 90）。

4.現在的教育應該要關切社會因素和學習內容的固有聯繫。科學的價值要體現在它作為調整和控制經驗的工具；語言的價值並不只是用來作為邏輯分析和獲取個別資訊的工具，它還是人們彼此分享思想和情感之溝通交流的社會工具（Dewey, 1897a: 90）。

5.如果教育就是生活（education is life），那一切生活都包含有科學、藝術和文化、溝通交流的面向，所以，學科內容要圍繞在兒童對「經驗」之興趣和態度上。因此，教育目的要建立在兒童的經驗生活，包含心理及社會層面，超越這些條件之外的目的，就只是一堆虛構的、揠苗助長的外部刺激（Dewey, 1897a: 91）。

6.綜上所述，Dewey（1897a: 91）主張：「教育應該視為經驗持續不斷地重新建構」，教育之過程和目的始終都要契合於兒童的經驗生活。

Dewey 型塑自身教育哲學的社會背景

1910年代初，Dewey（1913a: 308-311）有概略提到影響他重建哲學以及構建合乎時代需求之新教育哲學的三項運動：

民主理念與制度的迅速發展，使教育必須要兼顧到所有社會成員的自我實現與團結。

工業革命後為生活帶來的變化，產生如何控制科學、如何看待勞動的價值、教育要如何在物質生活中增益人們對美感與品味的需求，以及如何從社會制度面籲求生產與消費的責任等課題。

實驗科學的發展改變人對世界的認識方式，人們不用再緊緊抓住過去的東西，能積極著手探索新的東西，學習亦成為具探索性質的建構性活動，不再是記憶傳統留存下來的東西；在哲學層面，能量、過程、生長和演變等概念取代了永恆實體、固定一致的概念，人的信念因而可以透過行動予以檢驗，不用再固守於內在理念的國度，讓教育一直都處在僵硬的形式訓練，缺乏因應生活環境變化的精神、目標和方法。

假使當前教育有特殊的重建需求，且這種需求迫使人們不得不重新考慮傳統哲學系統的基本觀念，此乃是因為伴隨社會生活的科學進展、工業革命和民主發展產生了徹底的變革所造成。（Dewey, 1916a: 341）

資料來源：John Dewey（2014）.

Unit 5-4
教育即生長：從個人興趣與發展出發的教育方法

信條四：方法的性質（the nature of method）

1.教育的方法必須先弄清楚兒童之能力和興趣，也就是考慮到兒童本性發展的法則。兒童發展的主動面優先於被動面、表達先於有意識的印象、肌肉發展先於感官、活動先於有意識的感覺，且自我意識（甚至還有觀念）在根本上需要透過行動（如：運動、衝動）才能表現出來（Dewey, 1897a: 91）。

2.兒童的「印象」（image）是教學的重要工具。這主要在提醒教師，要觀察兒童學習到的東西是否有在他們心中形成適切的印象。這也是為何要強調引導與兒童切身相關的各種生活經驗，因為它們最能用來訓練兒童不斷地形成明確、生動和持續生長之印象的能力（Dewey, 1897a: 92）。

3.興趣代表的是生長力量中的信號和象徵，它也是兒童要從事某件事情的起始力量。因此，細心和同理地觀察兒童的興趣，除了有助於了解他們的能力，還能進入他們的生活，了解他們的所作所為，進而得知應該提供什麼樣的

教材內容。雖然不能完全遷就兒童的興趣而不予以引導，但也不能壓抑興趣。壓抑興趣等於是用成人的觀點看待兒童的生長，這樣就削弱了兒童理智的好奇心和敏銳靈活的心思，使其獨創性受到壓抑，興趣也變得死氣沉沉。過於遷就興趣的話，兒童就只會關切轉瞬即逝的暫時事物，忽略永久的東西。由於興趣乃是兒童力量的信號，因而深入開發出兒童的力量才是教育的重點，如果放任興趣發展，便無法深入探知兒童的力量，最後只會讓任性取代了真正的興趣（Dewey, 1897a: 92-93）。

4.情感（emotion）是對行動的反應。Dewey主張，有多少行動便能引發多少情感，不能只是純粹地刺激或引發情感，就像形式主義、僵化死板的教育一樣，過度流於感傷主義（sentimentalism）也是不好的。在實際方法上，Dewey認為，如能養成以真、善、美作為思考和行動的參照習慣，便能使大部分的情感獲得約束（Dewey, 1897a: 93）。

Dewey早期的教育思想尚未擺脫如「內在價值」，還有上面提到的「真、善、美」等觀念論的哲學傳統所影響；即便他強調經驗性研究、教育實驗，但本質依舊未脫經驗論的窠臼。直到二十世紀之後，他在方法論層面，結合了演化論和歷史研究的方法，提出「發生方法」（genetic method），將觀念所產生的「情境」因素納入考量，並且從歷史演變（生成）的角度看待「性質、意義」所發揮的作用（Dewey, 1902: 3-5, 32-35）。他在《民主與教育》中是這樣形容發生方法的：「欲深刻理解任何複雜產物的途徑在於，追蹤它的形成過程——沿著它連續的發展過程來著手探究工作。」（Dewey, 1916a: 222）這種探究會把「當前情境與過去公認的習俗、信念、道德理念、希望、渴望連結起來」（Dewey, 1902: 37-38）。

興趣的作用與價值

Dewey談的「興趣」，主要有以下四項主要的特徵：

興趣的特徵	說　明
興趣是主動的、投射的和有推進力的	帶有興趣的關注，始終是主動的。只要有興趣便能萌發力量；缺乏興趣的地方，孩子必定無法自由發揮，不能自在地控制和指揮自己的經驗知識。
興趣是客觀的	人需要去關照到很多不同的興趣，像是興趣的範圍、職業的興趣和局部的興趣等。興趣本身不是單獨存在的感受，它總是可以對應到某種對象、目標或目的，在這種時候，人的興趣與其關注的對象乃是整體的關係。
興趣也是主觀的	它是一種內在的領悟、情感和價值，只要存在著興趣，便會伴隨著情感的表現與行為反應。
興趣並不能單獨存在	興趣並不能獨立作為目的或是方法，對於興趣之理解和獲取，應該將焦點放在引發興趣的背景條件上。

資料來源：葉彥宏（2014：185-187）。

089

　　教師的任務並不是要「為興趣而激發興趣」，把興趣（或幸福）當成是目的並沒有任何用處；只有挖掘興趣背後那些引發興趣、滿足興趣的需求和工具材料，興趣才能發揮最大的價值。興趣的價值在於其引發了什麼（what it leads to），使何種新的經驗成為可能，還有能型塑何種新的力量（Dewey, 1895: 146）。

資料來源：John Dewey (2014).

Unit 5-5
作為藝術家的教師應持續發展專業與社會責任

圖解教育哲學

090

信條五：學校與社會進步（the school and social progress）

1.教育是社會進步和改革的基本方法。那種從制度法規、懲罰措施和機械性的外部安排等改革作為，都只是暫時的、徒勞無功的。比起法律、激烈爭論和討論等不確定的手段，「教育」是真正能幫助社會型塑自身的目標，組織自己的手段和資源，明確和有效地朝向它所希望的方向塑造自身（Dewey, 1897a: 93）。

2.理想的學校能調和個性化和制度化的理念（reconciliation）。換言之，理想的學校會承認特定品格之形成乃是正當生活的唯一真實基礎；但它也會承認正當品格並不只是形成於個人的告誡、榜樣和勸告，它也受到個人所依賴之制度和社群生活形式影響。在社會這樣的有機體中，學校就如同它的器官，可以用來決定道德的成果（Dewey, 1897a: 93-94）。

3.每位對教育感興趣的人，要堅持學校主要且最有效能的旨趣在於社會的進步和改革，因此，他們的任務在於喚起社會對教育的重視，使教育工作者能獲得充足的設備以從事其工作（Dewey, 1897a: 94）。

4.Dewey相信，教育的任務可以促進科學和藝術的密切合作，因為兩者都會致力於為共同社會環境的福祉而努力。在藝術層面，最優秀的藝術能型塑人的各種力量，並使其具有適應社會生活的見識、同理心和機智。在科學層面，心理學能增加對個人心理結構和生長法則的見識和洞察；社會學能夠增加個人對正確組織（right organization）的認識。一言以蔽之，所有藝術和科學資源都可以為了教育目標而使用（Dewey, 1897a: 94）。

5.教師的任務並不只是訓練個別的人，而是型塑合適的社會生活形式。教師應該體認到自身的職業尊嚴；也就是說，他是社會公僕，有著維繫適切的社會秩序、謀求社會正當發展的任務（Dewey, 1897a: 95）。

二十世紀以後，Dewey（1913c: 109-110; 1916b: 168-172）曾清楚地指出，教師的專業精神和組織應該體現在兩個地方：一為從事教學研究以及探索學習者發展需求的研究，另一為擔負起民主社會的發展責任。在他的認知中，教師之所以要精進自身的教學專業，乃是民主社會發展所必須（葉彥宏，2013：72-73）。

6.當科學與藝術攜手合作，將能達到人類行動最具指揮性的動機，除了可以激起人類行為的真實力量，還可以確保人性得以發揮最好的作用（the best service）。Dewey（1897a: 95）在此信條最後說：「我相信這樣的教師總是真正的上帝代言人、真正天國的引路人」，他衷心期盼教師能致力於透過學校教育促成科學與藝術結合，使每個人都能找到自己在社會中的角色，貢獻自己的能力。

Dewey論科學、藝術與進步

進步來自於手段與技術的精進

　　「進步」並不是指向某種前進的方向，而是可以採取不同的理智行動策略，如：透過組織舊的概念使知識獲得增長、新的概念取代了舊的概念、提出好的問題或是問題得到解決、使原有的制度或手段變得更加精妙和合乎人性、使激進民主的未來得到進一步實現的可能、能採取實際的方法追求自我實現、致力於心理與社會之教育實驗與兒童研究等。以上所列多屬於「有序的進步」（orderly progress），也就是要求掌握可靠的手段、工具或技術；這也顯示人存在著強大的力量和各種不同的本能，得以發展各種不同的工具。總括來說，「進步」不是用於最後的「目的」，而是手段上的精進（葉彥宏，2014：179）。

科學與藝術的合作有助於文明的進步

- 藝術使人們自身經驗趨向擴大和深化，人們能透過它們來掌握其他經驗形式中的基本態度，使其他經驗形式變得更少侷限和偏狹（Dewey, 1934a: 335）。
- 科學使過去留傳下來的觀念和技術獲得更新，讓藝術的表現日趨多元。
- 科學呈現出來之人與自然的關係，如：抵抗與衝突等，可以激發更為熱切的好奇心，激起人們敏銳的觀察力，更加看重經驗對藝術創作的重要性（Dewey, 1934a: 341-342）。

091

教師角色與任務

　　身為一位藝術家的教師，要盡可能地幫助學生成為各種生活關係的藝術家，使學生能夠解決那些總是困擾所有人的道德、理智問題，並建立能夠採取有效行動的習慣。如此一來，學生就不會成為作白日夢的理論家或是浪費且無能力之人，而是能把特定的情感、慾望和同理心統整起來，並將這股力量用於實現理智的計畫。（Dewey, 1916c: 81-82）

資料來源：John Dewey (2014).

Unit 5-6
民主的與實驗的教育哲學

眼尖的人或許會注意到，〈我的教育信條〉似乎很少談到哲學與教育的關係，更多是Dewey本人的教育主張。如果把這篇短文抽離Dewey的生命脈絡來看，上述質疑是正確的。但這篇短文的重要性在於，它奠定了Dewey教育思想的根基，之後他逐漸發展成熟的教育哲學觀點，大多可追溯至這篇短文。至於Dewey《民主與教育：教育哲學導論》，則是一部標誌著他教育哲學思想趨向成熟之著作。筆者沿著《民主與教育》第二十四章〈教育哲學〉（Philosophy of Education）的行文脈絡，將Dewey提出之「教育哲學」主張依序整理如下（5-6至5-8單元）：

第一，對哲學問題之思考來自於生活。哲學問題之所以產生，是因為在社會實踐的過程中，遭遇到普遍且廣泛的困難所致

換言之，哲學要處理的是關於人的問題，其中包含了人性、心靈、價值、行為及生活處境等課題（Dewey, 1916a: 338）。人們要注意的是，Dewey所建構之教育哲學主張，並非完全建立在「問題」之上，在指出哲學的問題之前，他已先詳細闡述過「哲學幾乎可描述為思考過程」的特質（Dewey, 1916a: 336）。所以，如要從「問題－解決」（problem-solving）的方式理解Dewey的教育哲學，必須要先理解他在《我們如何思維》（How We Think）裡面對於思考和反思等的討論。

第二，社會和教育是哲學問題中的共同因素

Dewey（1916a: 338）觀察到一種現象，就是為了處理各種關於人的問題，也形成了各種哲學流派、觀點和系統。不同類型的哲學以各自發展出來的術語，在共同的哲學課題上，憑藉著各自的哲學興趣而產生衝突。至於能夠將上述衝突聯繫起來的共同媒介就是社會，因此從社會中發掘調適衝突的方式和計畫，便是哲學與教育緊密結合在一起的原因。

第三，滲透於生活中的教育活動能將哲學功能組織起來

教育的優勢在於它滲透於人類生活之中，因而能提供與專業哲學討論不同的東西。也就是說，教育所提供之觀點和視野，使人們了解哲學問題是從何處產生；從何處成為普遍而廣泛的問題；從何處為人所熟悉和了解；而在實踐之中接納或拒絕哲學問題，其差異之處在哪裡（Dewey, 1916a: 338）。

第四，教育是與個性化和社會化有關的活動

承上，在「教育究竟是什麼」的問題上，Dewey（1916a: 338）主張：「教育是形成基本氣質（dispositions），並理智（intellectual）和情感（emotional）地趨向於自然和公眾的過程。」在說明哲學與教育之關係中，Dewey並未只是把教育視為「學科」，而是與個性化和社會化過程有關的活動。

問題與解決

Dewey談的「問題－解決」乃是根據問題的情況，持續嘗試以下步驟：

箭號表示這些步驟都是可逆的，且沒有特定的順序，一切以問題情況為主。

源於不確定的情境
一開始是在複雜、混亂、懷疑等不完整的實際情境中，該情境的一切特徵都尚未確定。

反覆以「假設—試驗—檢驗」確認是否達到目標
為了具體應用在實際的狀況中，行動的計畫需要奠基在研究假設上，要公開的從事某些事情來達成預期的結果，並藉此來測試假設。

給予暫時的解釋
給予一種推論的預測，即針對既定的因素給予暫時的解釋，這些解釋標誌著某種特定結果的趨向。

提出假設
要以精確和前後一致的方式闡述假設的結果，使其與普遍的事實相符。

釐清來龍去脈
對各種可能的因素都要小心考察，以便於將身邊的問題予以界定和澄清。

註1：上述步驟並非要求人們死板地碰到任何問題都確實從第一步到第五步執行，而是希望人們認清問題的性質，根據問題的情況，選擇適當的步驟或方式來探索問題的可能解答。

註2：Dewey（1916a: 157）的這五項步驟，只是想說明「人們遭遇到問題時，普遍會採取哪些步驟」而已，他不希望人們拘泥於這些步驟，自陷於方法的形式窠臼中。

註3：「問題－解決」的主要作用在於，加強人們將經驗轉化為問題的觀察力，以及探索問題性質的判斷力，並給予能用來圓滿處理問題之方法的提示；也可以說，問題的解答是在特定對象和情境中，尋求較佳的處理方法或方案（葉彥宏，2014：134）。

Unit 5-7
哲學是教育的普遍理論；教育是哲學的實驗室

第五，哲學乃是教育的普遍理論

　　因為哲學問題源自於生活，如缺乏教育過程，只會讓學習者侷限於某一哲學領域中，將大部分的心力浪費於機敏而嚴謹的理智訓練。如要將哲學定義為「教育的普遍理論」（the general theory of education），就不能讓它停留於符號或文字，也不能使其成為少數人的多愁善感或是武斷的教條。哲學對過去經驗之審視、檢驗及其本身的價值計畫，都要在行為（conduct）中發揮作用。換言之，哲學本身必須要包含有教育的過程和行動，以改變人之心理及道德態度（也就是上面說的"conduct"）為己任（Dewey, 1916a: 338-339）。

第六，哲學之批評和評價功能可為教育帶來積極的力量

　　上面說明顯示，缺乏教育的哲學將只會將自身限制於某一特定領域，遠離真正哲學問題之源頭。Dewey關切的是與教育緊密結合的「哲學」，其任務（功能）主要有二，一為「批評」（criticism, criticize），另一為「評價」（valuation, value）。Dewey工具主義（instrumentalism）的要旨，是將傳統哲學重建為能夠指導人類理智發展，激起行動能量的工具。他相信，如果教育藝術（educative arts）能結合「認真對待並深刻思考過的生命（生活）」，將可能幫助哲學發揮批評與評價的功能，成為指導理智發展與激起行動能量的工具。這些看法反映了Dewey（1916a: 339）下面這句話的意涵：「教育是哲學的實驗室，在那裡，不同哲學之區別變得具體且能加以檢驗它們的作用。」

第七，教育活動擴大了哲學對個人、群體及諸種關係的探討

　　Dewey表示，歐陸哲學的起源和發展都與教育有直接的關聯。最早的哲學是以自然為觀察之範圍和對象，思索它們的構成和變化。因而最早的哲學發展其實可視為科學史的一章。一直到後來，智者們（Sophists），也就是旅行教師（traveling teachers）的出現，才把思索自然構成和變化之成果應用至人類行為。Dewey形容智者們乃是歐陸第一批專業的教育者，他們指導年輕人德行、政治藝術、城邦管理和家政，於是哲學就不再只是關心宇宙、自然的問題，還擴大到對個人、階級和群體方面，思索人與自然、傳統與反思、知識與行動的關係（Dewey, 1916a: 339-340）。

工具主義

　　Dewey的工具主義來自於他的實驗邏輯觀，簡單來說，就是指人的認識活動取決於他自身的行動。對他來說，哲學乃是人類理智活動的工具，其作用主要在於澄清和闡明實際且具體的生活過程。他還指出，人的思考活動有助於認識當前事物，更具有重構當前事物的積極功能。換言之，哲學不只是工具，還有其目標。大致上，Dewey的工具主義並不純粹只是某種特定哲學理論，還泛指那些透過理智和反思過程而產生的行動而言（葉彥宏，2014：7）。

民主與教育的關係

Dewey的教育哲學奠定在民主（有機體與環境的交互作用）、經驗（探究）、自然（生長）等動態的實踐上，他視民主理念的追尋為終極的教育目的，諸如經驗和自然等概念都體現於他的民主教育思想中。

民主理念	說　明
出發點	個性的解放，尤其是透過教育使個人具備獨創精神和適應力。
焦點	人們的經驗生活，它是相互關聯的生活過程、共同交流的經驗。
目標	藉由教育先解放個體能力，再使其能自由地在生活中運用理智，進而引導社群成員之目標得以邁向進步的生長（Dewey, 1916a: 105）。
手段	民主之所以仰賴科學，乃是因為它是探究經驗生活、實現民主理念的可靠工具。
發展性	民主對當時的社會而言，其發展仍不完善，且哲學理論仍有待建構。

哲學的功能和價值

Dewey（1893: 365）早期曾提到，「哲學的價值在於其方法，哲學是指對經驗的解釋，亦指在人們所能企及的所有時代和時期中的全部生活」，而「解釋涉及了批評與重建的工作、心靈的再調適（mental readjustment）」。上述看法到了1925年說得更為清楚：

> 哲學主要關心的是澄清、解放和擴大那些在經驗自然發生的功能中與生俱來的善。哲學沒有要重新創造「實在」的世界，也沒有要尋找藏在常識和科學中的「存有」祕密。哲學自身並沒有儲存大量的資訊或知識，……。哲學的任務就是為了某個目標，接受和運用此時此地可以得到的最佳知識。此目標是批評那些信念、制度、習俗和政策所承擔之善。只是哲學的批評並不在於確認某件事情已經達到了它所承擔之善。換言之，哲學不存在通往真理的私人知識或方法，所以也沒有通往善的私人途徑。不過它能接受那些來自於探究和探索過程中的事實與原則，這即是說，哲學也接受散布在人類經驗中的善。雖然哲學沒有可讓人信賴的啟示權威，但是它有理智的權威，以及批評共善和自然之善的權威。（Dewey, 1925a: 305）

資料來源：John Dewey (2014).

Unit 5-8
做中學：統整知識與行動的探究活動

第八，教與學的過程充滿著哲學和教育的問題

Dewey（1916a: 340）不只是留意到哲學探究範圍的擴大，他更是關心智者們提出來的教育問題，像是德行是否可以透過學習獲得？學習指的是什麼？由於對學習內容和過程的探問，屬於知識層面的問題，因此Dewey接著問道，知識是什麼？如何獲取知識？透過感覺？還是要以學徒身分採取某些形式的作為？亦或是經由邏輯訓練之後的理性？Dewey認為「學習就是求知的過程」（learning is coming to know），學習就是轉變的過程，從無知通向智慧、由貧乏逐漸變得富足。至於這種轉變是如何可能的？如果這種轉變是可能的，那麼變革（change）、生成（becoming）和發展（development）要如何發生？如果這些問題都有解答，則指導、知識和德行之關係指的又是什麼？

第九，上述問題之根源在於理論與實踐、知識與行動等關係的協調統整

現在看來，Dewey想藉探問的過程，將教育對哲學的影響引導出來；這種探問的方式，也可循序漸進地發掘哲學對於教育的指引功能。上面的最後一個問題：「指導、知識和德行之關係指的是什麼？」此教育問題凸顯了從生活層面出發，才能開啟在理性和行動、理論與實踐之關係中存在的哲學問題。Dewey（1916a: 340）強調：「德行毋庸置疑地寓居於行動之中」，意在指出，哲學總是要在生活中體現其教育功能，否則變革、生成和發展等學習之可能性的事實都將受到質疑或無法持續下去。

第十，教育和哲學乃是連續且交互作用的關係

回到第五點「哲學是教育的普遍理論」來看，Dewey（1916a: 340-341）提醒人們，勿把「教育哲學」看成是將既存的觀念應用於那些具有截然不同之起源和目的的實踐系統。這種觀念無法與實踐達到協調一致，只是將哲學作表面上的應用而已。

Dewey（1897b: 328, 330, 333, 338）早期曾詳細指出教育哲學需要探討的一些重大主題，像是：教育的性質和過程、學校生活的組成內容、學科教材的組織、方法的組織。他很早就試圖以社會生活為媒介，來結合教育和哲學的關係，因而這些主題顯現出來的，就不是遠離生活的純粹哲學思辨，也不是學院式的教育理論建構，而是妥善結合知行關係的教育哲學實踐。

哲學是用來清楚闡述當代社會生活遭遇到了哪些困難，且其所要面對之問題是，該型塑何種正確的心理及道德習慣。哲學所關心的問題與教育並無二致，兩者都建立在共同的生活與文化基礎上。之所以可以視哲學為教育的普遍理論，乃是因為在最具有滲透力和穿透力的定義上，哲學含括了最普遍層面的教育理論，希望能將哲學用於審慎地引導教育理論的實踐（Dewey, 1916a: 342）。

如何串聯知識與行動的關係：一種倫理學的手段

　　Dewey曾在自己關於社會心理學和倫理學的著作中，屢次提及「熟慮商議」（deliberation）一詞。他將「熟慮商議」比喻為「像戲劇排演或在想像中那樣，預示各種可能相互競爭之行動」（Dewey, 1922: 132），因為它能預先設想「人的習慣和衝動用於各種左右拿捏不定或是懸而未決的情況時，會是怎樣作用的。」透過熟慮商議，人們在想像中可以析取出衝動與習慣，將它們反覆以不同的方式結合起來試驗，進而預先設想實際付諸行動後會是怎樣的情況。藉由思維活動的預見，人們就有機會避免實際上遭遇到失敗的教訓。

　　Dewey談的「熟慮商議」乃是一種奠定在倫理學上的思考活動，它能分解各種行動，並讓各種構成行動的要素相互制約。Dewey認為，各種構成行動的要素，如：人的思維、習慣和衝動等，都無法憑藉一己之力主導整個行動，但它們卻有力量相互牽制著彼此。因此，人需要多方設想並預先排演可能的行動模式和方式。需要留意的是，「熟慮商議」只是一種「刺激」人們產生確定行動的手段，它無法用來尋求最終目的（Dewey, 1922: 132-134）。

　　國內近來有討論「思維實驗」（thought experiments）的研究，其主要奠基於知識論的探討，認為可藉由科學的思考活動，讓「真實世界中尚未能夠達到的情境、或者是難以實際操作的理論」，能夠藉思考來獲得印證或取得進展。思維實驗與熟慮商議一樣，都能在思考或想像中反覆施行。惟前者著眼於「理論的驗證」與「探索行動或制度背後的理論依據」；後者則用於反思和預見人類行為，並探索道德教育所要培養的習慣和衝動，儘管存在許多偶然性且亦時時受到環境因素的影響，但行為的意義仍得以透過這種想像性的戲劇排演持續下去（蔡如雅、李郁緻、但昭偉，2014：448-449, 462-466；Dewey, 1922: 144-145）。

097

做中學（learning by doing）

　　Dewey（1915: 253）最初是在《明日的學校》（Schools of To-Morrow）第四章提到「做中學」的教育口號，它是從Dewey「教育即生長」的觀點衍生而來的東西。讀者需要留意的是，這句口號並非盲目的行動或是嘗試錯誤；它本身有呼應Dewey從經驗中學習的看法。只有在實際動手去做、去探究，才會發現理論和規則存在的問題或不足，也才能將知識與行動整合為真正的實踐。對教師而言，「做中學」的意義是，透過有效的、非教條化的教學手段，幫助兒童找到適應於自身所處之環境的方法。在此之中，教師個人的信念與態度，以及那些影響教師的社會文化背景，都會影響實際教學手段的運用。從另一面來說，「做中學」旨在藉由參與和實作來幫助習慣的養成、注意力和興趣的培養；用Dewey的話說，就是結合理智與品格的行動。概括來說，「做中學」算是一種綜合Dewey教育理論的口號，尤其適用於他對知行關係的討論（葉彥宏，2014：181）。

Unit **5-9**

1930年代以後：
更加趨向倫理與社會實踐的教育哲學（一）

Dewey的教育哲學，從1890年代末至1930年代的共同特色有二：第一，都是以實現社會理念和價值為教育之目的；第二，都強調教育哲學乃是由社會與個人、知識與行動等兩者關係所構成（Dewey, 1933b: 101）。

這一連續過程中的差別在於，由於Dewey生存的時空背景始終處在迅速變化的狀態，像是第一次世界大戰（World War I, 1914-1918）、經濟大蕭條（Great Depression, 1929-1933）、1930年代中後的第二次世界大戰（World War II, 1939-1945）等，這段期間，美國從封閉的國度站上世界舞臺的中心。Dewey在這樣的背景中，有許多自己對社會、文化和民主政治的理念與抱負。他在1930年左右自教職工作退休，之後雖然積極從事各種政治活動，但他的思想焦點仍多冀望以教育提升個人品格，為社會帶來重建的力量，並以美國在地的文化和道德鞏固民主政治的發展。

1930年代以後，Dewey的教育哲學愈來愈強調民主社會和科學的關係，讀者需要注意，它們都與Dewey自己的經驗理論和倫理學有關。這段時期以「教育哲學」為篇名的作品，主要有下面兩篇：1933年〈教育哲學的基礎〉（The Underlying Philosophy of Education）和1934年〈對教育哲學的需求〉（The Need for a Philosophy of Education）。

〈教育哲學的基礎〉重點在於闡述教育哲學不可自外於社會，必須持續且動態地與社會制度交互作用，以維繫人際之間互動和擴大自我實現的可能。至於〈對教育哲學的需求〉除了重申過去教育哲學的主張，Dewey仍持續疾呼教育哲學的社會意識、關懷和行動有助於教育和社會重建工作的發展，無論如何，他都不希望教育在社會議題和各種問題上退縮。下面所列五點，為1930年代以後Dewey強調的教育哲學任務，它們大多與過去的主張一致，差別僅在於，Dewey自己愈來愈加關注社會問題對教育情境的影響。

第一，有效地探究能用以整合教育的知識與行動

Dewey在其教育哲學中，特別強調「個人與社會的聯繫，建立在透過實驗方法所組織起來的經驗上。」這與一般人觀念中的實驗並不全然相同。Dewey的實驗方法是他「工具主義」的方法論，其包括下列性質：理智的反思和行動；對價值的觀察、批評與統整；指導人們如何處理疑問等。這些與實驗方法有關的活動本身並不蘊含有內在目的，只有將它們用於經驗之維護、擴展和建構的過程，而不是將它們用作為獲取最終結果的工具時，實驗方法才能持續且有系統地在「手段－目的」（means-ends）關係中發揮作用。而這種連續且有組織的過程，即是Dewey所謂「做中學」（learning by doing）及「問題－解決」等行動的意涵（Dewey, 1933b: 84, 92, 95-97）。

實驗方法的功用（Dewey, 1929: 159）

✓ 處理問題的有效方法之一。

✓ 使目的得以建立在可行的方法和行動上。

✓ 可由設立之目標和方向檢核方法和行動是否正當且有效。

✓ 實驗方法是知識獲得的可靠來源之一。

✓ Dewey所謂的實驗方法並非嚴格的實驗室實驗，而是強調任何經過熟慮商議之後的行動，事後必定能回溯其過程，檢驗和反思其是否正當、有效。

Dewey經驗理論的特色

✓ 所有經驗都具有公共性和動能，其包含了共同生活的意義和價值，且人們能同理彼此的想法與感受，進而激起共同的參與。

✓ 經驗不僅具有個別性，更有社會和實踐的倫理性質。

✓ 儘管生活中瀰漫著各種不確定性，人們對經驗的控制也是有限的，但實驗方法仍是探索問題、掌握經驗的有效手段。

Dewey受到自身經驗理論的影響，
使得他的教育哲學總是處處體現著知識與行動的密切配合。

Unit 5-10
1930 年代以後：
更加趨向倫理與社會實踐的教育哲學（二）

第二，社會和道德為實驗的基礎

由於Dewey在許多著作中都批評技術和理智封閉的社會，大聲疾呼科學要建立在道德和社會人文的基礎上，並為了追求非強制性的和非虛假的思想之整合而努力。他將這些關於科學應用的觀點，歸結為「實驗主義」（experimentalism）。此觀點承認個人乃是創造性思想的承擔者、行動者和應用者。此概念源自於啟蒙和科學革命的理智成就，科學方法和實驗精神得以應用於教育及社會層面，透過這種實踐過程，理智得以去除蒙昧的部分，成為社會和道德生活不可或缺的信念（Dewey, 1925b: 18-20; 1930: 159）。

第三，實徵的自然主義方法：經驗為探究自然與社會問題的基礎

Dewey（1925a: 4）於《經驗與自然》（Experience and Nature）中提出「實徵的自然主義方法」，試圖含括他對實驗方法所有的哲學主張。Dewey認為，哲學的任務不在探尋存有或實在的問題，也不是要發掘經驗最原初的面貌，更不是要找出能概括所有不斷流動和變化之經驗的東西。哲學的任務是，透過批判、評價等澄清與判斷之功能，了解事物具體為人所經驗到的價值和它的來龍去脈，如：它過去是什麼樣子？而現在或未來又意味著什麼？簡言之，對哲學真理的或形而上學的討論，首先必須建立在「以科學方法理解經驗」之上（Dewey, 1905: 163-167）。

實驗主義

Dewey之「實驗主義」乃是相對於「教條主義」的概念，前者具有流動性和社會實驗的性質，後者則是透過嚴格規範確定下來的經驗、理論和學說。他的實驗主義在相當程度上與美國歷史背景有關。當時，作為新興國家的美國，不僅地廣人稀，許多國家應該要有的制度、規章和社會組織等都還未形成，人們依賴的是模糊混亂的經驗哲學。這對美國人來說既是一種危機，同時也意味著「機會」。Dewey的實驗主義為美國人提供了看清眼前的機會，並予以確實把握的可能。他希望以寬廣且具有創造性的想像力來發展有系統、具建構性與禁得起檢驗的方法，為美國的未來提供不同於歐陸國家思想的發展模式。Dewey認為，個人乃是創造性思想的承擔者、行動者和應用者，此看法源自於啟蒙和科學革命的理智成就，使得科學方法和實驗精神得以應用於教育及社會層面。透過這段實踐過程，理智（而非理性）得以去除蒙昧的部分，成為社會和道德生活不可或缺的信念。在Dewey的實驗主義中，科學和理智都具有倫理價值，它們促使人們：(1)縝密地檢驗和反思所歸結的意義；(2)致力於經由試驗來發現思想和理論的價值；(3)藉由實際應用和具體結果（而非根據先天的原則）來檢驗和評價思想與理論的價值；(4)持續地批評技術和理智封閉的社會，為追求非強制性的和非虛假的思想與觀念之整合而努力；(5)上述將思想和觀念整合起來的哲學，其雖然沒有普遍的或理所當然的觀念支持，但以實驗主義這種具有美國精神（積極開拓、以富有創造性之想像力建構）的思想來說，這樣的哲學運用於指導社會實踐，並能用於澄清和指引未來努力的方向（葉彥宏，2014：7）。

Dewey論教育實驗的目標

1915年《明日的學校》中，Dewey（1915: 247）從普遍的學校教育談論教育實驗的目標。

教育實驗「不是」什麼

- 教育實驗並不是以學生是否有能力跟得上（keep up）所要改良的系統和制度。
- 實驗的目標不在於創造可以使教師在同樣的時間中教導更多東西的方法（並非是純粹的效能），也不是要讓孩子更愉快地準備未來大學的課程（亦不是使之後的學習變得更為輕鬆）。

教育實驗的主要目標

- 學校所提供的各種教育內容，要能透過教學與學習的過程，直接地予以觀察和檢驗。
- 教育實驗可用來向孩子們展示「什麼是能力」，以及「如何在世界中，從物質及社會層面運用這些能力，使自己變成更好、更幸福、更有用的人。」

教育實驗的主要理念

- 當學校努力為學生達到上述目標，同時又能把在傳統學校學習的東西傳授給學生，則進行此教育實驗就不會有任何損失。
- 在促進社會整體發展的教育實驗裡，其成敗決定於協助學習者整體發展的目標。

Unit 5-11

1930年代以後：
更加趨向倫理與社會實踐的教育哲學（三）

102

第四，教育哲學有其社會的功能

　　如將上述與實驗方法有關的幾種哲學主張與教育結合起來，則人們可以說，教育哲學主要仍是社會哲學的延伸，這種哲學包含了某種品格、經驗與帶有道德觀點的社會制度，所以，教育乃是各種人際和社會互動的過程。在個人層面，教育是實現個性統整的過程。這種統整需要以某些組織和社群為媒介，教育的工作就是要促進這些有益於統整的組織和社群發展，同時也要對抗另一些造成上述統整之阻礙的力量。在社會層面，由於教育是一種社會組織，因而它不會是中立和中性的存在。教育需要連結人與人之間的關係，且彼此的參與和溝通、合作和競爭，都要在法律、政治和經濟等運作的社會秩序中進行，故教育關切的就不是某種「主義」（ism）或是「符碼」（code），而是要在能預見的實際作為中，謹慎考慮社會的各種秩序和規則（Dewey, 1933b: 80-81）。

第五，教育哲學負有實現個人潛能和社會民主化之責任

　　Dewey（1937: 296-299）強調將民主建立在連續且連貫之「手段－目的」的實踐，也就是說，教育本身應該要確立對社會之信念、精神和價值，並理智地採取因應社會問題的有效方法。只有這種扎根於在地生活的教育活動，才能激起主動參與的力量，群策群力以為共同追求的民主理念探索持續進步的空間。

　　Dewey對社會的看法亦建立在自己的民主信念，他相信社會愈是能確保個人的自由和平等，個人便愈有可能發揮自身潛能的極限。這種觀點反映在他對教育哲學的期待上。他希望教育活動能持續且理智地致力於以下兩件事情：一是透過教育過程，理解各種來自於社會偏見、民族主義、種族主義和崇尚以暴力的手段解決問題等；另一是藉由教育，增進人與人之間的同理、同情和合作，消弭因為無情的競爭所導致的殘忍和物質爭奪等層出不窮的社會或國際問題（Dewey, 1934b: 202-204）。

　　此時，Dewey的民主教育理論已擴大至美國以外的世界，他相信，如果全世界的教育都能致力於所有人類彼此的共同理解、相互同理、釋出彼此的友好善意，便有可能驅除上面提到的各種問題和爭端。

　　Dewey之所以在1930年代以後如此重視教育哲學和社會之間的連結，乃是因為他注意到，社會存在的許多問題也會反映在學校的管理中；換言之，學校作為一種社會組織，無可避免地會受到現實社會的影響。Dewey（1940: 372）曾大聲呼籲過，美國教育研究的目標應該將焦點放在發展學生和公民的審慎思考、理智與批評的心靈；要避免教育系統受到偏見、固執和無知的傷害；還要嚴正拒絕那些企圖控制公立學校教育內容的壓力團體。

手段與目的之關係

　　Dewey談的「手段－目的」為一連續且相互作用的活動，某個目的達到之後，該目的便成為下一次行動的手段；若欲達到某個目的，則採取的方法、使用的資源、規劃之策略或計畫等手段，將是評估目的能否達致或用在事後檢驗目的之成效。而介於手段和目的之間，尚有「可預見的目的」（ends-in-view），它使人們得以從當下構思未來、得以從現在嘗試著去把握未來。從倫理學來看，可預見的目的總是能體現出人在追求目標時有充分的行動自由。請參閱下圖所示：

手段－目的

▲目的不斷地重現一系列的「下一步是什麼」（what next），以及在某個行動的當下處境中，最重要的下一步是什麼等問題。

▲當心靈承擔起目的後，就應該要持續地思考之後的行動，直到人們在活動過程中形成一些合理清楚的觀念，讓活動能與這些觀念密切的聯繫在一起。

▲要達成一項遙遠的目的，就必須要將目的轉化為一系列的手段；只有透過這樣的過程，目的才能明確地為人所覺知或是明確地界定。

▲將遙不可及的目的當成是全部關於目的的概念是錯誤的，目的需要有適配的手段；如果缺乏手段，就表示人們與目的之間存在著障礙。

▲當採取適切的手段之後，目的依然遙遠，目仍舊無法轉化為一系列的手段，則這樣的目的就只是一場夢。

連續且相互作用的關係

可預見的目的

▲ 它是人們從當下構思未來目的的可能性。

▲ 它是人們為所欲追求之目標採取的行動計畫。

▲ 它體現出人在追求目標時有充分的行動自由。

目的－手段

▲目的包含了兩種意思：一種是最後得證的目的；另一種是當目的透過各種與其自身相關的手段達致時，彼此相互的連結以及可驗證的關係才可視為最後的目的。

▲目的可作為計畫開始的大略目標，並用來探索各種可加以運用的手段。

▲目的建立在實現它自身的各種手段之基礎上。

▲換言之，在探究活動的各個階段中，各個相繼的階段都既是目的又是手段，它們是一種具有協作能力且有組織的活動。

▲手段本身包含了人的興趣及慾望，需要針對各種外部情境條件而做出變化。

資料來源：葉彥宏（2014：145-149，168）。

103

第 6 章

實在論（唯實論）的教育哲學

●●●●●●●●●●●●●●●●●●●●●●●● 章節體系架構 ▼

●●●●●●●●●●●●●●●●●●●●●●●●●●●●●●●●●●

　　實在論（realism）的共同主張是，各種科學發展的成就都應該趨向於實現真理（進步），或致力於追求與真理符合一致的終極目的或共同理念。教育史常把實在論的教育思潮放在以下幾個與人文主義（humanism）和理性主義（rationalism）的高揚，自然科學發展與經驗論（empiricism）興盛的時期探討，此即文藝復興、宗教改革、發現新大陸、科學革命及啟蒙運動。雖然實在論的哲學在這些時期鳴放，但卻有古老的發展淵源，它在古希臘哲學家 Aristotle 那裡，除了用以反思 Plato 觀念論存在的問題，還用來凸顯 Aristotle 哲學中的「生成」（becoming）特色。Aristotle 之後，中世紀的經院哲學家 St. Thomas Aquinas（1225-1274）和 William of Occam（1285-1349），及文藝復興之後的諸位思想家和科學家 Nicolaus Copernicus（1473-1543）、Francis Bacon（1561-1626）、Johannes Kepler（1571-1630）、Locke、Isaac Newton（1643-1727）、George Berkeley（1685-1753）和 Hume 等，也影響了現代許多教育哲學的主張。

Unit 6-1
Aristotle 的實在論

除了Plato的學園（Academy）本身有其歷史地位和影響外，其培養的學生也值得關注。Aristotle曾在學園經歷了長達二十年之久的學習，直到Plato去世後，繼任的學園領導者想持續Plato重視的數學幾何，而Aristotle則嚮往自然科學；在理念不合下，Aristotle便離開雅典一段時間（鄔昆如，2006：47）。

西元前335年，Aristotle返回雅典，並在此建立自己的學校「萊希姆」（Lyceum），因為這所學校位於祭祀太陽神阿波羅（Apollo）之地，故以在附近護衛太陽神免於受到狼群侵擾的殺狼者Lyceus為學校命名。由於Aristotle講學習慣漫步於迴廊、花園，所以後人稱其為「迴廊學派」或「逍遙學派」（Peripateticism）；也有一種說法是，學校空間已經堆滿各種動植物標本，故只能在迴廊邊走邊談。西元前323年，亞歷山大大帝（Alexander the Great, 356-323 BC）去世，其帝國江河日下之際，曾身為亞歷山大之教師的Aristotle亦受到波及，萊希姆被迫關閉，Aristotle逃亡至哈爾基斯（Chalcis），並於翌年（西元前322年）在當地病逝（鄔昆如，2006：47）。

Plato相信那些普遍、永恆不變的事物，才是真正要去認識的對象；而那些特殊的、變易不定和偶然的東西則是人的信念和想像，並不算是真正的知識。Aristotle雖然接受了這樣的觀點，但卻以自己的方式解釋Plato理型論中欠缺的東西，也就是「生成」的內涵。這種「生成」的觀點是形而上學的，而非如

Charles Darwin（1809-1882）那種生物學之演化論的生成理論。Aristotle藉由「四因說」（theory of four causes）強化了人作為理性主體的地位，同時也補充Plato只強調理型、卻未解釋人要如何從物質世界通向觀念世界的問題。

O' Conner曾列舉下面三點Aristotle對Plato的批評（洪漢鼎等譯，1998：126-127）：

第一，Plato不曾解釋理型對於感覺世界的具體個別事物的關係，他僅僅使用比喻的術語，像「分享」（methexis）和「模仿」（mimēsis）去描述這種關係。這些詞沒有以任何方式解釋理型與事物是如何聯繫的。照Aristotle自己的說法，它們只是「空的短語和詩的比喻」。

第二，理型存在的假設並沒有說明世上事物的多樣性，沒有說明這些事物的生成或它們變化的方式。簡言之，這種理論並無法增加我們的知識。

第三，誠如上面兩點所述，理型論很容易遭受嚴肅的邏輯反對。

Aristotle認為，這些問題的癥結在於，它們都試圖從事物本身分裂出事物本質而引起的。對他來說，人認知的優先順序是從感官開始的：「人的知識始於感官，亦即個別物體，然後上升到普遍物或共相」（傅佩榮譯，1986：360），只是感覺並無法達到共相，只能透過「觀察一群個體或注意事件的重現頻率，再經由抽象理性的助力，而達到具有普遍本質或原理之知識」（傅佩榮譯，1986：361）。

Aristotle的四因說

- **物質因**（hulē；the material cause）
構成各種事物的物質材料，這些東西具有構成某種事物的「潛能」。

- **形式因**（eidos；the formal cause）
型塑各種物質的各種客體形式，其代表的是某些物質材料「實現」其潛能之後的面貌。形式因既為內在圖式，又為理智結構；既為支配的動力，又是目的（王又如譯，1995：75）。

- **動力因**（arkhē；the efficient cause）
生產各種客體形式的行動者。

- **目的因**（telos；the final cause）
各種客體形式的最終目的。

四因說在Aristotle哲學中的意義

　　以日常語言比喻的話，建造一棟房子的材料就是物質因；形式因是設計的藍圖，所有的施作和建造工作都要依循它；動力因是參與建造工作的工匠；目的因則是房子本身（Ozmon & Craver, 2008: 43；劉育忠譯，2007：69-70）。

　　概括來說，Aristotle主張，哲學的作用就是把事務的物質因轉向形式因與目的因，進而發現宇宙可理解的本質，以及躲藏在所有變化背後的目的（王又如譯，1995：79）。

　　Aristotle的「四因說」也可簡稱為「形質二因說」，因為動力因和目的因最後仍會還原為形式因，所以，此四因真正的重點只在於「形式」（實現）和「質料」（潛能）兩者的關係上。

Unit 6-2
Aristotle 的教育觀與德行論

Aristotle和Plato一樣，相信人應該依照其所處的地位接受教育或訓練。對他來說，處在不同身分地位的人們各有其功能，如：領導者、工匠技師、妻子和奴隸都有各自所欲追求的卓越（excellences），並擁有不同的德行（virtues）。除了不同身分角色有其要達到的自我及社會功能，這裡也可以看到Aristotle主張人的身分和行為都有其目的的主張，他在《尼各馬可倫理學》（Nicomachean Ethics）中說過：「所有事物都以善為目標。」（Aristotle, 1934: 1094a）而追求之目標的品質，端賴其所欲成就之善只是屬於個人的，或是還能進一步擴大至整個社會和城邦。

綜言之，Aristotle和Plato都把社會需求和福祉置於個人權利之上，個人應該期許自己的身分能對社會帶來何種貢獻或負起何種義務。在道德教育上，Aristotle相信社會應該灌輸兒童社會價值，指導他們多多參與有助於發展社會德行的活動。Aristotle當時並未細緻地處理兒童如何理解道德事務的問題，他認為到了20歲以後，人便能理解道德事務，並有能力分析倫理道德的相關議題。在20歲之前，需要先培養良善的德行，以確立未來理解道德事務的方向和基礎（Noddings, 2007: 11-12；曾漢塘、林季薇譯，2000：17-19）。

Aristotle並不認為在20歲以前，個人有足夠的認知、判斷和分析能力可以獨當一面地處理道德事務，因此在20歲之前，他希望能以灌輸的方式，先塑造起良好的個人行為習慣，再逐漸往較為抽象的道德認知等理性的範疇中發展。儘管這種看法在現在來說已較為陳舊，但對教育而言仍有兩項啟示：

第一，Aristotle（1933: 908a）承認人的感官經驗對知識的獲取有著重要的地位，他相信人有從個別經驗追求普遍知識的可能性。

第二，於此同時，Aristotle亦洞察到「知識和行動」、「理論與實踐」存在的張力，並未在Socrates那裡得到充分的調解。到中世紀後，Aquinas的神學也含括Aristotle的看法，認為人需要先了解具體事物才能了解共相（王又如譯，1995：218）。

承上述，Socrates「知德即能行德」的主知主義（intellectualism），並未獲Aristotle認同。Aristotle並不認為人的道德認知和行為能始終保持一致，因為人的道德行為會受到情境（circumstances）影響，也許擁有高貴德行的人比較能禁得住誘惑，且在許多極端的情況下，還能做出正確的事情；但即便是英雄，在情況超出他所能控制的範圍時，可能也無法做出正確的判斷（Noddings, 2007: 12；曾漢塘、林季薇譯，2000：21）。這種道德兩難的情境顯示，道德情境原是充滿了各種衝突，這些衝突存在於各種事物（經驗）的性質中，存在於猶豫不決的選擇中，也存在於善與惡、欲求與絕對命令、德行氣質或不良嗜好等為意志帶來苦惱的區分之中。

Aristotle德行教育主張

　　國內教育哲學領域對Aristotle的研究，主要集中於他的倫理學觀點。讀者可參閱林建福（2009）的詮釋，粗略整理如下表：

德行教育	主　張
重要性	德行教育旨在使人依循自然本性，陶冶自身的善性，追求整個城邦的幸福。
目標	1.人是城邦的動物，因而好的政體能造就好的公民。 2.人需要有足夠的閒暇時間去發展或是經歷幸福與理智的生活。 3.人的自然本性與社會身分的契合，有益於城邦的穩定和進步。
原則	1.與Plato一樣，教育原則建立在城邦共同的福祉和利益之中。 2.自然本性、習慣養成與理性的教導，三者相互協調配合，有助於助人趨向良善與秀異。 3.從小就要培養孩子表現出正確的態度，如：對追求知識感到快樂、對殘酷的事情感到痛苦。 4.公民的教育主要是博雅知識的學習與靈魂的鍛鍊，工匠的技藝或是商人的生活都不利於德性的陶冶。 5.身體的鍛鍊和習慣的養成，有助於將內在理性和靈魂的完美引導出來。
方法與內容	1.養成從事德行活動的習慣。 2.建立城邦的教育和法律系統，兩者相互合作，以貫徹城邦的善與幸福。 3.發揮家長制的家庭功能，讓孩子服從、模仿父親的行為。 4.友誼不僅能產生相互期許的功能，還能讓自我重新審視自己。 5.音樂和戲劇，尤其是悲劇，都有助於德行的培養。

資料來源：林建福（2009：214-233）。

Dewey「教育即生長」的一個古老源頭

　　Dewey「教育即生長」的主張，除了直接地受到演化論和新心理學的影響，它還有一個人們不易發現、但卻非常重要的源頭，就是「自然」（nature）。提到「自然」，人們很容易聯想到Rousseau的自然狀態和自然教育觀，然而，「自然」很早就為人們用以反思外在的、人為的制度和產物，並進而去探尋自然和正常的事物。「自然」的古希臘和拉丁字源分別來自於動詞的「生長」（to grow）和「生於」（to be born）。Aristotle認為，「本性、本質」（nature）來自於人、事或物完全或充分發展之後的性質，同時也是能夠充分展現自身活動或達到自我實現的性質（Dewey, 1913a: 287-288）。「教育即生長」是Dewey所認可的教育目的，如對照上表與過去的討論，讀者就能了解Dewey的教育目的建立在倫理學上，而知識論（如：探究、實驗、問題與解決等）則是作為倫理目的追尋的手段，最後，他將教師視為藝術家的美學觀點恰恰就體現在上述手段與目的之關係中。

Unit 6-3
物質世界的真理有賴歸納的經驗論把握

古代和中世紀哲學家假定，人可以透過心靈直接理解上帝。這種看法乃是基於演繹（deduction）的方法編造出一套主觀抽象的概念，將經驗的自然比擬為具有人性的實體，先認定存在有終極的形式因，然後一廂情願地認為那就是必然該追尋的最終秩序和真理。這種看法對於人類接觸和觀察自然而真實的世界，是相當不利的。在Bacon的時代，許多科學家和思想家們注意到必然與終極真理的預設會阻礙經驗的探究。十六至十七世紀，有些學者便主張，雖然心靈有追尋終極信念之習慣和欲求，但仍必須保有謙虛和節制，否則將有礙科學的發展。扼要地說，這些學者希望人們能區分上帝和其創造之物的差別，上帝的心靈與人之心靈乃是不一樣的東西，因此，信仰的領域屬於神學，自然領域則需交由自然科學來探討（王又如譯，1995：322）。

Bacon的《新工具》（Novum Organum Scientiarum, 1620）希望從經驗知識的觀點，建立科學的歸納（inductive）方法，藉以把握事物的真相（傅偉勳，2004：219）。「歸納法」乃是系統地以殊相觀察為基礎，並以獲致普遍通則之邏輯為目標。這種觀點可在Aristotle《工具》（Organon）中發現，而批判此方法，並將其發展為完整系統者則是Bacon，他的「歸納法」主要有以下三步驟：第一，蒐集（collectio）：蒐集彙整特定個殊的資料；第二，拒斥

（exclusio）：檢驗資料並淘汰矛盾觀念；第三，總括（vindeminatio）：詮釋資料以達致普遍通則（傅偉勳，2004：221；劉育忠譯，2007：79）。

透過上述三步驟，Bacon最終希望經驗知識達致「形式知識」，就像Aristotle的形式因那樣。形式知識是所有自然現象的唯一原因、事物本身內在結構、現象變化的恆常定律。對形而上學來說，形式乃是永恆不變的定律；對物理學或經驗科學來說，形式知識能作為征服自然的力量，此即Bacon所謂「知識就是力量」的意涵（傅偉勳，2004：220）。

Bacon歸納法存在的問題與影響（傅偉勳，2004：220-221）：(1)Bacon的歸納法討論的只是螞蟻階段的經驗歸納，並沒有達到如Galileo Galilei（1564-1642）等科學家們構築科學理論的步驟，致使歸納法終究不能成為如蜜蜂般的研究態度。(2)Bacon並未意識到經驗資料的蒐集，需要運用假設指導經驗的蒐集。(3)Bacon並未意識到數學（如：機率、統計）在科學理論建構過程中扮演著重要的角色。(4)Bacon的歸納法在David Hume（1711-1776）之後形成兩種現代科學哲學主張，如演繹論者Hans Reichenbach（1891-1953），與歸納論者Karl Popper（1902-1994）等人的論爭。

為了破除過去不重視批判和實驗的理性與想像，Bacon在《新工具》中指出，存在下面四種遮蔽人之心靈和思考的偶像：

洞穴偶像 （idol of the den）	族群偶像 （idol of the tribe）	市場偶像 （idol of the marketplace）	劇場偶像 （idol of the theatre）
來自於自我侷限。而自我的侷限，即個人受限於自身氣質、教育及其他外在因素影響，無法如實把握經驗事實。	指內在於人性之中，構成阻礙客觀觀察的偏見，如：錯覺、幻覺、將自然現象予以擬人化。	因為人際關係產生的偏見，尤其是指語言的問題。語言原是用來思考知識的運作和傳遞；然而，人們往往誤把語言視為經驗到的事實，導致影響正確的思維判斷。	缺乏獨立思考能力，只是盲從權威與傳統偏見。

資料來源：傅偉勳（2004：219）；劉育忠譯（2007：78-79）。

除了四種偶像，Bacon還用昆蟲比喻三種研究態度：

螞蟻	蜘蛛	蜜蜂
獨重經驗者，濫於蒐集經驗事實的蕪雜材料，不知予以系統地整理。	專賴理性者，擅長理論的建構，對經驗材料的蒐集整理無能為力。	結合經驗和理性者，在蒐集經驗材料時，曉得選擇重點，並能將經驗材料予以適度地安排，以便構築理論知識。

資料來源：傅偉勳（2004：220）。

> 如要破除四種偶像並建立良好的研究態度，唯一的方法是要對著現實事物，客觀地觀察與實驗。歸納法乃是一切知識擴張與累積的根本工具，只有使用此法，才能綜合經驗和理性。

資料來源：Francis Bacon (2014).

Unit 6-4
在直觀理性的基礎上演繹數學的真理

Bacon在自己身處的時代所欲追求的是，引導人們從經驗科學的歸納法發掘自然的秩序，以促進人類福祉，進而榮耀上帝的創造之功。由Bacon開啓的心靈與物質的區分在René Descartes（1596-1650）有了更多的闡發。將Descartes的主要論點整理成四點：

第一，追求明晰確定的嚴格方法學

Descartes為了將哲學奠定為透過理性的思維活動獲致絕對嚴密精確的統一性知識或智慧，他把數學方法運用至哲學探究中，希望能根據人類理性的直觀（intuition）作用，輔以演繹法，從確實不過的已知事實中推論出其他的一切，發現無可置疑的必然絕對之根本原理。所謂的直觀，乃是專意不偏的心靈所具有的明白不可疑的觀念，只從理性之光湧現出來（傅偉勳，2004：227）。Descartes相信，經過訓練的批判理性，能夠克服由感覺或想像提供之關於世界的不可靠訊息（王又如譯，1995：325；傅偉勳，2004：227-228）。

第二，心物二元論世界觀

在Descartes的劃分中，上帝是絕對的實體，心靈與物質乃是由上帝創造的實體。心靈是意識層次的思維（cogitatio）活動；物質則是擴延（extensio），屬於空間的量或說是原子。Descartes相信，宇宙必然是無限的連續，其中不存在虛空，而是彌漫著具有擴延性的原子，密集且無縫隙。而宇宙的運動、變化和能量都是相對的，它們最終仍由上帝經由不斷地創造和控制，而得以永遠生滅、變化不已（傅偉勳，2004：235-236）。

第三，機械論的宇宙觀

心物二分的結果也使Descartes認為，上帝創造宇宙，並確定它的機械規律（由無生命的原子物質構成），於是宇宙便能獨立運作。這種機械定律被認為就是自然律。這種看法不同於Aristotle和經院哲學家將宇宙看成是活的有機體，具有其形式，且趨向於某種目的。Descartes從機械論的觀點理解外在宇宙，在外部宇宙中，只有人的心靈具有思維的性質，其他動物都只是自動機器，這種看法排除了Aristotle曾賦予動物的「感覺靈魂」，Descartes亦把人的「身體」看成是機械化的運動，這種運動一點都不會受到精神作用的干預（王又如譯，1995：327；傅偉勳，2004：236）。

第四，數學演繹的世界

如欲理解機械化的宇宙，最有利的工具就是普遍的數學（universal mathematics），它可以為理性運用。在試圖理解宇宙的過程中，科學家不應只是將注意力集中於感覺得到的性質，因為它們容易造成主觀的誤判和曲解。科學家應當注意那些可明確覺察到和可作量化分析的性質，如範圍、形狀、數目、期限、特殊的引力、相對位置等，並透過實驗與假設使科學得以往前發展（王又如譯，1995：327-328）。

Descartes所謂的「我思，故我在」
（Cogito, ergo sum）

資料來源：René Descartes (2014).

這句話旨在強調「人的存在乃是意識處在思維狀態的當下」，而不是要從「我思」推論至「我在」。

「我思」預設了「思維實體」（thinking substance），即一切事物都可以質疑，唯獨自我意識乃是無可置疑的存在。

這種將自我意識作為無可置疑的「阿基米德式基點」（Archimedian point），將可讓其他一切真理皆根據此基點推演出來。

資料來源：王又如譯（1995：324）；傅偉勳（2004：230-231）。

113

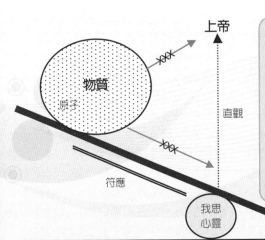

「心物二元論」闡述心物之間的交互作用並不成功。Descartes認為，每當外界有一現象發生，心中必有相應現象隨著產生，反之亦然。但這種交互作用如何發生，他仍舊沒有提出具有說服力的說明。由於主張物質具有擴延性，使得Descartes認為宇宙為無限擴延的連續系列，甚至連天地都具有同樣的性質。這種看法不同於Aristotle視宇宙為不同於地球之物質構成的說法（傅偉勳，2004：235-236）。

上圖為心物二元論示意圖，物質世界除了符應於心靈實體外，並無法直接與心靈和上帝有互動。

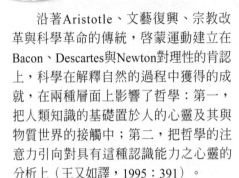

Unit 6-5
經驗論與教育

沿著Aristotle、文藝復興、宗教改革與科學革命的傳統，啟蒙運動建立在Bacon、Descartes與Newton對理性的肯認上，科學在解釋自然的過程中獲得的成就，在兩種層面上影響了哲學：第一，把人類知識的基礎置於人的心靈及其與物質世界的接觸中；第二，把哲學的注意力引向對具有這種認識能力之心靈的分析上（王又如譯，1995：391）。

在知識論的主張上，古典經驗論者Locke在其《人類悟性論》（An Essay Concerning Human Understanding, 1690）與Descartes的心物二元論看法一致，將「心靈」及「事物性質」二分，心靈所具有認識的能力，需要結合事物性質產生的力量，才能讓真正的知識成為映照於心靈之中的實在，例如：雪球具有一種力量，能在人心中產生白、冷、圓等觀念，這些就是性質。在Locke的想法中，心靈中的觀念必然可符應（one-to-one correspondence）於外界事物（傅偉勳，2004：287, 292）。

上述看法使Locke相信，心靈擁有內在的力量；只是他並沒有將Descartes的思想照單全收。Locke相信，心靈沒有內在觀念，就如同白板（tabula rasa）一樣，其認識過程乃是被動地接受感覺到的經驗。從另一方面來說，心靈的認識過程雖然需要依賴個人對事物的感覺，但心靈依舊有能力透過其整合的作用來把握外部世界的總原則（王又如譯，1995：391-392, 400），此即所謂的「觀念聯合論」。

Locke認為，外部事物的性質會再現於心靈之中的看法，因為缺乏強而有力的說明而遭到Berkeley的質疑。Berkeley認為，Locke區別心靈和物質的方式並無法克服「無神論唯物主義」傾向，因此，Berkeley轉而主張，「一切經驗終究只是經驗」，而再現於心靈之中的物質實體觀念終究仍屬心靈觀念。Berkeley所謂的「存在即是知覺」（esse est percipi）意味著，一切現實事物的存在，必須是有意義的指涉（significant reference），例如：說這一朵花或那一張椅子存在著，就是指人們能夠感知到它們的存在（王又如譯，1995：394-395；傅偉勳，2004：297）。

從Berkeley對Locke經驗論的修正來看，Berkeley讓經驗論變得更加具有主觀觀念論（subjective idealism）的色彩。Berkeley認為，世界及其秩序依賴於一種心靈，它是超越個別心靈的普遍存在，它就是上帝的心靈。這種心靈按照某些規則在個別心靈中創造感覺觀念，對這些觀念的不斷體驗漸漸向人揭示出自然的定律。在這種情況下，給予了科學發展的可能性。科學分析的各種對象，只是批判性地承認各種對象的性質就是心靈之中的觀念和實在。總括來說，經驗本身不存在必不可少的基礎，因為心靈仍然保留了某種來自於上帝心靈的獨立精神能力，心靈所體驗的世界也從相同的來源獲得其秩序（王又如譯，1995：395, 400）。

Locke的兒童教育觀

Locke在《教育漫話》中，從培養男童良好習慣著手，欲追求一種合乎真正的理性和德行原則的教育目的，其著作中描述的方法可簡述如下三點（Goodyear, n.d.; Locke, 1889: 22-23, 26-30）：

發展兒童善良的品格和理性

如果男童小時候不能服從成人施予之理性，待其長大之後，必然也難以使自己服從於理性。故父母不能放任男童自由發展，要及早管理和約束他們不合理或不適合他們的欲求，儘早培養起他們控制自身欲求的能力。由於理性的能力乃是人之天性，一位善良、有德性的人，只能透過型塑其內在的行為習慣養成，故培養理性的習慣不僅要趁早，且更應及時，在孩子年紀尚幼的時候，便要把握教育時機，引導出那些早已根植於孩子本性中的理性、德行與良好習慣。

潛移默化地讓兒童內化父母的權威和支配力量

承上，成人本身的言行也非常重要。曾經拒絕給小孩的東西，以後不管在何種情況，也不能再給他們，這種果斷根除不適當欲求的立場顯示，只有那些謹慎小心的人，才可以陪伴在兒童身邊。從另一方面來說，這種要求教育者謹慎小心的看法，說明教育者必須考量到兒童的心理因素。Locke還提到，父母如要樹立起足夠的權威，在幼年階段，要使孩子對父母感到敬畏與恐懼，方能支配他們的心靈；等到小孩年長之後，再憑藉愛與友誼來維繫這種支配的力量。

透過自尊和羞恥發展兒童的自我紀律

如同馴養牲畜要及早，在男童小時候便要予以訓練、控制和管理，使其遵照父母的意志行動。孩子如果愈不守規矩、愈不理性，則愈要以絕對的權力和約束，適當地管教和懲罰他們。之所以必須要施予適度的處罰，目的在於使男童對自己的行為發自內心地感到羞愧，並願意控制自身的欲求，服從理性的指導。儘管上述三點都要求控制男童的欲求，然而，過度的控制會使男童變得沮喪、缺乏活力，表現出懦弱、抑鬱的態度與精神；如果對男童施予體罰，使其畏懼體罰而表現出成人所要求的行為，這種因為畏懼和屈服於身體上的痛苦和傷害而產生的行為，只會培養出奴隸的性格，也就是表面服從，但暗地裡卻維持原來的本性，故體罰實無法達成真正的教育目標。

Unit 6-6
懷疑論與教育

　　Hume接受了Locke的經驗論，也同意Berkeley對Locke再現論的批評，但Hume卻不同意Berkeley採取觀念論的解決辦法。Hume認為，人的經驗只屬於現象，屬於感覺印象，超出感覺印象的東西，無論是精神還是其他東西，都無法予以確定。所以，Hume雖然不能接受Locke的知覺再現論，但也沒有接受Berkeley將外部的對象等同於內在的觀念，最終並將它們歸諸於上帝心靈（王又如譯，1995：395-396）。

　　Hume走的是更加世俗的懷疑論路線，沒有任何東西可以說成是客觀必然的——上帝、秩序、因果關係、實體、人在認同上的一致性、真實的知識，這一切都是偶然的。人只知道現象、混亂的印象，一切假定的知識都基於不斷混亂且同時發生的各種孤立感覺。心靈出於心理習慣與本能的需要，自己想像出所謂的秩序，然後將這種想像之物投射和強加至現實的經驗和感覺之中（王又如譯，1995：396, 400-401）。

　　因此，Hume認為人的心靈不僅是不完善的，它也絕不能自稱有把握世界秩序的能力，此一秩序也不能說是脫離心靈而存在的。Hume最終認定，心靈本身只是一堆互不聯繫的感覺，因此它不能有效地斷定實體、連續性存在或內在的一致，更不必說客觀的知識了（王又如譯，1995：400）。

　　Hume意在駁斥理性主義和演繹邏輯的形而上學主張，他認為下面兩種命題是可能的，一類是純粹基於感覺，其關切的是對那些顯而易見的、具體的、個別的、偶然的及需要花時間觀察的事實，如：這是一個陽光照耀的日子。另一類是純粹基於理智，其關切的是那些必然的概念，如：所有的正方形都有四條等邊。Hume認為，數學的真理因為存在於一種自我涵攝的體系之中，與外部世界沒有直接聯繫的關係，因此透過邏輯澄清和定義過的東西可算是正確無誤的真理。上面兩種命題顯示，試圖陳述超越具體經驗的實在之物缺乏有效的基礎，因此形而上學只是一種神話，與真實世界無關（王又如譯，1995：397-398）。

　　除了批判形而上學外，Hume也懷疑經驗科學的歸納推理和客觀性，他認為所謂的因果關係或是經由邏輯確定的事實，不可能有絕對、必然的合法基礎。人們透過觀察獲得某些事件的規律，只是一種心理學的信念，沒有邏輯的確定性。儘管Hume懷疑論的起點始於將Newton的實驗方法運用至與人有關的科學上，惟他最終卻是以完全懷疑經驗科學的客觀和確定性收場。Hume將一切知識建立在感覺經驗的基礎，但又認為歸納推理不能從邏輯上證明是合理的，如此，人幾乎不可能獲得確定的知識（王又如譯，1995：398-399）。

Hume的懷疑論與其教育意涵

　　懷疑的態度說明了人在追求任何目的時，總會帶著情感。這種情感未必是由目的所產生，情感可能只是在追求目的之過程中發生。然而，由於情感的自然發生，人也就會關切目的自身。人們並非對所有事情都有求知的好奇，只有在這些事情有足夠的力量刺激人們，並驅使人們關心它們的變化和不穩定。質言之，一旦懷疑全部都獲得解決，人們便不會再繼續關心和探究該事情了（Hume, 1888: 451-452）

　　真正的懷疑論者在對待自己的哲學信念和疑問時，都會保持著謙虛謹慎。（Hume, 1888: 273）

　　我相信理性確實有助於指引行動趨向於人們所欲達到的結果，但若只有純粹的理性行為，而缺乏情感的投入，該行為便很難獲取道德層面的讚許或指謫（Hume, 2010: 67）。

資料來源：David Hume（2014）.

　　理性與情感不一定會有交集，在很多情況下，它們甚至是平行不相干的關係。我們很難想像，一種不帶任何情感之純粹理性的活動。如果缺乏對幸福、和平與進步之愛，或是缺乏對真理的探究興趣和熱情，那麼人類幾乎不可能發展理智和文明。

　　雖然Hume並沒有教育哲學著作，但他的思想仍帶來有益的啟發：
1. 普遍懷疑的態度有助於教育學的建立、教育問題的發現、教育研究的推進，以及教育目標與方法的結合。
2. 在兒童教育層面，影響一部分的人們看重兒童感官知覺能力的發展以及學習興趣的激發，並嘗試師法自然或是以科學的方法，了解兒童的發展需求。

117

Unit 6-7
人文實在論、社會實在論及感覺實在論的教育觀

118

　　十六至十七世紀時期，實在論的教育思想普遍注重當時的科學發展之成就，在關注面向上則各有著重的教育主張（徐宗林，1991：330-332），例如：

一、人文實在論（humanistic realism）

　　其代表人物John Milton（1608-1674）主張，能夠嫻熟語文知識，並將其用於溝通中，才能順暢地表達如數學和天文學等科學知識。

二、社會實在論（social realism）

　　其代表人物Michel de Montaigne（1533-1592）主張，學校教育內容也要取之於社會，讓學生接觸各項社會制度，了解它們如何運作，並用於之後的社會改良。因此，社會就如同學校一般，充滿各種教育內容。

三、感覺實在論（sense realism）

　　其代表人物Johann Amos Comenius（1592-1670）主張，教育有其要遵守的自然順序，個人感覺活動是形成知識的途徑，且這種途徑是從具體而至抽象、由個殊到普遍、由實例到通則，因此教學順序也要依此為之。

　　Comenius於1657年出版的《世界圖解》（The Orbis Pictus），乃是最早的一部兒童圖畫書。當時人文學校過度重視拉丁文和文法修辭的技藝，使教育趨於狹隘，並使兒童的心靈厭倦和畏懼學習。Comenius希望透過較好的教學方法，並規劃有系統的學校教育制度和教學內容，使學習能擴大至拉丁文以外的其他地方。

　　上述Comenius的教育觀點與他的「泛智教育」（sophism education）有關。他的基督教信仰使他認為，人既然是上帝依其形象所塑造，因而在一定程度上，人具有神性。這種看法使他主張，所有人與生俱來都有接受教育的能力。上帝賦予人的智性就像果實一樣，能予以發展（徐宗林，1991：345-346）。

　　Comenius的實在論教育思想，在之後的Rousseau、Pestalozzi、Fröbel，以及後來的Montessori等人，都延續著這種重視兒童心理發展與感官訓練的教學觀點，在實際教學中融入各種設計好的實物，使兒童在認知和生理層面獲得發展。讀者需要注意的是，Comenius對兒童的關注，主要建立在宗教和未來成人生活的基礎上。

Comenius設計的學校教育制度以六年為一階段，不分性別、條件和國籍，都可入學（林玉体，1999：280；徐宗林，1991：347）：

0-6歲，「母親學校」（mother-knee school）：學習場所為家庭，母親為幼兒的教師，教學以基本的事實和字彙，旨在訓練幼兒感官能力。

6-12歲，「國語（母語）學校」（vernacular school）：學習場所為各鄉村設立的學校，教學內容重實用知識，如：讀、寫、算、唱遊、詩歌、韻律、道德規條、政治、經濟知識、機械藝能等。

12-18歲，「拉丁學校」：學習場所為各城市設立的中等學校，學生需要熟悉四種語文：拉丁文、希臘文、希伯來語及本國語文。學校除了教授七藝之外，還包括物理、地理、歷史及倫理等學科（要比人文學校的教學內容更廣）。

18-24歲，「大學」（university）：大學是教導高深知識的場所，也是培養高級行政人才的場所，每個省分均應設置一所大學，惟大學已不算是Comenius普及教育的範圍。

人文學校

十七世紀的人文學校就是拉丁（古文）學校（gymnasium or Latin school），其教育重點在於「七藝」，即自羅馬以來盛行的文法、修辭、邏輯、算數、幾何、天文、音樂（徐宗林，1991：137-141）。

Unit 6-8
古典實在論與教育

圖解教育哲學

120

　　整理與介紹實在論的思想後，進一步分析它們型塑出來的教育哲學基礎，大致上有以下三種（6-8、6-9單元）：

一、古典（宗教）實在論

　　前面提過，Plato拒絕將物質當作是研究的對象和真正的實體，他認為需要以辯證法研究觀念，才能真正了解真、善、美等概念。而Aristotle的「生成」哲學卻相信透過物質的研究，方能獲得觀念和形式的知識。換言之，雖然Aristotle承認以科學方法探究物質有其必要，但這只是一種為追求更高、更深的終極形式之手段。這種看法為後來中世紀的經院哲學家Aquinas所接納（劉育忠譯，2007：90）。

　　對Aquinas來說，探究自然是為了追求超越物質之上的至高精神，也就是上帝。上帝從無至有地創造世界，賦予此世界以心靈、秩序和規則等設計。經由對世界的研究，人們得以更加認識上帝。因此在教育上，需要提供和設計能夠涵蓋實際和思辨知識的課程。這種偏向宗教的實在論，視教育為幫助個體自我覺察，使個人能思考自身行動，並在倫理學的層面，將人引導至終極實在或形而上學的至高層次。持Aquinas實在論的神學觀點者認為，真正的教育總是在歷程之中，它是人類靈魂持續朝向完滿的發展歷程（劉育忠譯，2007：91）。

　　從上面兩段說明可見，古典實在論強調經驗作為手段的意義在於，連結觀念論所揭示的終極形式（觀念世界）。二十世紀受到古典實在論影響的是美國1930年代興起的「永恆主義」（perennialism）教育思潮，其主要的代表人物為Robert Maynard Hutchins（1899-1977）、Mortimer Jerome Adler（1902-2001）。除了美國之外，尚有主張宗教永恆主義的法國哲學家Jacques Maritain（1882-1973）。這一派的學者並不滿意當時的進步教育，也反對學術專門化和職業技能的訓練。像是Hutchins認為，「真理乃是普遍存在且對任何時空而言都能發揮效用」，「完善的教育有助於追求真理、明白是非觀念和堅守正義原則」，「真理需要透過系統地學習和分析過去人類的成就才能達成」，因此，「過去關於宗教、哲學、文學和歷史等偉大作品就成為必須閱讀的對象。」這些看法的根源，即是上述Aristotle的理智傳統（intellectual tradition）（張光甫，2003：437-439, 441）。

　　另一位永恆主義者Adler，不僅在觀念上與Hutchins一致，在教育制度上更是追求如Comenius泛智教育主張的那種一視同仁提供學習者能發展心智能力的教育的觀點。不過Adler並不是像Comenius那樣是基於宗教的觀點，而是基於下面兩點理由，一是文藝復興以來人文主義的觀點，認為博雅教育應該為全人類所共享；另一與美國之民主、自由和平等有關。總而言之，Adler和Hutchins都強調（張光甫，2003：442, 448-450）：「理想的教育是在發展人的理智力量（intellectual power）」、「教育是邁向平等的關口」、「最好的教育造就最好的人」、「沒有不可教的學生」、「不論兒童的差異多大，就人之所以為人的本質而言，他們都是一樣。……這就是人類平等的精義所在。」

派代亞計畫

　　Adler於1982年出版《派代亞計畫》（The Paideia Proposal: An Educational Manifesto），書中他藉由"paideia"此字的人文意涵，提出永恆主義式的教育改革計畫，試圖為所有的孩子建立K-12的博雅教育系統，該系統希望建立單軌的公立學校制度，讓所有學生平等地接受相同的教育目標：

共同的教育目標		
●首先是培養每個人在知識、道德和心靈層面的自我成長和自我精進的能力，這些能力與成年人的生活有關。	●其次是培養學生未來盡公民責任和參與公共事務的知識與道德。	●最後是要求學校提供基本的知識和技能，以因應未來成年人的謀生需求。

資料來源：張光甫（2003：448-449）。

永恆主義的人性觀

> 　　永恆主義者接受人有個別差異的看法，但他們相信人們彼此都有共同的本質。這種本質統合了人文主義中自然與超自然、理性與信仰等層面，而人的本質乃是命定且自主的。沒有一個孩子會比其他孩子擁有更多或是更少的本質。這對所有人而言都是平等的（張光甫，2003：450）。

在教學方法上，Adler主張透過討論和活動參與，激起學生樂於獲取知識，增進學習技巧、心靈發展和理解力，以及與他人分享理念與價值。Adler認為，只有當學生能為自己設想時，他才會主動參與學習活動（張光甫，2003：449）。

Maritain在《十字路口的教育》（Education at the Crossroads, 1943）中也強調，教育目標是人性覺醒的過程，也就是個人透過知識、智慧、善意和愛的力量，成就內在的精神自由（張光甫，2003：450-451）。

121

Unit 6-9
心靈實體說與心理狀態說

二、心靈實體說（the soul substance theory）

文藝復興之後的思想家，關心的是以更為嚴格的方法探究物質世界。Bacon要人們拋棄各種導致偏見和盲從權威的偶像，也批判Aristotle以來的演繹法存在著不夠理智的問題。Bacon之後的思想家更加重視以歸納法或其他科學方法檢驗是否能成為真實的觀念。然而，上述Plato觀念論和Aristotle目的論仍持續影響文藝復興之後的思想家，它們使實在論的主張始終必須奠定在抽象且具有理智和理性的心靈（靈魂）基礎，並以形式的知識或善作為終極目的。之後受到Descartes數學化和機械化的宇宙觀，及心物二元論的影響，Locke又主張現象世界的一切能符應至人心靈中的觀念，使得當時主流教育觀點為「官能心理學」（faculty psychology）（吳俊升，1979：44-48）。

三、心理狀態說（the doctrine of mental states）

相對於官能心理學，後來的「心理狀態說」就排除了視心靈為實體的看法。這種看法的代表人物就是Hume，他認為心靈實體的概念是無根據的信仰，除了根據感覺到的各種錯雜散亂於現象世界的經驗外，人的心理就再也沒有超越經驗之外的心靈或精神等東西了。因此，許多心理學者開始探討人的「心理狀態」，不再認為人的心靈存在有能夠主動認識這個世界的各種能力（吳俊升，1979：53-54）。

「心理狀態說」將人的心理狀態視為被動、機械且原子的集合。過去介紹Herbart教育學時，筆者曾指出，他的心理學受益於Leibniz與Kant等人的形而上學傳統，並受Newton物理學的影響，更因為Leibniz和Newton在微積分上的成就，使Herbart甚至將此運用於心理學中（Hilgenheger, 1993: 1-2）。可以想見，Herbart吸收了許多實在論的思想，如：對數學和科學發展的重視，以及機械論的宇宙觀等。在教育主張上，他希望教育能成為一專門的科學領域，建立自己的理論，並吸收更多觀點，使理論與實踐能獲得更全面性地考察（李其龍譯，1989：8, 10-11）。在教育實踐層面，Herbart視「教學」為教育的主題，其特色主要有三項：(1)他承認學習者具有可塑性，但天生並不具備運用理性的能力，教師的任務就是將學生的理性引導出來。(2)承第一項，因此有必要確立明確的教學目標、方法和程序。(3)除了確立較為高遠的教學目標，教學之方法和程序則有必要針對學習者經驗、興趣和情感組織教材內容。

直至十九世紀末，心理學的發展才逐漸脫離上述傳統哲學、數學和機械論的影響，那時James及Dewey主張的功能心理學（function psychology）批評過度重視「內省法」（introspection）的心理學學派，為人的意識狀態賦予特定的功能型態，於是人的心理狀態便不再只是被動地、如機械和原子一般地接收外來經驗。

官能心理學的三項要點及說明

官能心理學要點	說　明
心靈實體說	視心靈為一完滿的實體，其具有記憶、判斷、想像和理解等各種能力，只要訓練任何一項能力，都有助於提升整體心靈的力量。Locke就認為心靈具有主動結合各種觀念的能力。
形式訓練說（the doctrine of formal discipline）	在教育上強調能夠訓練心靈的數學、邏輯和語文（拉丁文）。這種看法將那些講究實際效用的課程貶低為次要的、停留於手段層面的教育內容，此與那種自Plato以來輕視手工勞作的價值、重視理智思辨的教育內容有關。
階層類別劃分的教育制度和組織	心靈與物質的區分在當時極為盛行，在教育上尤其重視能促進心靈力量的學科；對於需要勞動的課程，以及無法追求心靈訓練課程的貧窮階級子弟來說，就規劃一些教授實用課程和手工技藝的訓練，使他們能維持基本生存需求，不至於造成政府的負擔。直到現代，都還存在博雅教育和職業教育、純粹科學和應用科學、理論與實踐、休閒與勞動等爭論，這些爭論都是自Plato和Aristotle以來將教育內容、方法與制度進行階層類別之劃分的結果。

資料來源：吳俊升（1979：44-48）。

心理狀態說的兩項特色及說明

心理狀態說特色	說　明
心理原子論（psychological atomism）	在認識的活動中，人的心理狀態乃是被動且如機械一般地接收外部經驗，並在心理層面由各種感覺、情感、觀念和意義之原子的集合，共同構成對外部世界的知覺和感受。
觀念聯合論	就如同生物乃是各種相互依賴之細胞的集合體，心理原子論的觀點主張人的心靈是許多相互依賴之意象的集合體，所謂「理性、意志、智慧」等都是如此構成的。

資料來源：吳俊升（1979：53-54）。

Dewey對心靈實體說及心理狀態說的批評與綜合

Dewey「功能心理學」（function psychology）的主張

◆人是帶有意志和目的的行動者（agent）和有機體（organism），其內在心理的認識和意識活動會參照外在經驗而產生相對應的行動和態度。

◆如果心理學的方法只是純粹觀察個人主觀反思與意向的「內省法」，將無法處理複雜的意識問題，且只能得到與生理反應有關的心理活動，更不可能得到下述看法，即「意識包含了各種內外在條件的交互作用。」

◆因此，心理學研究應該以經驗探究、實驗的假設與檢驗等實徵的方法為主。

資料來源：Dewey (1891: 12-13；1899: 119).

Unit **6-10**
實在論教育哲學的具體主張（一）

實在論的教育哲學不僅在數量上琳瑯滿目，在性質上也各有特色，如不謹慎區辨，很容易將它們都看成是同一種教育哲學觀點。此外，就像實在論的思想結合了觀念論、理性主義、科學方法、數學邏輯、經驗論及懷疑論等學術的發展成就那樣，實在論的教育哲學也雜揉了各種實在論思想的要點，發展出獨特且呼應時空背景需求的教育主張。

一、籲求回歸偉大觀念以高揚人之主體性的教育主張

有些實在論者認為，美國的教育制度只考慮到一般學生，反映在教科書的編排上就是閱讀材料與內容的簡化，並未考慮到充分開發學生理智的天賦（intellectually gifted）。這種齊頭式平等的教育制度，不僅無法提高學生學術能力，也讓所有學生都只能接受維持平均水準的教學內容（Ozmon & Craver, 2008: 56-57）。上面實在論的教育觀點在永恆主義那裡得到進一步的闡發，像是 Hutchins 在高等教育提倡閱讀「西方世界的偉大經典」（the Great Books of the Western World），希望學生藉由閱讀經典，並予以分析和運用，以更加理解當前的問題。還有 Adler 提出的「派代亞計畫」，建議學校教育應為單軌制系統，並提供普遍、非專門和非職業性的知識，以 Socrates 式的詰問法教導學生，使他們通曉偉大觀念和普遍真理（劉育忠譯，2007：95）。

二、籲求回歸基本，使教育能為社會公眾服務的教育主張

二十世紀的美國教育有著所謂回歸基本（back to basics）的教育運動，它總是在美國處於某種社會混亂和教育困境等危機時，為人所提倡。其主要的重點不外乎是回歸基礎的能力、學科和研究，如：3R（讀、寫、算）、歷史、語文、數學或基礎科學；強調教師的專業訓練；講究灌輸文化價值與掌控學習成就的學校教育（劉育忠譯，2007：93）。

較早的回歸基本的教育運動是「精粹主義」（essentialism），其興起於1930年代末的美國，其理論建立者 Willian C. Bagley（1874-1946）以及同樣持精粹主義觀點的教育學者們，於1938年召開「精粹主義者教育促進委員會」（The Essentialist's Committee for the Advancement of Education）。當蘇聯於1957年發射 Sputnik 衛星後，Admiral Hyman Rickover（1900-1986）也抨擊美國教育（尤其是進步主義教育）已經變得太過柔軟，充斥著各種虛矯裝飾的內容，他主張教育要回歸基礎研究。還有，Max Rafferty 認為當時美國的教育忽略了基本學科和其他主題，如：對宗教、愛國心和資本主義等內容的認識。1960年代末至1970年代初，精粹主義者批評的是「開放教育」（open education），認為此種教育無法讓學生為未來生活做準備，造成很多學生自學校畢業之後，連基本的識字和閱讀能力都明顯不足（劉育忠譯，2007：92-94）。

回歸基本與國家教育

在國家教育的層級上，精粹主義的教育觀點合乎那種主張運用大規模的標準化測驗作為手段，以獲得績效（performance）和卓越（excellence）的教育改革目標。1983年，「美國教育卓越委員會」（National Commission on Excellence in Education）提出《國家在危機中》（A Nation at Risk），此報告提出下列建議：

建議要點	說　明
基本知能	所有中學學生要學習四年英文、三年數學、三年科學、三年社會研究，以及半年的電腦；委員會也建議在小學階段要精熟第二外語。
標準化測驗	在標準與期望上，委員會建議提高四年制學院的入學標準，支持不同學校教育階段或工作，都採取更嚴格且可測量的標準化成就測驗。
延長學習時間	延長教學時數和學年上課天數，如每天上課七小時，每學年上課天數為200至220天。
教師績效	教師的待遇需要考量到專業競爭（professionally competitive）、市場敏感（market-sensitive）、並以績效為本位（performance-based）。
聯邦的角色	聯邦政府的根本角色在於，滿足資賦優異、社經地位不利、少數民族、少數民族的語言、有生理障礙之學生的需求。聯邦政府也要使教育能確保合乎憲法保障的公民權，並提供學生經濟上的支持。

資料來源：劉育忠譯（2007：96-97）。

開放教育運動（open education movement）

最早開放教育是由英國的Neill於1921年創辦之夏山學校，他要讓學校適應於孩子，創造出一種完全站在孩子立場為其著想的非體制內學校。1960年Neill的《夏山學校》（Summerhill）出版，他以實際的經驗強調開放的學習環境、課程統整、教材生活化及教學活動化等人性化的舉措，有助於增長兒童的自主和自由。之後，英格蘭於1967年公布之《普勞登報告書》（The Plowden Report）也強調整個教育過程的中心就在孩子身上，像是該報告建議：禁止體罰、為3歲以上的孩子提供幼兒教育、學校要與孩子的家庭生活有所連結、國家應該以「積極性的差別待遇」（positive discrimination）保障弱勢貧困的區域（王連生，2000；Plowden Report, 2014）。

1960年代以後，開放教育在美國大為盛行，許多持自然、人文、民主和人本心理學觀點的學者認為，教育不應該過於偏向主知主義，忽略了人格的自由、尊嚴、自主和情感。我國開放教育是直到解嚴之後才出現，如：人本教育基金會於1990年在新北市林口區創辦「森林小學」；1994年，有一群家長在新北市烏來區創辦「種籽學苑」；還有1996年由畫家程延平和十多位家長於苗栗縣卓蘭鎮創立「全人實驗高級中學」。

Unit **6-11**
實在論教育哲學的具體主張（二）

126

多數精粹主義者相信只有透過提供學生基本與必要的知識才能完成，這顯然無法以輕鬆愉悅的方式達成（劉育忠譯，2007：97）。精粹主義支持的教育內容有數學、自然科學、歷史、語文（拉丁文和希臘文）及文學等基本學科。學校教育是嚴格、講究紀律、鼓勵學習活動的競爭、並重視測驗學習成就的環境，由學校管理者與教師共同決定對學生而言最好的學習內容，並塑造能擴大學生思考和創造力的校園氛圍。

一、強調實際探究、知識運用和身體活動的課程觀

持實在論的課程觀點者相信，基本觀念和事實需要透過對物質世界的研究來學習，像是Herbert Spencer（1820-1903）認為人需要透過科學研究和方法認識世界，以確保自身存續。上述課程觀點多會將課程聚焦在實際且有用的內容上，Alfred North Whitehead（1861-1947）說過：「教育就是獲得運用知識的藝術」（吳志宏譯，1994：5），使知識保持活力和防止知識遲鈍，是一切教育的核心問題。對實在論者來說，課程對學生而言不能總是枯燥乏味的，教師教學應該要考慮到兒童的心理發展予以適度的酬賞和激勵，Locke和Fröbel也認為適度的遊戲對兒童學習頗有幫助。Whitehead更提出「教育的節奏（韻律rhythm）」，將心理成長分為三個階段，使課程與教學能更加貼近學生的個人發展狀態與實際的社會狀況（張光甫，2003：249-250；劉育忠譯，2007：92, 99-100）。

二、強調灌輸基本道德價值和品格訓練的教育實踐

實在論者多會強調教育的實踐面向，包含著重於道德和品格發展的教育，像是Locke在《教育漫話》裡強調，德行需要透過型塑良好行為習慣和適應環境的能力來培養。Herbart主張教育目的要奠定在倫理學的基礎上，為達此一目的，必須從心理學發展教學方法。後來的Spencer也主張道德教育乃是教育的主要目標，此目標之實踐則有賴人們對科學的善加運用，他提出「何種知識最有價值」的問題，乃是希望科學與實用的知識能為人性發展帶來積極的價值。Whitehead在《教育的目標》（The Aims of Education and Other Essays）中也說過：「教育的本質在於它是宗教性質的，……宗教教育是一種反覆灌輸責任和崇敬的教育。」（吳志宏譯，1994：16；劉育忠譯，2007：98）

上述道德實踐的觀點，常會出現於基本文化價值混亂與崩潰的時代背景中。1960年代以後，處於越戰時期的美國，充滿了各種社會反動與反抗政府的聲音和力量，對於實在論的教育者來說，這些都持續反映出教育制度在確保基本價值與知識上的失敗。1970年代，美國政治醜聞水門案（Watergate scandal）牽扯出總統和政府官員都涉入掩飾非法和不道德的政治活動，有評論認為，捲入這種醜聞的人們都受過教育，學校顯然未能在灌輸道德行為、必要的領導品格以及基礎價值上發揮作用（劉育忠譯，2007：94）。

使知識保持活力

在Locke欲培養孩子成為紳士的教育中，就贊同如：閱讀、寫作、繪畫、地理、天文、算數、歷史、倫理學和法律等實際的研究，還有跳舞、劍術和騎馬等學習。他也強調身體活動的教育價值，像是要孩子多花時間在戶外空氣中，適應環境的變化。

他集中注意力在全人發展，不只是在智力，還包含飲食、運動和反應。他也認為閱讀的教導應該及早開始，只要孩子會說話，寫字的教導應該很快就能開始。他主張學習法語和拉丁文，贊同園藝、木工，以及與家庭教師一起遊歷歐洲各地，以作為教育的經驗。

除了紳士教育，Locke也有一套給貧窮人的教育。他建議，所有3至14歲之間的孩子們，其父母如需要領救濟金生活的話，這些孩子應該送往工作學校。在工作學校中，孩子們透過勞力維持其生活，這樣就不會造成政府的財政負擔。孩子們在學校中應該每日得到足以溫飽的麵包，在冷天應該要有熱稀飯可吃，學校要教導他們紡織、編織和木工等手工技藝，並為這些教學活動賦予宗教的意義（劉育忠譯，2007：102）。

資料來源：
John Locke（2014）.

教育的節奏

Whitehead將心理成長分為三個連續階段，它們依據個人理智進展而區分，分述如下表：

年　齡	階　段	說　明
13-14歲	浪漫階段（the stage of romance）	此階段的學生具有活潑的心思，喜好探索的浪漫情懷。
14-18歲	精確階段（the stage of precision）	此階段要促使學生逐步接受分析事實的方法，使上一階段的知識能獲得增益。此時，知識的精確性要比廣度更為重要。
18-22歲	概括階段（the stage of generalization）	此階段是浪漫階段（知識的廣度）與精確階段（知識精確性的訓練）的綜合，也就是知識最後完成的形式。

資料來源：張光甫（2003：249-250）。

127

第 7 章

分析的教育哲學初探

●●●●●●●●●●●●●●●● 章節體系架構 ▼

　　哲學分析旨在廓清基本觀念和論證模式，這與那些透過綜合的工作來統整各種信念之哲學，最大的不同在於，分析方法有助於釐清綜合工作導致的語意及概念的模糊（Scheffler, 1960: 7；林逢祺譯，1994：5）。而分析的教育哲學（analytic philosophy of education），或稱為教育分析哲學，即是採取分析哲學的方法探究教育概念的哲學。分析的方法並不只是一種分析的工具，它還追尋著某種內在、合乎理性且美好的目的，惟國內學者主要仍採取較為中性的界定：

　　分析的教育哲學就是應用哲學探究方法，對教育語言和概念加以澄清，或是對教育的現象、問題或先前假定等，進行通盤而深入的探索、反省、描述及檢證；最後形成教育的基本原理，以及教育的一般理論等。（李奉儒，2004：20）

Unit **7-1**

分析哲學：哲學中的語言學轉向

　　分析哲學的源頭可溯至德國Gottlob Frege（1848-1925），他的邏輯受到Bertrand Arthur William Russell（1872-1970）、Ludwig Wittgenstein（1889-1951）及Rudolf Carnap（1891-1970）等人的重視，以及相關著作陸續翻譯為英文之後，Frege在分析哲學的影響力才顯現出來。

　　一般來說，分析哲學有三位具代表性的人物，他們都曾為劍橋大學三一學院（Trinity College Cambridge）的哲學家，分別為：主張分析日常語言和常識的George Edward Moore（1878-1958）、「邏輯原子論」（logical atomism）的主要人物Russell，以及《邏輯哲學論》（Tractatus Logico-Philosophicus, 1921）和《哲學研究》（Philosophical Investigations, 1953）的作者Wittgenstein。

一、維也納學圈與邏輯實證論

　　分析哲學運動在1920年代法國的維也納學圈（Vienna Circle）有蓬勃的發展，此學圈早先受到Auguste Comte（1798-1857）和Ernst Mach（1838-1916）的實證論及David Hume（1711-1776）之經驗論的啟發，後來又結合Wittgenstein《邏輯哲學論》的影響，逐漸發展為「邏輯實證論」（logical positivism）（或稱為邏輯經驗論[logical empiricism]）。學圈的幾位重要人物，如：Moritz Schlick（1882-1936）、Friedrich Waismann（1896-1959）、Carnap和Alfred Jules Ayer（1910-1989），都關切當代科學方法的發展，相信只有透過數學和邏輯等形式和客觀的方法、或是在經驗或感覺資料的基礎上，方能符合檢證的原則（Ozmon & Craver, 2008: 259）。

二、《邏輯哲學論》：前期 **Wittgenstein**的思想

　　在分析哲學的發展中，Wittgenstein的著作標誌出不同時期分析哲學所強調的觀點。他於1921年的《邏輯哲學論》乃是邏輯實證論的代表作，當時他主張因為存在著各種事實，因而能驗證命題的真假，從而解釋人們說的究竟是什麼意思。另外，構成事實的乃是各種可無限細分的、純粹的原子事實所構成，因而在邏輯中沒有偶然的事物，而哲學的工作便是要探究這些構成事實的、純粹的原子事實。上述看法與Russell的邏輯原子論相互呼應。

　　Wittgenstein（1921 / 1922: 4.111, 4.003, 6.52）認為，傳統哲學的問題就在於未弄清楚語言的邏輯，使得大多數的命題和問題都沒有意義可言。倫理學就屬於這種無意義可言的東西，因為在邏輯的世界中，並不存在倫理學的視野，因而倫理學就屬神祕且不可表述的超驗範疇。質言之，邏輯只能處理有限性的問題，而形而上學探討的永恆和無限是邏輯無從討論的範疇。上述說明顯示，邏輯（哲學）探究本身就有限制，Wittgenstein反對Russell將邏輯原子論用於建構形而上學和倫理學之話語。由於當時自然科學總是企圖透過科學命題闡釋那些邏輯命題無法達到的範疇，Wittgenstein以哲學存在的限制批評自然科學，強調哲學與自然科學並不相同，因為哲學不會處理它無法說清楚的事物。

語言學轉向

哲學中曾有「語言學轉向」（linguistic turn）（Rorty, 1967），指的是以語言分析的方法從事哲學探究，這種方法的主要用途有三：

1 反思和批判傳統哲學中的形而上學問題

2 視哲學問題乃是語言的問題，一旦將語言或概念的用法予以澄清，哲學問題就會消失（Wittgenstein, 1953 / 2009: 133）

3 確立哲學分析的任務，如：重構哲學領域的知識、澄清各種思想

上述用途在分析哲學代表人物Wittgenstein（1921 / 1922: 1.11, 1.13, 2.01, 2.012, 4.112, 6.421, 7）身上，說得非常清楚：

世界是一切事實（facts）而非事物（things）的總和。

邏輯空間中的一切事實就是世界。

一切事情的狀態（一切事物的狀態）是由一切客體（事物）所構成。

邏輯之中不存在偶發性（accidental）。

很清楚地，倫理學是不能用言語表達的。倫理學是超驗的（transcendental）（倫理學和美學是相同的東西）。

哲學的目標在於將各種思想予以邏輯地澄清。哲學是活動，而非理論、教義或學說。哲學作品在根本上是由闡釋（elucidations）構成。哲學旨在澄清命題，而非生產「哲學命題」（philosophical propositions）。哲學的任務在於讓思想變得清楚明白並使其獲得明確的界定，否則，思想就會如往常一樣混淆和模糊。

對於無法言說的事物，我們必須保持沉默。

資料來源：
Ludwig Wittgenstein（2014）

131

Unit 7-2
分析哲學：日常語言與實用主義的影響

一、《哲學研究》：後期Wittgenstein的思想

《邏輯哲學論》對自然科學的批判，和對哲學之闡釋任務的觀點，也延續到Wittgenstein於1930年以後《哲學研究》的討論。但那時他已開始反思哲學本身的問題，他批判自己使用的邏輯語言，並主張哲學最終只能「描述」（describe）語言實際使用的情況。這說明，哲學的任務不在於將語言的實際使用推進為數理邏輯的問題，哲學並不是要為語言建立任何基礎，它只是要每樣東西「如其所是」的存在。換言之，如要分析在實際使用中的語言，就有必要了解它們的使用規則（語言遊戲[language game]），只有在規則中（包含確定的和模糊的規則），才能了解語言或概念的意義。Wittgenstein也提醒人們，如欲真正掌握語言規則的使用，必須參與到遊戲之中，學會怎樣去玩遊戲。這裡蘊含有設身處地理解他人生活脈絡的意義，同時也顯示哲學的描述性工作需要體現在實際行動，使各種事物得以顯現自身在特定脈絡之中的面貌，而非將它們轉化為數理邏輯的抽象世界（Wittgenstein, 1953 / 2009: 31, 123, 124）。

二、分析哲學與實用主義的連結

儘管分析哲學家們多半認為無法處理形而上學的課題，但仍有少數人，如Willard Van Orman Quine（1908-2000）（1961: 15-18）認為這是無法逃避的存有論承諾。當人們說「有一張桌子」時，便已先承認了桌子的存在，也就是做出存有論的承諾。當某人決定接受一種科學理論時，就有義務接受一種存有論，承認該理論中的事物之存在，接受一種可將原始的、凌亂的經驗組織起來的概念圖式。換句話說，存有論的承諾會建立在各種約定之上，不同系統的語言，彼此可以共存，但也會產生衝突與對立，這些關係有賴於實驗的手段達成，此乃一種實用主義的轉向。

上述實用主義的轉向，也體現在對邏輯經驗論的反思上。Quine（1961: 20, 42-44）還在其著名的〈經驗論的兩個教條〉（Two Dogmas of Empiricism）一文，批判邏輯經驗論的兩項教條：第一項是分析和綜合命題的區分；第二項與檢證的還原論（reductionism）有關，即「相信每個有意義的陳述，都等值於某些以指稱立即經驗的術語為基礎的邏輯構造。」Quine從經驗之整體論的角度，提出「沒有教條的經驗論」，他認為整體知識或信念，其是由各種相互聯繫的數理邏輯構成，而構成這些數理邏輯的卻是各種經驗。因此，如果這些知識和信念之邏輯陳述遠離經驗，便無法再作為指引人類的媒介。綜言之，科學的概念圖式是由經驗構成，當此概念圖式遭遇到與之衝突的經驗時，便會重新調整自身。因此，經驗論的兩項教條都是站不住腳的，應該以整體的經驗論取而代之。

觀念語言分析 VS 日常語言分析

　　Wittgenstein的《邏輯哲學論》和《哲學研究》，除了可以看出他前後期思想存在之延續和變化等特徵；如擴大來看，人們也可以從這兩部著作觀察到兩種不同類型的分析哲學主張，即主張建構一種嚴格的邏輯分析語言的「觀念語言哲學」（ideal-language philosophy）；以及從日常語言使用上的混淆和不精確出發，試圖予以釐清並探索語言在日常使用的普遍原則和運作方式的「日常語言哲學」（ordinary-language philosophy）。前者主要的人物有Russell、前期Wittgenstein和一些邏輯實證主義者；後者的主要人物則有Moore、後期Wittgenstein、Gilbert Ryle（1900-1976）、John Langshaw Austin（1911-1960）、Richard Mervyn Hare（1919-2002）。

　　儘管Wittgenstein思想有前後期的差異，但仍有以下相似之處：

相似之處	說　明
對語言的批判	Wittgenstein前期主要批判那些人們常信以為真的語言本性，澄清人們由於誤解語言本性而提出的命題意義；他後期則是對自己前期語言觀的批判，治療人們由於誤用語言而產生的理智疾病。
哲學為一種活動	Wittgenstein前後期都徹底否定哲學是一種理論體系，把哲學理解為一種活動。儘管他前後期對哲學活動有著不同的理解：前期認為是一種澄清命題意義的活動，後期則認為是一種顯示語言實際用法的活動。
不存在哲學問題	Wittgenstein始終不承認存在真正的哲學問題，而把哲學問題的出現看作是思想混亂和理智疾病的產物；解決這些問題的方法，不是根據問題的要求回答它們，而是透過分析問題的方法而最終消解它們，由此證明它們的出現是不合理的，或是違反了語言正確用法的結果。
「對於無法言說的事物，我們必須保持沉默」	在關於哲學與科學關係的問題上，在關於「可說」與「不可說」的看法上，在對待形而上學的態度上，Wittgenstein的前後期兩種哲學也都有著許多相似的觀點。

資料來源：江怡（2005）。

　　讀者需要留意的是，因為教育總是帶有生活與生長的性質，其包含了各種確定的、模糊的、未完成的、連續的和互動的界線與關係，所以可以想見，分析取向的教育哲學只能走日常語言分析的路線，才不至於與現實脫節。

Unit **7-3**

分析的教育哲學：Scheffler 與 Peters

分析取向的教育哲學興起於1950至1960年代以後，這段時期也是日常語言哲學蓬勃發展的時期，又因為教育對分析哲學來說具有相當程度的實務性質，有些哲學家或教育學者遂將分析哲學的發展成果用於教育分析。在這一方面，最早有美國哲學家Israel Scheffler（1923-2014）於1953年提出分析的教育哲學。Scheffler認為，「哲學就是在合理性的基礎上探索普遍觀點」，也就是以合乎理性的根據和主張，關切置身其中之物理世界的性質，如：心靈、因果關係、生活、價值、法律、善、歷史和社群等課題（李奉儒，2004：52；Scheffler, 1960: 5；林逢祺譯，1994：3）。

至於英國教育分析哲學代表人物，早期有C. D. Hardie、D. J. O' Connor，之後尚有Richard Stanley Peters（1919-2011）和Paul H. Hirst等人。Hardie企圖從已有的知識推導出新的教育知識，並藉由觀察和實驗發現教育領域中心的綜合真理。換言之，教育和其他科學一樣，追求通則（尤其是統計的通則）之建立。O' Connor主要是把教育哲學建立在邏輯分析的基礎上，強調教育現象和理論之闡明。之後的Peters則較關切倫理學及社會哲學的議題，而Hirst早期則是在知識論的議題上花了許多功夫。

由上述可見，早期大部分持分析取向的教育學者多採取客觀和理性的態度，探討教育中的語言、概念、意義、知識和價值等問題（李奉儒，2004：51-55；徐光台，1983：1）。

值得一提的是Peters，他是英國教育哲學「倫敦路線」（London Line）的主要人物，他認為教育哲學不僅應成為師資培育課程中的必修科目，同時其重要性也應列居教育學科之首位。不過，Peters並未使教育哲學侷限於教育領域之中，他更主張應擴大為哲學家們與教育學者合作探究的領域，為具體實踐此主張，建構制度化的公共論壇（教育哲學研究社群），型塑基本的教育語言便有必要，這便是1964年「大不列顛教育哲學學會」（The Philosophy of Education Society of Great Britain）成立的背景。

該學會創立時的主席為Peters，祕書長則為倫敦路線的第二號人物——Hirst。Peters主掌學會運作過程中，除了努力落實自身教育哲學理念，亦致力於將自己所在的倫敦大學教育研究院（Institute of Education, University of London）與學會串聯為緊密的整體關係。事實上，該學會成員幾乎都是同一機構（倫大教育研究院）的同仁和後學，在某種程度上，這種由Peters領頭的教育哲學研究，也有人稱其為「皮德思路線」（Peters' Line）。在Peters的影響力和行動力下，倫大教育研究院、教育哲學學會和倫敦路線三者之密切關係已不言可喻（洪仁進，1998：40-42）。

包含理性、自主與內在價值的教育目的

　　Peters認為，教育是一種將人們「引領」（initiation）至具有內在價值之事物的活動，像是歷史、科學、文學和哲學等理智活動，它們都建立在理性的基礎上，以追求真理為共同的目的（White, 2003: 121）。

　　John White批評上述Peters那種Kant式的內在價值觀，因為不考慮外在因素，純粹為了真理而求知，只能說明追求理性之事有其價值，但這種先驗論證只是不斷地「向內在真理」追尋，缺乏與生活世界足夠的連結與互動，很難再開發出更多教育的意義（簡成熙，2000：188）。

　　也許White對Peters的批評切中要點，但分析的教育哲學家們仍以追尋合乎理性的美好生活（good life）為教育目的。如果說Spencer探討過「何種知識最有價值」（what knowledge is most worth）的問題，那麼分析的教育哲學家們最感興趣的可能就是「何種生活最有價值」的問題（許育萍，2010：22）。

　　美好生活的圖像和目標，與教育目的之探索和追尋有直接的聯繫。White認為美好生活的實現有其必要的道德條件：

◆ 國家不能預設美好生活的目標，而是要由公眾自主決定。
◆ 這種由公眾決定的想法乃是相信，自主為教育目的之核心，包含自由選擇、平等互惠、為自身行為負責等與道德有關的行為。
◆ White把區別出實現美好生活的必要條件看成是道德議題。
◆ 個人的福祉與自我實現必須建立在基督教和利他主義等道德觀點上，這樣才能處理不同價值的衝突。
◆ 面對道德衝突時，人們需要分辨欲求與價值的關係。
◆ 國家雖然不能預設美好生活之目標，但仍要提供道德架構和福利，協助人們實現想要的生活條件，在不虞匱乏的情況下，追求自身的美好生活。

資料來源：許育萍（2010：20-22, 24）。

Unit **7-4**
教育人傳達出來之教育專業的理念

「教育」最初有扶養、培養的意思，其對象包含了牲畜、植物、還有人。直到十九世紀，人們才將「教育」視為個人在道德、理智和精神的全面發展，也就是說，此時已經有訓練和教導個人成為有教養的人的觀念。雖然要到二十世紀之後，教育和訓練兩者的差異才受到肯認，但教育本身始終含括了扶養、訓練和飼養等概念（劉貴傑譯，1994：33-35）。

Peters與Hirst 將十九世紀發展出來之「教育人、有教養的人」，看成是教育理念，它關切的是個人在知識和理解層面的發展，與純粹的訓練截然不同，也不能只是將它用於生活常規或禮儀的訓練。儘管人們常將這些事情都納入教育的一環，但Hirst 與Peters都希望，透過澄清教育本身的概念、陳述精確的教育目標，使「教育人」（educated man）具備批判思考、專業知識、自主和美感等能力，以實踐下述理念：「能夠具備廣博多元的知識，帶動世界的認知性轉化，引領可欲的生活形式」（洪仁進導讀，2008；Hirst & Peters, 1970: 24-25, 27；劉貴傑譯，1994：33-35, 37）。

在〈教育的證成〉（The Justification of Education）一文，Peters（1973: 240-241；引自李奉儒導讀，2008）提到四項教育人具有的特質：

第一，教育人具有可觀的知識和理解，他並非只有專門化的技巧、技能和知識，他能提出理由支持自身信念和行為，並能以有系統的概念框架組織自身經驗。

第二，教育人的理解廣度能連結各種不同的經驗詮釋方式，以獲得某種認知觀點，這種觀點表現在兩種方式：首先，他不會只以一種方式回應所遭遇之事務；其次，他會準備好探尋自己發展出來的各種理解之間的連結，像是在從事道德判斷的過程中，他會評估行為可能產生的結果。

第三，教育人能在不計較任何利益得失的前提下，獲得追求知識的喜悅。

第四，教育歷程就是人的發展歷程，其既是學習歷程，也是啟發目前生活的方式。因此，教育的價值就蘊含在學習歷程之中，而非實際上獲得某種成就。這意味著，教育歷程具有邏輯的聯繫，卻沒有必然的因果關係。

上面四項特質顯示，理性在人的發展中占有重要的地位，人應該不計較利益得失地追求知識；同時教育有其專業且無可取代的性質，學習的歷程總是蘊含教育的價值。然而，似乎也可以看出，只有少數、以勞心為主且有品味的社會菁英才會擁有廣博的知識，合乎教育人的特質。

教育人應該謹守的原則

下列四點原則可以更好地概括教育人的特質：

原　則	說　明
理性原則	最基本的是將習得的知識活用於生活中；再進一步掌握到某思想或知覺的內在形式和原則後，個人還應當將這些形式和原則奉為圭臬。
通觀原則	指有能力從不同觀點詮釋事物，包含對事物敏銳地感受、多面向觀察事物的可能性。為避免使自身侷限於一隅，教育人需要隨時都運用這樣的能力。
道德原則	追求知識的目的不是為了生計，也不是為了獲得成功和地位，而是為了求知的樂趣、為發現知識的內在價值而行動。
程序原則	由於學習看重的是邏輯的連結而非因果關係，所以，學習方法、原則與態度就顯得十分重要。

資料來源：廖湘怡（2011：75-76）。

「教育人」與Dewey思想的差異

　　國內對 "educated man" 的翻譯，有的是翻成相當中性的「教育人」，有些則是更為貼近此概念的內涵，將其翻譯為「有教養的人」。前者中性的翻譯，可以讓人們省思此概念本身存在對性別、種族和階級等教育情境中的問題視而未見。後者的翻譯，則能用於省思另一個問題：「究竟"educated man"應該是指有教養的人，或是受過教育的人？」一者要求高度的教育水準；另一者只要接受過公共教育，如：義務教育、國民教育等，個人便能追求多樣的生涯發展目標，也能扮演好社會的角色。就前面的討論來看，Peters所指應該是有教養的人，而非僅是受過教育的人，這也是他跟Dewey民主教育觀點的不同之處。

Unit **7-5**
教育規準的提出

Peters曾清楚表達過「不存在一種教育學科」，他認為教育本身的性質，足以為各種學科興趣提供豐富互動的空間，它是跨領域的、有利於學科愈來愈分化的時代發展趨勢。就如醫學一樣，教育是專業，它需要有處理教育問題的方法和策略，如能運用或妥善結合其他學科的長處，將更有利於教育專業的發展（黃嘉莉、許殷宏譯，2002：16-20）。

在有關「教育」定義的問題上，按Peters的看法，儘管教育的概念太過廣泛，如只是憑藉教育的主要用法或相關概念建立起共識，則可能因為人事的不同，而產生各種歧異，難有定見。因此，Peters改以「規準」（criteria）取代「定義」，也就是設法使教育之內在意義得以彰顯出來（洪仁進，1998：31；Peters, 1970: 23-24）。

這裡可以對比一下Peters與Dewey的教育目的觀。Dewey（1897: 91）於1897年曾談到以下看法：

> 不能在教育過程與目的之外另設其他目標或標準，脫離了教育過程與目的，只會使教育議題建立在錯誤的外部刺激上。

之後又於1916年提到：「沒有超越教育歷程之外的目的，教育歷程本身就是目的。」（Dewey, 1916: 54）Dewey對教育目的之看法，本意在呼籲重視學習者之心理及社會等層面的需求，沒有想過

要賦予教育一種明確的定義。可以看得出來，Dewey之所以未賦予教育明確的定義，主要是因為他身處的時代背景尚未發展出足夠的心理和社會理論來探討學習者的需求與支持教育專業的發展。而Peters則是發現到教育定義實難趨於一尊，因而想從「規準」來確證教育的內在價值。

在做法上，Dewey的時代背景促使他鼓勵人們藉由各種科學發展的成果，多方探索學習者的需求、教育目的，以及社會重建之道，讓教育在文化、社會和民主層面的功能和價值得以淋漓盡致地發揮。Peters則是欲確立當時英國教育學發展的基礎，期望透過規準之建立，充實教育的內在目的和價值，使教育專業能獲得多數人認可，凝聚更大的教育哲學探究力量。這裡，Peters所設想的教育規準和目的有時空因素的考量，與Dewey對教育目的的看法有著顯著的不同。

之所以將Dewey帶進來與Peters稍作比較，乃是因為Peters將Dewey設想為史上方向最正確的教育哲學家，Dewey總是以教育問題作為起點，深入探索其中的哲學議題，這使Peters從不懷疑Dewey在教育哲學上的種種作為（Peters, 1966: 68-69；林逢祺，2001：76-77）。Peters的評價除了有一些顯現他對Dewey的敬佩，似乎也透露出Peters對當時教育哲學研究的一些感慨，以及他型塑分析取向之教育哲學的自我期許。

Peters的理性原則在教育中的應用

理性原則	說　明
自主先於自由	Peters認為自由建立在自主（autonomy）之上，自主意味著，在不犧牲太多安全感和快樂的前提下，發展不受到壓力團體影響的獨立心靈。這種心靈的發展有賴於從穩定和可預測的教育情境中，漸漸掌握理性評估行動後果的能力。概括地說，「自主」就是將自我規範於有價值的事物上，因而「合理的權威」也就有其內在價值，因為自由並不只是保護孩子不受他人控制，同時也要預防孩子干涉他人（廖湘怡，2011：117）。
合理性的民主程序與價值	Peters認為民主與「程序」的建立至關重要，像是制定保障言論自由的法令、公眾參與政治的途徑、選舉制度、監督政府施政的程序，以及推翻不適任政府的民主程序。Peters對政治的看法與其教育哲學都相當一致，兩者都建立在規準、程序等合理性的價值上。在他後期的著作中，除了理性的真理外，也把倫理道德、個人利益與宗教藝術視為民主社會的主要價值（廖湘怡，2011：125, 136）。
合理性的道德原則	Dewey（1925a: 305）只有在不得已的情況下會認為「理智權威」比任何形而上的權威來得更可靠。對Peters來說，「合理的權威」是幫助學習者獲得真正的自由和民主態度不可或缺的東西（廖湘怡，2011：129）。在此，「理智」與「合理性」最大的差別在於，理智的道德判斷乃是從反思和試驗中，持續地檢視各種由經驗歸納出來的道德原則，它要求人們運用較多的直觀和情感、相互認可和共識，以及想像和創造力來因應各種道德議題；而合理性則較為看重道德原則的應用和落實，像是發展能依據規準行動的判斷力，還有建立能禁得起檢驗的程序和原則（廖湘怡，2011：38）。

Unit **7-6**
教育規準：合價值性、合認知性、合自願性

　　Peters在其1966年的《倫理學與教育》（Ethics and Education）中，提出三項基本的教育規準（criteria of education），即「合價值性、合認知性與合自願性」。這三項「規準」要比任何對教育之「定義」有用的地方在於，如能將它們與Dewey談的「知行合一」結合起來，將會產生莫大的實踐力量。下面所列即為三項規準的主要內涵和關切的主題，如從Dewey「問題－解決」的角度來看待它們，可以再深入挖掘許多需要藉由哲學層面探究的教育問題（Peters, 1970: 45-46; Stojanov, 2011: 160）：

　　一、合價值性：教育應該傳遞值得為人們所承擔的事實（如：歷史、文化、傳統）與價值；此規準可轉化為下面問題：教育內容之建構，需要訴求何種人們所需承擔之價值？

　　二、合認知性：教育必須包含哪些對認知層面而言，有益於增進認識和理解之發展的東西；此規準可轉化為下面問題：教育應該包含哪些要素，才能發揮其培養認知層面之識見的功能？

　　三、合自願性：教育過程需要建立在學習者有意且自願的參與之上；此規準可轉化為下面問題：教育活動應該要培養何種氣質（disposition）或品格（character）？易言之，就是應該培養何種行為習慣（manner, conduct, habit）的問題。

　　Peters的三項規準意在指出，好的或具有理念的教育活動，應該具備或符合的內在準據。他提出教育規準的方式，乃是分析「教育」一詞在日常語言的核心用法，故理所當然地容易產生下面爭議，也就是日常使用的教育一詞是否都具備了這些規準？此問題也是對Peters本人之教育理念的質疑，看起來，他自己的教育價值與日常語言中的教育存在著距離，而他想培養出來的人（即教育人[educated person]），似乎也不是社會之中的普羅大眾。

　　從另一方面說，由於三項規準並非嚴格的法條律令，說明了教育活動的多樣以及無特定之模式或方法，但Peters希望此三項規準能成為教育的內在準則，也就是說，「雖非強迫，但亦不可使教育活動悖離上述規準。」其存在之問題在於，三項規準其實都說得模稜兩可，像是在「合自願性」一項中，Peters一會兒主張「教育不應該有強迫學生的作為」，另一會兒又認為「不能全部聽憑學生之興趣和選擇之自由」，最後似乎又指出「教育活動中的強迫是可以的，但不能從頭至尾都是強迫」（林逢祺，2004：6-7）。

　　質言之，Peters的教育規準本身並非嚴格的教條，它們比較像是一種在普遍的教育活動中都可以發現的要素、規則或特徵。當人們欲談論或探討教育議題時，便能在這種帶有「家族相似」（family resemblances）的特徵中，一起思考和解決教育實踐的歷程與問題。

語言遊戲與家族相似性

　　Peters受到Wittgenstein後期開展出來的日常語言分析學派所影響，在前面提到的「家族相似」，就是Wittgenstein創造出來的術語，該術語主要用於他最為人所熟知且影響深遠的「語言遊戲」（language-game），參見下表整理：

語言遊戲的特徵	說　明
「語言遊戲」此概念是從教育情境獲得的啓發	出自於實際觀察師生的互動、學生的遊戲而得到的啓發，Wittgenstein（1953 / 2009: 7）注意到不同的團體存在著不同的語言。這些人所使用的語言，雖然都有規則可循，但是若不參與他們的活動，就無法真正學會他們的語言規則。因為很多團體中的規則都建立在共識或約定俗成的傳統上，如果沒有置身其中或實際參與，要將各種規則拿捏得精準並不容易。
語言活動創造出各種生活形式	Wittgenstein（1953 / 2009: 18, 19, 23）的語言遊戲說明了各種語言的述說活動創造出各種「生活形式」（life form），他把語言看成是一有機發展的小城鎮，一座在不同時期中，包含各種完成的、未完成的、新的舊的、待汰舊換新的建築和規劃給層疊交錯建造起來的古老城市。
只有實際接觸，才能把握語言遊戲的規則	語言遊戲本身就像人們的生活一樣，充滿複雜、差異和多樣性。在實際情況中，各種語言規則在人們生活中瀰漫、流通，唯有透過一次次的接觸才能熟悉它。語言遊戲的規則不是依賴心理的描述，而是要仔細留心覺察生活脈絡的不同之處（Wittgenstein, 1953 / 2009: 50, 53; 1969: 73; 1977: 56, 57, 59）。
語言遊戲的家族相似性	如要給予語言一種完整的定義，或是找出所有語言共同的本質，幾乎是辦不到的。然而，語言之間仍有相似的親緣關係（affinity），足以讓人們概括地稱它們為語言。若仔細去看、去觀察，會發現語言就如同表格第二項提到的那樣，像是一座有著複雜的運作網絡並層疊交錯地建造起來的城市，存在著許多相似卻又找不出本質的地方。這種語言遊戲的特徵可以「家族相似性」描述之（Wittgenstein, 1953 / 2009: 65, 66, 67）。
家族相似性標誌出經驗性的探究比本體論的研究更重要	從字面理解「家族相似性」，它就像家族的成員，雖然彼此在DNA、血型、相貌和習性等都找得到一致或相似之處，但卻無法從哲學層面賦予眼前的父親和他的兒子共同的本質，且即便是不同的個體，人們依舊認為他們是一家人。家族相似性挑戰了哲學中對共同之人性和本質的看法，它顯示出日常語言中存在很多模糊、不確定的性質，即便已經存在不少語言使用的規則，但這些規則仍多無法用嚴格的觀念分析區分得明白。因此，哲學應該更加關注經驗世界的問題，而非執著於超越經驗的形而上學或本體論等議題上。

Unit **7-7**
教育哲學研究取向之分析

Peters歸納當時三種教育哲學流行的研究取向，以及可能存在之缺失（Peter, 1966: 62-68；林逢祺，2001：71-76）：

一、教育原則取向

1.研究主張：這一取向的研究者相信，有些從複雜的經驗或各種價值中抽繹出來的教育智慧和價值，可作為判斷教育問題的依據。不過，由於其無法透過實證的取徑獲得，只能以抽象的形式，在實際的教學中傳承這些智慧。

2.可能的缺失：由於上述教育智慧乃是經年累月形成的東西，研究者似乎缺乏有效的手段了解它們是如何建構出來的，甚至也無法判斷它們正確與否。

二、教育觀念史取向

1.研究主張：透過對教育思想史的掌握，可以了解過去大思想家的教育觀點，有助於培養基本的教育素養。

2.可能的缺失：此種研究取向的問題有二，一為，許多與教育有關的哲學經典缺乏嚴謹完善的分析和論證，只有模稜兩可的教育觀念陳述；另一為，引用的經典可能未考慮到時空背景的差異，欠缺對教育觀念之適切性的批判。

三、哲學與教育取向

1.研究主張：教育哲學之研究必須建立在哲學基礎上，換言之，要根據各種哲學課題或思潮，探究它們蘊含之教育意義和價值。

2.可能的缺失：此種取向所探究之問題通常與教育無直接關聯，或是根本未從教育問題出發，研究者往往從哲學議題，如邏輯、形而上學或知識論等廣泛地探討教育。然而，此種方式易忽略真正的教育問題，以及學習者對於教育課題之關心。

這三種Peters當時流行的教育哲學研究取向，雖然各有著重的研究主張，但是它們存在的問題令他更加堅信分析取向的教育哲學有助於解決上述缺失。

Peters走的路徑是，型塑屬於教育哲學研究的語言，對概念採取「次元分析」（second order analysis）的方式，希望人們藉分析的過程，逐步廓清教育的內蘊概念，重建教育在指引人們行動上的作用。他想確立教育哲學之專業地位的企圖相當明顯，也謙卑地認為教育哲學家的角色就如同「在知識花園中工作的小廝」（underlabourers in the garden of knowledge）（Peter, 1966: 15, 60-62）。惟這樣的立場，卻因為太過內斂且如實地呈現出語言分析的面貌，失去了建構分析取向教育哲學獨有之完整理論特色的機會。

1962年，Peters出任倫敦大學教育學院的教育哲學主席（the Chair of Philosophy of Education at the Institute of Education, University of London），他努力讓教育哲學的地位從一個少數學者的次要研究興趣，轉變成一個哲學當中具有影響力的學科分支。之後，他得到Hirst的幫助，使教育哲學躋身於主要的教育學科之一（White, 2003: 118）。

142

三種不嚴謹的教育哲學研究缺失

歐陽教（1989：4-5）曾傳神地以三種術語，概括上述Peters歸納過的三種教育哲學研究取向的缺失：

三種研究取向的缺失	說　明
格言主義（aphoristicism）的貧乏	指那些代表教育智慧和格言之著作，雖多金玉良言，但主觀論斷多，嚴格論證少。
歷史主義（historicism）的貧乏	指那些專注於鋪陳教育觀念史的研究，其缺乏嚴謹的分析和批判，只是傳遞不合時宜的歷史價值。
化約主義（reductionism）的貧乏	此類取向之研究常使教育淪為哲學之附庸，只是逕將某些哲學「思潮」或「主義」轉化為教育理論，如此脫離實際教育問題的研究取向，往往使教育哲學變得愈來愈抽象，愈來愈使人缺乏探究之興趣。

何謂「次元分析」

次元分析或稱為「次元的概念分析」，就是把既有的教育語言加以檢查、澄清、界定或修正其意義，這種工作並不會提出教育主張（簡成熙，2000：179）。

作為探究手段的概念分析

Peters提出的教育規準，在一定程度上接受Wittgenstein語言遊戲所反對的「本質」，只是Peters仍多將重心放在建構出適用於理性分析教育概念的知識和語言，較少關注經驗探究、學生心理及社會需求、教育發展的多樣化和差異化，以及教育的目標等議題；相較之下，Dewey則為上述議題挹注了許多心力。這使Peters的教育規準尚不足以達到Dewey所謂的知行一致，也就是欠缺足夠的教育理念來輔助其分析方法的實際運用。對許多教育問題而言，概念分析能做到釐清問題的面貌，或是讓問題更精準地聚焦，如要談解決問題的策略或方法，仍需要其他研究方法或哲學觀點的介入。從上述說明來看概念分析的限制，其實是很清楚的，對教育哲學研究者來說，如能把握住Dewey所謂「手段與目的的關係」，就能將概念分析的方法妥善運用於研究之中。

Unit 7-8
教與學之概念分析

Ryle（1949: 149-153）在其《心靈的概念》（The Concept of Mind, 1949）中提出「任務－成就」（task-achievement）關係，這種關係常為教育學者應用於探討「教」與「學」的關係。「任務－成就」主要是用來區分兩種不同類型、卻常為人混用的動詞，即「任務動詞」以及與其相對應的「成就動詞」。

Ryle（1949: 151-152）以為，這兩種相互對應的動詞並非直接的因果關係。當人們專注、投入、熱心、審慎或成功地參與某種活動、工作或任務時，雖然它們帶有某種希望獲得的結果，但事實上並不總是能相符合一致。有些情況是，運動員全力以赴地賽跑，但不一定能獲勝；醫生投入於治療工作，但未必能治癒病人。另一些情況則是，旅人漫無目的地旅行，卻在無意之間到達目的地；某人沒有花費許多心思努力尋找，然而最後卻大有斬獲。

上述情況說明，任務動詞之中存在著過程、經驗和行動等性質，成就動詞就只是結果，這是成就動詞無可取代任務動詞的地方。另外，由於成就動詞是經歷某些行動之後的結果，它們存在著很多預期之外的行動結果，並不必然與其對應的任務動詞符合一致（Ryle, 1949: 152）。

如純粹就「任務－成就」的分析來看，教師「教導」不一定能確保學習者「學會」；換句話說，即便普遍的觀念是「教學」一體，但如何使「教」促進「學」，乃是人們不得不關切的課題。Scheffler藉由Ryle的分析方法，更進一步地指出，「教學」蘊含有「意向」（intention）和「成功」（success）的概念。

Scheffler（1960: 43, 45；林逢祺譯，1994：40, 42）認為，「教」同時具有「意向」和「成功」的概念。因為人總是帶著某種目標或目的的意向從事某些活動，儘管未必會達成目標或成功，但卻不能抹煞曾經為某一目標而付出過努力的事實。只是這種珍視教學過程的觀點，不應過度放大為「只要我用心教過，學生究竟學得好不好，就非教學的要旨了」，這種只注重教學的內在因素，無助於促進整體教學的進步。

由於教與學的連結存在著各種行動，也許有人會主張以極端的行為主義術語解釋「教導」，Scheffler認為這種做法並不正確。因為在「教」的過程中，如成功地帶來學習效果，是否可以將此過程標準化為一套肢體活動的模式？而學習者成功學習到的知識、技能和態度，是否也能以標準化的測驗進行評量？Scheffler認為第二個問題是站在事後評價的立場，無庸置疑是可行的；然而，第一個問題所描述的是某種過程，相信複製或熟悉一套行為就可以學會「如何教」，這顯然忽略教的過程不只是行為，還包含對特定目標、對象及教師本身之心理狀態等諸種因素（Scheffler, 1960: 67-68；林逢祺譯，1994：66-68）。

對應於「任務－成就」的動詞

任務動詞	成就動詞
賽跑（racing）	獲勝（win）
治療（treating）	治癒（cure）
旅行（traveling）	到達（arrive）
尋找（searching）	找到（find）

註：過去「心靈實體說」曾主張，人的心靈存在著記憶、想像、理解和判斷等官能，只要透過特定之外部教育活動便能訓練這些官能。這種主張的謬誤有二：第一，外部的教育活動並無法確保能符合於神祕的心靈活動；第二，即便「任務」與「成就」沒有因果的必然關係，但這兩者本身都需要有實際行動的配合，若僅是將心靈視為抽象的整體，而不去分析它的各種與認知、記憶、推理、聯想、批判和意志等複雜的行為類型（李奉儒，2004：45），就無法真正清楚說明獲得某些成就的原因。

資料來源：Ryle（1949: 150）、簡成熙（2005：172）。

教學所蘊含之「意象」與「成功」的問句

含有意向的問句	你教了他什麼？
含有成功的問句	你已經成功地教會他什麼？

資料來源：Scheffler（1960: 42；林逢祺譯，1994：39, 116）。

分析取向的教育哲學理念

　　Scheffler主張教育哲學要以精確的邏輯，分析那些與教育實踐有關的重要概念。邏輯分析的對象是語言、語言的詮釋和探究，而邏輯分析本身乃是遵循現代科學之實徵的精神，注重嚴謹和變通性、留意細節和客觀方法的運用。他希望教育哲學建構在由方法而非由教義所團結起來的探究社群，這樣的社群主要以澄清基本的教育議題為共同的旨趣。需要留意的是，與Peters等人一樣，Scheffler將分析方法用於探究教育概念和議題，也將分析結果應用於其他研究，這些探究都不只是純粹字義或概念的解析，它們更多是用於合乎理性的質疑與批判，以及構築合乎理性的價值和規範。這也是分析取向之教育哲學家們共同追尋的教育理念（Siegel, 2003: 142-143）。

Unit 7-9
教育的隱喻

　　教育隱喻（metaphors）分析，早先就是分析取向教育哲學關切的課題之一。相對於「明喻」直接且沒有隱含曲折的意思；隱喻則類似「寓言」，指的是一種對人生的觀察和智慧（林玉体，2013：3）。

　　著名的Plato「洞喻」，雖然直接敘述教育的內容不多，但人們從洞喻中衍釋出來的教育哲學內涵，仍使現代人受益。隱喻也常用於「延續某種特定的原理原則」，像是「新維高斯基學派」（neo-Vygotskian）創造出來的「鷹架」（scaffolding）理論，呼應了Lev Vygotsky（1896-1934）本人提出的「可能發展區間」（Zone of Proximal Development, ZPD）（Cortazzi & Jin, 1999: 152-153）。讀者可以參閱下頁表2，了解思想家自己提過的比喻、理論或概念也可用來作為反思人性、教育制度、和教與學的隱喻。

　　隱喻的積極功能大致有以下四點：(1)增加教育議題之趣味性和戲劇性，像是下頁提到的「蛙教書」和「盒中甲蟲」的比喻。(2)提升人們對教育議題或改革之參與意願和互動能量，如下頁「鐵籠／硬殼」的比喻。(3)為創造性的想像以及不同角度的思考和選擇，帶來更多可能性，可見下頁「陌生人」的比喻；國內探討自主學習的著作，如《學校在窗外》，也是很不錯的比喻；還有一些教育口號，如：沒有圍牆的學校，就隱含有追求學校社區化的目標。(4)有利於激盪出新的思考教育問題之策略和行動模式，如下頁「生長」的比喻，直接地影響兒童中心學說、適性發展、幼兒教育、民主教育等理念的建構，並成為許多教育改革的主要依據。

　　分析取向的教育哲學家對隱喻的態度是謹慎小心的。Scheffler在《教育的語言》（The Language of Education, 1983）中列舉過幾種常見的教育隱喻，他認為各種常見的教育隱喻雖然呈現出不同思想家、教育家對於教育的理解，但卻只談論到教育的其中一種面向，若從其他角度來思考，則各種隱喻可能都有其不足之處，而這種不足可能導致教育實踐上的誤用。

　　Scheffler曾直言：「在實務情境中，基本而實際的問題，不應被隱喻沖淡了。」（林逢祺譯，1994：57）對他來說，分析教育的隱喻實有其必要，因為隱喻的使用容易使人忽略現實情境的因素，如果習焉未察，則人們很可能陷入某種帶有缺陷的教育論辯中，對解決實際的教育問題不僅沒有助益，也會因為與社會脫節而讓教育專業受到質疑（林逢祺譯，1994：50）。

　　上面對隱喻的分析，也擴及到其他類型的教育語言分析，像是在教育改革的過程中，政府、政治人物、公眾人物、教育團體、家長團體、社會團體、還有一些基金會和學術組織，他們都會把自己對教育改革的訴求和期待，轉化為容易使人理解的口號、標語、說帖或文宣等話語來強調某種政策或觀點的合理性和正當性。大致來說，Scheffler都承認上述教育語言可用作為教育的反思和實踐手段，而分析方法的運用將更有益於各種教育語言之普遍價值能夠實現。

以活動為意象的教育隱喻

比　喻	說　明
接生	教育過程如產婆接生一般，此即Socrates的詰問法，其內涵與孔子所說的「不憤不啓，不悱不發」意思相近。
撞鐘	有點類似接生的隱喻，但沒有那麼深刻的歷史和理論內涵，指教育過程如撞鐘，學生要能自發地提問，而教師會根據學生提問的品質給予相應的回答。
雕刻	教育過程如雕琢璞玉或石頭。例如：形式訓練說認為人的內在心靈雖然完美，但如不學習特定的學科，就無法將理性與心靈的完美由內至外引發出來。
塑造	教育過程如捏塑泥土或陶土。例如：行為主義相信人的行為並非來自內在心靈，而是由外部經驗所控制。行為主義採取科學和合理性的社會技術，由外至內地塑造個人心靈與自由意志。
鑄劍	教育過程如鑄劍，經歷了千錘百鍊。例如：精粹主義為使學習者符應未來的教育目標，要求學習者努力學習必備知能。
生長	教育過程如同Pestalozzi說過的，教師如園丁，而學生如植物般會朝既定目標發展。 請別誤將此隱喻的說明等同於Dewey的「教育即生長」。Dewey的生長觀點建立在演化論和新心理學上，與園丁栽培植物截然不同。Dewey的教育即生長為「明喻」，除了說明他本人的「自然」教育觀點，也凸顯人的成長過程始終離不開教育。

註：除了鑄劍和撞鐘的隱喻外，其他可參閱Scheffler在《教育的語言》第三章的說明。

根據理論來衍釋的教育隱喻

比　喻	說　明
蛙教書	強調教與學的活動要避免像蛙鳴那樣上下齊一，死板而無特色。
盒中甲蟲	取自於Wittgenstein「無私密語言的論證」，意指教師如要了解學生心裡的想法、心裡想說的話，就必須仔細觀察學生的行為。
陌生人	Maxine Green（1917-2014）將教師形容為「陌生人」，此角色旨在提醒教師必須有足夠的洞察力和判斷力，使自身不為既定的標準所囿，並勇於懷疑、提問、挑戰、選擇和行動。 Green期待教師能勇於以冒險、想像和創新的行動與視野看待世界，還要激勵學生以陌生人的角度看待自身，喚醒其善用自由、抉擇並採取更堅定的行動。
鐵籠／硬殼	出自於Max Weber（1864-1920）提過的"iron cage"，主要是用以反思「科層體制」的過度運用，導致主體性的危機，包含：個性、自主、價值、自由和共同感等層面的失落。 在教育層面，它的啓示在於，警剔人們要共同參與而非旁觀教育體制的改革，確保制度的改革不會犧牲掉學習者的權益和主體性的發展。

資料來源：林逢祺與洪仁進主編（2013：22, 63-72, 75-81, 241-242）。

Unit **7-10**
對教師權威的分析

歐陽教（2002：94-102）主張以具體的規準，如：合法、合認知意義、合道德價值與合發展心理的原則，來檢視幾種教師權威類型之正用與誤用。

一、行政權威（bureaucratic authority）

教師在教學、行政、管教與輔導等工作中，能恪遵法規，克盡厥職；與同仁能相互尊重，攜手合作，共同討論學校事務的處理之道。除了守法盡責，教師還要積極創造教育的認知意義、道德價值，及合乎學生發展的原則。

行政權威的誤用情況：教師工作專斷獨裁、濫用管教權、挾權勢侵犯學生，及觸犯《教師法》之解聘、不續聘、停聘及資遣等情況者。

二、學術權威（academic authority）

面對知識學術愈來愈分化專精的時代，教師應該對相關科學有足夠的專業素養，成為一位終身學習者，不斷地追求專業成長。教師必須遵守學術倫理，嚴謹治學，有幾分證據說幾分話。教師還要創造自由的學習氛圍，包容學生在求知過程中的各種討論與爭辯。當教學過程中遇到出錯或是被學生問倒的情況，教師也能自然地承認錯誤和無知，持續精進專業素養。

學術權威的誤用情況：教師對學生實施如「蛙教書」一般的獨斷且灌輸式教學；讓學生不敢在求知過程中與教師討論或爭辯。

三、道德權威（conscientious authority）

教師視學生為教育目的，尊重學生人格與自由意志；以學生利益為先；強調「我與你」的師生關係，能主動關懷與公平對待每位學生。教師應該成為品德出眾，能為學生表率的「人師」，其言行身教將能潛移默化地影響學生。

道德權威的誤用情況：教師對學生灌輸道德教條；教學活動違背價值性之規準；自以為站在道德制高點，剛愎自用，無視學生想法與感受。

四、魅力權威（charismatic authority）

當學生漸漸對教師的一切言行舉止充滿崇拜與理想化時，教師就要經常提醒學生，自己不是完美無缺的，再怎樣也不應該被盲目崇拜。教師也必須時時警惕自身言行是否合乎人師表率，反省自身的專業成長是否有裹足不前的問題。

魅力權威的誤用情況：當教師受到學生崇拜而沖昏了頭，可能會覺得自身專業已臻完美而不思進取；或是認為可以對學生頤指氣使也無妨；或是做出許多違反學生意願和違背教育法規的事情。

五、傳統權威（traditional-cum-customary authority）

華人傳統講究尊師重道，學生應有尊敬師長和虔誠向學的態度。當前教師應知自身的身分與各行各業一樣，並無尊貴卑賤之分，亦無特權。今日的教師不能全憑傳統的定位，應當追求專業角色認同的建構，像是發揮社會教化功能，肩負起移風易俗之責，致力於重塑教師角色的公共意象。

傳統權威的誤用情況：當教師隨俗浮沉，不願承擔社會責任，或是消極看待自身傳承與創新文化的責任，則傳統重視師道的文化也將消失。

懲罰的分析與德育價值

　　歐陽教（1998：294-306）曾指出，「懲罰」（punishment）的德育觀涉及到「惡因說」（wicked mindedness）和病因說（sick mindedness）兩項哲學前提，與之相關的懲罰理論整理如下（楊忠斌、羅之君、葉振偉，2011：22-23）：

■ 惡因說：違反法紀即是罪惡，應受懲罰。

懲罰理論	內涵	德育意義
報復性 （retributive theory）	相信惡有惡報的因果報應觀；認為應當以牙還牙方可彰顯正義；主張依罪刑輕重量刑，勿枉勿縱。	都缺乏德育意義，難以收到德育價值。
懲戒性 （deterrent theory）	不只是要根據惡行加以報復，還要能收到「殺雞儆猴」的效果，像是在懲戒學生後，還公布違反校規學生之姓名，以儆效尤。	

■ 病因說：違反法紀乃是受內外在病理因素所致，應當給予治療處遇。

懲罰理論	內涵	德育意義
感化性 （reformative theory）	懲罰會適度地限制犯過者的自由，或是強迫其補過與贖罪，待其改過後才回復其權力，整個過程著眼於矯正、治療、感化與教育。	1. 都具德育意義與價值。 2. 懲罰皆對事不對人，肯定學生人權，強調教育愛與正向管教。
恕道性 （reciprocity）	尊重學生人權與人格發展，落實分配正義與「積極性差別待遇」原則，釐清事件緣由，採取寬恕學生過錯或是促其省思改過。	

■ 懲罰的德育價值：增進懲罰的正面價值，避免負面價值之規準（歐陽教，1998：307）。

- 合法律規定：不得牴觸法律、不可公報私仇、不得違反民主原則。
- 合道德原則：助學生改過遷善、維護社會公眾認可的善良價值。
- 合認知性：有真憑實據、能釐清事件來龍去脈、了解行為背後原因。

第 8 章

四種教育思潮：
進步主義、永恆主義、精粹主義、重建主義

●●●●●●●●●●●●●●●●●●●●●●●●●● 章節體系架構 ▼

●●●

　　Dewey 使用 "philosophy of education" 指稱教育哲學，這是由於哲學向來關注的就是普遍的人類問題，因而它才有可能用以指導教育實踐。這也說明 Dewey 致力於以教育觀點考察關切普遍人類事務的哲學。而本章探討的四項教育思潮：進步主義（progressvism）、永恆主義（perennialism）、精粹主義（essentialism）、重建主義（reconstructionism），它們主要發生於二十世紀的美國，有些文獻會以 "educational philosophy" 稱呼它們。如仔細觀察，人們應該會發現這些教育思潮的提倡者多為教育領域的教師和學者，其探討之問題直接與各種教育議題有關。因而這四種教育哲學的觀點要比一般哲學更容易為教育工作者理解，同時也反映出某時期或某些人物對「什麼是教育」的思考成果。

　　這四種教育思潮都有各自的主張和哲學依據，在某種程度上反映了當時美國社會對教育之看法，它們的倡導者都對當時社會及教育問題的迫切性有著亟欲改善的想法，因而在教學方法和教材內容有著各自不同的觀點和行動，即便這些觀點在實際上未必全都契合於民主與人性價值，惟這些倡導者都相信自身的教育目的在於，促進社會的民主化與個人的人性化。這種弔詭充分顯示出 Dewey 強調「手段—目的」之一致性的洞見。這幾種教育思潮呈現出來的問題，並不是目的之合理性或可欲性的問題，而是在理念發展的過程中、在理念落實的歷程中，人們採取的手段逐漸無法與目的緊密結合在一起的結果。

Unit 8-1
進步主義的教育哲學（一）

以Francis W. Parker（1837-1902）和Dewey等人的教育思想為核心的進步主義教育，是美國二十世紀重要的一支教育改革運動，其主張與做法亦與其他派別大異其趣，如他們並不如其他進步教育派別以效率為著眼點進行改革。就教學層面來說，進步主義教育與赫爾巴特主義最大的差別在於，前者強調以兒童為中心，後者主要是以教師的教學為中心。

1919年，「進步主義教育協會」（Progressive Education Association, PEA）成立，最初該協會與Dewey教育思想是一致的。其最初標舉七項原則如下：(1)自然發展的自由；(2)興趣，所有活動的動力；(3)教師是嚮導，而不是監工；(4)科學地研究學生發展；(5)更加注意所有影響兒童身體發育的因素；(6)學校與家庭合作，滿足兒童生活的需要；(7)進步主義學校是各種教育運動的領導。

在1920年代，進步主義教育的改革運動，事實上和Dewey理念已有所不同（Cremin, 1964: 236）：

第一，雖然Dewey有體認到藝術在課程中的部分重要性，然而許多進步學校卻將藝術作為課程的核心，強調學校是促進個體自我表現的地方。教育史家Cremin稱此為「以表現主義為信條的教育」，它反映的是1920年代對維多利亞時期（Victorian era）美學的抨擊，以及美國的清教徒文化。

第二，當時的進步主義學校認同Dewey「孩子應該本著興趣來學校」的想法，但是Dewey並不排斥學術知識，而進步學校卻讓學術知識與學校課程分開了，甚至將其排除在學校課程之外。

第三，進步主義要比Dewey更為強調孩子的心理發展。雖然Dewey的心理學認為教育工作應了解學生成長需求、培養個性和引發學習興趣，但是1920年的進步教育受Sigmund Freud（1856-1939）顯著的影響，對於學生情緒的需求更為強調，使得教育工作常與心理治療相混淆。

第四，按Dewey的想法，學校是社會改革的重要角色，但進步主義教育協會當初主張的七項原則，並無「社會改革」的蹤影，因而後來George S. Counts（1889-1974）才質疑該協會：「教師敢於建立一種社會新秩序嗎？」

Counts 拋出來的問題，表達出教師在社會改革中應該扮演著積極的角色。Dewey對此也有自己的看法，他認為，在政治和教育力量複雜的工業社會裡，學校不可能是政治、智識與道德變化最重要的決定因素。然而，儘管學校不具備建立社會新秩序的充分條件，但它卻是必要條件。因此，教育者應該充分了解社會變化，以及它們對學校所造成的影響。

進步主義教育趨向沒落的原因

原　因	說　明
過度強調生活適應	過度強調生活適應，缺乏學術發展的教育內容。
有反智的傾向	反智的傾向抑制了學科教育的發展，導致更多樣和豐富的社會理智、創造性理智的發展受限。
對社會問題缺乏敏感	只關心教育內部的事務，缺乏對社會問題的敏感度和批判的聲音，對於社會改革活動的參與也常受到保守派或政商界人物的阻撓。
對公共教育議題也缺乏敏感	進步主義教育並未正視當時聯邦與州政府將學術和職業教育分流為雙軌學制帶來的種族、階級和反智等問題。

資料來源：李玉馨（2010：62-63）；胡茹萍（2011：95）。

兒童中心學說的來源

Cremin曾點出美國1920年代盛行的兒童中心學說受到下面兩種觀點影響：

影響學說	說　明
表現主義	這是一種來自於藝術領域的觀點，其將兒童視為藝術家，認定他們生來就有創造力，學校的任務在於為兒童建構能激發創造力的環境，並認為一旦將他們的創造力激發出來，家長就不用擔心孩子的未來了。
Sigmund Freud（1856-1939）學說	在第一次世界大戰後，開始有教育著作應用Freud心理分析來探討兒童的「無意識」（unconscious），之後，心理學與精神病學領域廣泛地將心理分析應用於教育領域，這使教育的任務變成是設法將兒童受到壓抑的情緒昇華至對社會有用的軌道上。心理分析學說使教學工作傾向於探索每位兒童的本能、情感、興趣和心理層面的變化等與智力關聯較少的教育活動。

資料來源：單中惠、馬曉斌譯（2009：186-189）。

　　實際上，當時對學校教育有較深刻影響的心理學說是Edward Lee Thorndike（1874-1949）的聯結論（connectionism）；但Cremin意在指出美國學校教育一直在吸收不同的領域發展出來的教育觀點，他也發現，有些明確地落實那些教育觀點的學校，發展出成功的教學內容。Cremin希望的是，比起建立某種心理分析的教育學說，將心理分析的教育觀點妥善應用於學校教育，使其能用來指引教師的教學工作會更有益於教育的進步。讀者應該可以從上述Cremin的看法，了解他也接受了Dewey對教育實驗的看法（單中惠、馬曉斌譯，2009：193）。

Unit **8-2**
進步主義的教育哲學（二）

　　當進步主義教育於1930年代發展到高峰時，它的思想內涵仍然與Dewey思想不完全契合；且在「進步主義」成了教育的主流思想後，反智的問題也漸漸浮出檯面。以William Heard Kilpatrick（1871-1965）為例，雖然他是Dewey哲學的擁護者，也因為他精彩的授課，吸引了數萬名學生藉由他了解Dewey和進步主義教育，並深遠地改變了學生的思想與生活。Kilpatrick對Dewey的思想闡釋雖得到Dewey的認同，但是他們兩人仍存在一些差異，試舉兩例如下（單中惠、馬曉斌譯，2009：214）：

　　首先，Kilpatrick在學術知識及教師的看法上亦與Dewey不相同。Dewey認為，學科內容是孩子認識、學習並組織文化要素的關鍵，故教師應先了解並精熟學科知識，然後再針對學生的需要和特質給予適切的指導；而Kilpatrick則認為，好的教師應以愛學生的心理為優先。簡言之，Kilpatrick較重視興趣、情感和需求等心理層面的因素，但Dewey所期許的是，教師應該成為藝術家，而非心理專家。

　　其次，Kilpatrick認為兒童的未來是無從預測的，他反對預先編製好的教材，甚至質疑有組織的學科（單中惠、馬曉斌譯，2009：198）。他提出的「方案學習法、設計教學、方案教學」（the project method），結合了Dewey「手段－目的」的關係與Thorndike的效果律（Kilpatrick, 1926: 110-111），讓兒童

中心的教學方法成為當時教育進步的象徵。

　　Kilpatrick以「學習者帶有目的的行動」（purposeful act），提醒教師別疏忽了兒童學習的不同面向。「方案學習法」旨在創造出最接近生活的課程，這種課程無法透過學科教學、技能鍛鍊達成。教師應該引導兒童自行思考和制定自己的活動計畫。Kilpatrick認為，這種將兒童學習視為「帶有目的的行動」，能提供廣泛且具有教育意義的道德經驗，並且更親近生活本身。

　　如果Kilpatrick強調兒童中心學習方法適用於某些年齡層的孩子，就比較不會受到反智的質疑。然而，他卻將這種方法過度運用至所有年齡層的孩子，完全讓孩子的興趣和需求主導學習的方向，這就與Dewey的想法不一樣了。Dewey從未在兒童學習的過程中主張放棄學科教學，他也對教材的編製提出自己的看法。雖然Dewey本人十分肯定Kilpatrick的表現，但Kilpatrick可能並未真正把握住Dewey的哲學。Kilpatrick的反智論述可從他對數學的看法得知，他認為當時數學教育對孩子來說已經「教得太多」，且對於許多人的生活而言已無實用性。

以培養品格和公民為目標的學習方法

Kilpatrick認為生活的抉擇與個人的態度有很大的關聯，態度的培養並沒有普遍一致的標準。他運用下面三種術語說明學校應該成為適合兒童從學習中陶冶品格的民主場所：

學習法	要　點	說　明
主學習 （primary learning）	學習主要的專門知識或技能	指的是某種特定且專門的知識或技能，像是在縫製一件裙子時，選擇布料和裁縫技巧就是主要的學習內容。
	主學習不是最重要的事情	Kilpatrick（1926: 104）提醒教師別只是專注於主學習，還要運用兩種術語來批評自身的教學，理智地考慮到兒童不同層面的學習。
副學習 （associate learning）	可與主學習連結的提問或想法	在學習專門的知識或技能時，學習者連結至與該知識或技能有關的想法或觀念，它們對該知識或技能而言是有意義和有價值的。像是在縫製一件裙子時，學習者可能會聯想到下述問題：裙子本身耐洗與否、布料如何染色、染色的材料又是從何準備的。這些問題在學習縫製的過程中並不那樣迫切待解，可是當學習者想要弄清楚它們時，他就得放下縫製的工作，花時間探索上述問題之答案。
	將學生的「分心」轉化為可以深思的副學習	Kilpatrick（1926: 104-105）指出，不論上述問題是課程內容所暗示的，或是由學生提問而產生的，教師都應該要有足夠的耐心將那些不屬於主學習內容的東西，轉化為引導學生深度思考的副學習。尤其不能把學生那些無關主學習內容的提問，看成是在課堂中分心而予以抑制，而是要將其視為學生在聯想和組織能力的成長。當教師妥善地引導學生思考他們所提的問題，並與他們共享問題探索的樂趣時，師生關係也會得到增益。
輔學習 （concomitant learning）	品格、態度與倫理價值的建立	從縫製裙子的過程陶冶出來的品格，包含做人的態度、與人相處應有的態度、學習態度、自身處事應對的態度，以及學習專業知識或技能應遵守的倫理規範等，品格的陶冶要比主學習和副學習花費更多的時間。Kilpatrick（1926: 105）認為，教師的任務在於關切學生形成的態度，並且進一步地幫助他們發展更好的態度。
	態度是學生無意間學到的東西	Kilpatrick（1926: 106）傾向於認為態度乃是學生偶然且間接學到的東西，教師的工作在於引導學生從事各種類型的活動，讓適切的觀念和態度能真正在學生身上成長。雖然說態度是間接學到的，但學習過程中，師生彼此詳盡地討論，實已為學生觀念之建立提供了基礎。

Unit 8-3
永恆主義的教育哲學（一）

永恆主義的哲學基礎是Aristotle和Aquinas的古典（宗教）實在論，並帶有Plato觀念論的色彩，此派主要的人物為Hutchins、Adler、Sir Richard Livingstone（1880-1960）、Maritain等人（陳迺臣譯，1988：86）。本章節將著重介紹Hutchins與Adler的教育主張，此乃是因為他們的永恆主義教育哲學主要仍建立在民主社會的基礎上，因而與我們的教育發展脈絡會有比較多的聯繫。

一、人生來就渴望學習

Hutchins的人性觀承襲自Aristotle和Aquinas的理智傳統，相信人是由非理性發展至理性，並將Aristotle（1933）的「所有人生來就渴望求知」轉換為「人生來就渴望學習。」

對Hutchins來說，知識即真理，真理是普遍且同一的，因此任何地方的教育都該一樣。這種看法還有一層意義，就是知識和真理的獲得，全靠不斷地教、學、知的過程。Hutchins雖然認為哲學的智慧是最高的知識，且形而上學探討的是最先的、最高的原則，這是所有學科中最為重要的知識，社會或自然科學都只是部分與人和社會有關的智慧，無法窮究宇宙、生命的終極因。即便Hutchins會批評科學主義的錯誤，但他仍相信科學方法能獲得真正的知識，且傳統的哲學、歷史、文學和藝術等也都是智慧的來源，不可忽視（張光甫，2003：441-442）。

二、理想的教育旨在從偉大的觀念發展人之心靈與理智

Hutchins也藉Plato的觀念論主張，理想的教育是發展心靈的教育，它不是專業訓練、也不是職業教育，不是基於效益考量的教育、也不是指定安排好的教育。這種發展心靈教育的理想，只有在教育機構中才能達到（張光甫，2003：442）。

Hutchins強調人文教育和通識教育對於心靈發展的必要，因為這是培養理智的公民所必須，它既不是要造就學者專家，也不在職業訓練。Hutchins認為在民主社會中，人人都會有足夠的閒暇，人文教育因而能普及到所有人身上。他偏好傳統的3R（讀、寫、算）方法以及博雅課程，在教材方面，提倡就讀高等教育的學生，應該要理解那些經過時代考驗過的知識，因此，課程組織應該圍繞在「西方世界的偉大經典」。

雖然有些經典已經年代久遠，但其仍然呈現出個體和社會存在、人類機構、理智、道德、以及與自然秩序有關的知識；換言之，那些偉大的經典依舊可以作為人們偉大的教師。學生藉由閱讀經典，並予以分析和運用，以更加理解當前的問題。需要注意的是，一些現代作家，如：William Faulkner和Ernest Hemingway等人的作品也成為補充閱讀作品。這種對古典和現代經典閱讀的強調，乃是相信存在有普遍的真理，其能適合於所有時空的人們（張光甫，2003：442-443；劉育忠譯，2007：95）。

永恆主義的哲學問題

教育史家Meyer曾歸納Hutchins遭遇到各種哲學與教育界的質疑與批評。首先是幾個大型的哲學陣營（李復新、馬小梅譯，1999：62）：

◆以Aristole式的實在論來說，Hutchins的永恆主義顯然不願意按世界本來的面貌來認識世界。

◆從Plato式的觀念論來看，永恆主義只在乎心靈，忽略了心靈的完美寓於健全的體魄。

◆新經院哲學（neo-scholasticism）則認為，Hutchins的形而上學是一種非基督教的哲學，不僅與Aquinas無關聯，也無法串聯人的超自然命運。

從哲學的角度看，Hutchins的永恆主義想建立在兩種超驗的基礎上：一是形而上學的靈魂與理性觀，他要求所有學生必修形而上學與神學課程，而教師全部的教學必須以形而上學為根基。另一是基督教信仰的歐美傳統。在Hutchins不甚嚴謹地融合Plato、Aristotle和Aquinas的觀點後，就產生了上述批評。

其次是Dewey及其追隨者們的批評（李復新、馬小梅譯，1999：62）：

◆Hutchins強調的形而上學過於虛幻。

◆主知主義的知識論讓人們只能接受理性，而無從透過經驗來加以改變。

◆採取過時的心理學方法。

◆缺乏社會的理解。

◆忽略了多年來教育實驗的成果。

如暫時擱置Hutchins在哲學方面的問題，其教育理論與方法不僅顯得過時，且過於輕忽經驗而有缺乏變通的問題。在這種狀況下，支持Hutchins的人多半屬於帶有基督教色彩的新經院哲學。只是新經院哲學家們在Hutchins身上只有看到形而上學和民主理念，卻沒有基督教信仰，致使Hutchins的教育觀點難以避免地走向曲高和寡的結果。

Unit 8-4
永恆主義的教育哲學（二）

三、大學是追求獨立思考、學術自由與永恆真理的機構

Hutchins曾擔任芝加哥大學校長長達十五年，他認為大學是一群有創造思考的人組成的理智社群，因而它既是能從事批評與創造的「獨立思考中心」，也是純粹為追求真理、而非任何實效利益的地方。Hutchins對大學的治校理念也與永恆主義的教育哲學有關，大致歸納下列四點（張光甫，2003：444-447）：

1. Hutchins極力主張大學應該要維護思想獨立與學術自由。

2. 聘用教授以獨立思考和批評為首要條件。

3. 從事大學的行政工作必須具備承受責任的勇氣，要有剛毅地承擔結果的習慣、公正平等地對待他人的習慣。

4. 大學校長有發現、釐清、界定和宣揚目的之特殊責任，這種責任使他認清自己是在帶領眾人，經常性地討論教育目的和大學前途。大學校長必須讓這種對理念的討論過程持續下去。

四、派代亞計畫：人文學科與博雅教育結合的構想

1982年，Adler出版《派代亞計畫：一種教育宣言》（The Paideia Proposal: An Education Manifesto），在這本書中，他將paideia的希臘字源與拉丁字的humanitas結合起來，將其轉為人文學科（humanities）。這相當於是結合「教育」和「人文學科」的意涵，也就是

說，Adler希望通識教育能成為所有人共享的東西（張光甫，2003：448）。

Adler的計畫是要設立單軌的十二年基礎教育，讓所有學生在同樣教育目標下接受教育。Adler希望學生能透過考慮到自己的心靈（為自己的心靈著想），主動參與學習活動，這即是基礎教育的重點所在。學校的目標有三：首要目標是培養每個人在心理、道德和精神生活上的自我成長、自我改善的能力。第二項目標是提供公民知識與道德，以便日後參與公共事務。第三個目標是考量成年人謀生技能的需求，提供基本知識技能，以便日後可以在不同工作崗位上轉換、再教育和發展。為了達成三項目標，學校需要讓學生學習三種知能（張光甫，2003：449）：

1. 獲得有系統的知識：在學科領域裡，運用講述教學、口頭報告和回答、教科書和其他輔助工具，讓學生學習語言、文學、藝術、數學、自然科學、歷史、地理和社會學科。

2. 發展心靈能力與學習技巧：教學方法注重教練示範、練習和指導操作。學生實際的活動是：讀、寫、說、聽、計算、解決難題、觀察、測量、評估、練習和批判。

3. 開拓理解力，能與人分享理念與價值：將詰問法和主動參與討論方法用於討論非教科書的書刊，如：藝術類書籍；參與藝文活動，如：聆聽音樂、觀賞戲劇、參觀視覺藝術等。

Hutchins的影響與批評

影響與批評	說　明
局部性嘗試	在Hutchins擔任芝加哥大學校長期間，解散了學校的足球隊；取消了學分制，修課不再是強制性的；學校並以綜合考試取代了分科考試，學生可在大學的兩年就獲得學士學位。Hutchins自1929年掌芝加哥大學以來，主要教育信條似乎沒有好好地實現。芝加哥大學並沒有清除那些講究實用的課程，它也沒有比其他大學更加接近古典實在論或Plato觀念論的立場。
宗教的應用	在美國安納波里（Annapolis）的聖約翰學院（St. Johns College）實踐著Hutchins等人的構想，也就是讓學生閱讀經典，學會分析並將它們運用於理解當前的問題。其他主張研讀經典的學院多半帶有宗教色彩，與Hutchins建立在哲學和民主理念之上的構想有些許距離。
與社會脫節	永恆主義的教育主張對美國公立教育和高等教育的影響有限，雖然不乏提倡者和擁護者，但因為他們的理論容易顯現出對社會理解的不足，且其運用形式訓練說（the doctrine of formal discipline）的心理學方法也已過時。
多元觀點不足	在教育實踐上，永恆主義欠缺多元的觀點，畢竟並不是所有人都適合同一套培養理智心靈的方法。其教育觀點不容易普及於每個人的教育。如要成為一位好公民或是一位富有創造力的技師工匠，似乎也不一定需要Hutchins等人主張的那一套教育方式。
菁英主義的傾向	人們不是都得要進入大學才能培養出理智的心靈，永恆主義似乎對職業學校或其他類型的高等教育機構著墨不多，因此難免會有質疑其菁英主義的傾向，儘管Hutchins等人的民主觀點認為所有人都能擁有偉大的觀念。
情感的忽略	也有人認為，永恆主義太過強調理智的培養，忽略了情感同樣也是構成心靈的重要成分。

資料來源：李復新、馬小梅譯（1999：62-63）；陳迺臣譯（1988：62）；劉育忠譯（2007：95）。

Unit 8-5
精粹主義的教育哲學

美國在1930年代以後，反對進步主義教育的聲音愈來愈多，其中有一群持精粹主義觀點的學者認為，學校教育的目標在於傳授必要的知識、技能和態度，使學生於現代社會中趨向完整的發展。此一教育思潮的主要人物有Willian C. Bagley（1874-1946）、Thomas Briggs、Frederick Breed、Issac L. Kandel、Herman H. Horne，他們曾於1938年召開「精粹主義者教育促進委員會」（The Essentialist's Committee for the Advancement of Education），主張系統的學科訓練，以及對紀律和服從之強調，以為樹立孩子將來的成人責任作準備（李復新、馬小梅譯，1999：158）。George F. Kneller將他們共同主張歸納如下（陳迺臣譯，1988：75-77）：

第一、學習之本質包含勤勞與努力，有時還會違反學習者的意願。精粹主義強調，學習者要為長遠的目標而「努力」和「磨練」，他們還是將個別學習者的「興趣」放在優位，也同意興趣可以創造努力，但努力對於精熟教材仍是必須的。更重要的是，他們相信許多興趣來自於辛勤努力的結果，獲得興趣的過程中，必須要克服枯燥乏味的階段，一旦突破之後，開闊的新世界便展現在眼前。這種辛苦獲致興趣和成就的過程，還需要教師明智地安排訓練，才能獲得。

第二、教育的動力來源是教師而非學生。精粹主義者認為，學習者的能力、興趣和目的需要受到教師的引導，教師是成人世界和兒童世界的媒介，也是了解教育的過程、且能將教材予以邏輯地組織的專家。因此，精粹主義教師要比進步主義教師擁有更大的權威。

第三、教育歷程的核心是指教材的吸收和消化。兒童接受教育並不是要讓他們以自己的方式來解釋世界，而是要讓他們認識真實世界的面貌，懂得運用過去的知識開發自身潛能，了解世界運作的秩序。精粹主義將種族經驗、社會遺產等經由無數人努力與環境協調產生的經驗，以及通過歷史考驗之許多人的可靠經驗，看得比兒童個別的、未經考驗過的經驗要來得重要。

第四、學校應該保留傳統精神訓練的方法。精粹主義認為進步主義的問題解決方法雖然有優點，但並不能適用於所有學習過程，有許多知識是抽象的，無法分析為個別問題。

前面介紹實在論的教育哲學時，筆者提過永恆主義的哲學與古典實在論有關。精粹主義者也具有實在論的色彩，只是他們看重自然科學的作用，也接受一些進步主義教育的主張，否定進步主義教育中關於效益主義和純粹實用的觀點。Kneller歸納過三點精粹主義與永恆主義的差別（陳迺臣譯，1988：78）：(1)精粹主義關心的是個體對社會環境的適應，而不是閱讀西方文明的偉大著作、認識偉大觀念等極具理智色彩的教育。(2)精粹主義要比永恆主義更願意吸收進步主義對教育的貢獻。(3)精粹主義將過去的偉大成就作為知識源泉，並應用來解決現今難題；永恆主義則認為過去偉大的成就，是人類通全識見之超越時間性的表現。

興趣與努力的關係

精粹主義對教師權威和學習者之努力的看重，可說是對當時進步教育的反思。早在1895年和1913年，Dewey已對學習者的興趣和努力提過自己的看法：

興趣與努力的關係	說　明
努力需要有興趣作為前提	在Dewey（1913b: 112-113）所謂「手段－目的」的關係中，目標本身不僅帶有意向或計畫，它也是行動的手段，因此，教育目標必定要呈現出行動的自由。上述看法意在指出，努力需要有興趣作為前提，否則它就可能違背人的自由。
優先考慮學習者的心理因素	Dewey（1895: 118-119）在〈與意志訓練相關的興趣〉（Interest in Relation to Training of The Will）中指出，「努力」隸屬於興趣之中，「努力」必須優先考慮到學習者的心理因素，並將這些因素與其外部行動結合起來，才能避免理智和道德的價值從學習者的意志中孤立。

在〈與意志訓練相關的興趣〉中，Dewey（1895: 115-118）指出兩種人們對「努力」的誤解：

對「努力」的誤解	說　明
以為努力不可能總是與興趣有關	生活中充斥著許多無趣但卻不得不去面對的事情，且生活具有嚴肅的一面，人不可能只是一味地享受或是使自身興趣不斷地獲得滿足，所以必須要訓練個人能專注於自己不感興趣的工作。
以為努力的過程和成果可以產生興趣和品格	有理論認為，某些外部的活動和結果可以鍛鍊人的意志。當學生表現出某一任務或工作的成果時，就以為他們已真正地運用自身的意志，且在這樣的過程中，學習者也逐漸地型塑理智和道德的習慣。

上面兩種誤解都沒有看到興趣與努力同在的事實。所以說，努力之所以不會退化成辛苦乏味的苦差事、或是要求學習者盲目的辛苦付出，乃是因為興趣一直存在的緣故，亦即「興趣讓人自始至終都投入其中」（Dewey, 1895: 121-122）。

Unit **8-6**
重建主義的教育哲學（一）

1920至1930年代，美國教育界出現批判資本主義的聲音。在進步主義教育中，首先批判公立教育存在階級和特權問題的是Counts，他認為，如果公立學校要稱職地扮演好普及化和民主化的角色，學校教育系統就應該適應於生活環境，並成為更能適應於政治生活的地方。他認為，地方教育委員會應該由社會各領域人士組成，如：職業、婦女和宗教團體等，直接地參與教育政策的制定。Counts也十分強調教師的素質和專業，因為它們能將學校管理從偏見和黨派鬥爭中拯救出來（單中惠、馬曉斌譯，2009：203-204）。

社會重建主義的主要人物除了上面提到的Counts，還有Harold Rugg（1886-1960）、Theodore Brameld（1904-1987）等人，他們訴求之重點大致歸納如下：

一、以文化為前提的教育哲學

Brameld曾提過三項重建主義核心論點（李雅婷，2008：3）：首先，重建主義是一種意識到文化危機（crisis-culture）的哲學（Brameld, 1971: 38）。危機是指文化系統中的各重要部分、功能、結構或目標開始脫節失序，生活其中的成員們對於自我追尋也會感到困惑、迷失與失根。張光甫（2003：466）歸納過三項重建主義的共同信念：(1)所有哲學、意識型態和理論，包括教育理論在內，都以文化為基礎，它們都是由特殊的文化類型中發展出來。文化類型受制於特殊時空生活環境的影響。(2)文

化可視為持續生長與改變的活動歷程。(3)人類能夠更新文化，以促進人之生長與發展。

二、教育能改變或影響社會，造就世界社群與公民，趨向理想的世界文明

其次，重建主義是一種價值哲學、帶有目的和目標的哲學。不論是過去或現在，當社會和文化產生危機時，如：貧窮、戰爭、種族隔離、環境破壞、科技非人性化、政治紛爭、社會價值扭曲等，總會有不同領域的思想家提出具前瞻性的社會改造方案或理想社會（烏托邦）的憧憬（徐宗林，1979：17-18；張光甫，2003：465）。

Brameld將烏托邦思想視為實現人類需求與抱負的理想社會方案，這種夢想的建構屬於文化層面的，而教育也要以導向未來的世界文明（world civilization）為目的，這種目的並不只是一種空想，而是包含手段和方法的行動，用Brameld的話來說就是「教育就是力量」；也就是說，教育具有建構民主社群的能動作用（agency）。重建主義者願意相信教育的力量能幫助人們決定理想的世界，以及構築這種世界的方法。世界社群、四海之內皆兄弟及民主，不但是重建主義者相信的理想，同時也希望在學校與社會中施行。

烏托邦與社會重建

　　重建主義標榜的「社會重建」，在過去歷史中已有許多思想家主張過或撰寫過與理想社會或與社會改革有關之著作，諸如：

　　Plato〈理想國篇〉、St. Augustine（354-430）《上帝之城》（The City of God, 426）、Francis Bacon（1561-1626）《新亞特蘭提斯》（New Atlantis, 1624）、Tommaso Campanella《太陽之城》（The City of the Sun, 1623）、Thomas More（1478-1535）《烏托邦》（Utopia, 1516）、Henry D. Thoreau（1817-1862）《湖濱散記》（Walden, 1854）、Aldous Huxley（1894-1963）《美麗新世界》（Brave New World, 1932）、George Orwell（1903-1950）的反烏托邦（dystopia）小說《1984》（Nineteen Eighty-Four, 1948）、B. F. Skinner（1904-1990）《桃源二村》（Walden Two, 1948）。十八至十九世紀也有如：Gracchus Babeuf（1760-1797）、Robert Owen（1771-1854）、Saint-Simon（1760-1825）和Charles Fourier（1772-1837）等烏托邦社會主義者。最後，Karl Marx（1818-1883）《共產黨宣言》（The Communist Manifesto, 1848）為烏托邦主義帶來最多可付諸實踐與創造歷史的支持性力量。

Owen的幼兒學校

Robert Owen

資料來源：Robert Owen（2014）.

　　烏托邦社會主義者Robert Owen（1771-1854）認為，人的發展會受社會組織、制度和環境所影響。他在擔任蘇格蘭某間棉花廠的老闆時，觀察到工廠附近的居民不僅無知，且品格低落、酗酒的狀況極多。此外，工業革命產生了許多資方對勞工的壓榨和剝削，且童工、幼兒乏人照料等問題充斥。Owen不僅構想過一種以愛、分享和關照作為改革依據的社會重建願景，他也於1815年在工廠附近開辦幼兒學校，讓10歲以下的孩子都能就學，及早讓他們免於受到惡劣環境影響，並導之以知識和良善品格的陶冶（林玉体，1991：424；徐宗林，1991：506-507）。

　　Owen的教育理念大致有下列四點（徐宗林，1991：507-508）：

◆ 學校是振興社會道德和保護善良風俗的重建利器。
◆ 人的品格非與生俱來，而是後天環境塑造所致，故教育至關重要。
◆ 教育活動以激發孩子的社會參與之興趣為主。
◆ 教育必須成為社會公器，所有孩子必須接受公眾教育，學習社會經驗。

163

Unit 8-7
重建主義的教育哲學（二）

三、在文化的基礎上整合各種教育哲學的長處

最後，重建主義借用其他哲學觀點，不以對立姿態自居。Brameld認為，重建主義表述的現代社會之文化旨趣，要更甚於Dewey的經驗理論，因而Brameld自稱是「後進步主義的教育學者」（postprogressive educator）（李雅婷，2008：4-7）。Brameld（1965: 23, 1971）曾就文化脈絡的層面，介紹並比較過當時美國盛行的幾種教育哲學。他認為，這些教育哲學旨在將人與文明建構為有機的整體，為人的生活帶來綜合與意義。

四、學校作為社會變革之行動者的角色與任務

重建主義者透過落實「社區學校」（community schools）的理念，使公立學校能擴展民主的慎思與實踐等活動，讓它們深化至社會各層面。其重點如下（李雅婷，2008：12）：

（1）學校是社區的一部分，應該以任何可能的方式協助解決社會和經濟的問題。(2)社區資源與問題都是重要的教材，其能進一步發展為學校的科目和活動單元。(3)民主原則可透過師生共同設計「學校－社區」此一科目的活動單元中逐步實現。(4)在建造一個安全、富涵文化與運轉無礙的社會工程中，學校應該承擔問題解決的角色，對政治做出獨特且必要的貢獻。總而言之，應該要把教育引導至產生公共行動主義的興趣上。

有的重建主義者，如Counts認為，學校教育未必能依靠自身力量重建社會，但它們卻可在課程、行政與教學實踐中，更加投入於社會事業、改善教育問題、更致力於為教育他人而服務。換言之，縱然學校未必能重建社會，但至少還能扮演好自身的社會角色及任務。還有Benjamin Barber提倡「服務學習」，讓學生投入社區服務，作為獲得第一手公共生活的知識與經驗的方法，如此一來，不僅可以培養出好的公民，也能強化民主（劉育忠譯，2007：227-229）。

五、承認教育情境中灌輸的事實與必要

1932年，Counts於「進步主義教育協會」年會上發表〈進步主義教育敢說是進步的嗎？〉（Dare Progressive Education be Progressive？），挑起了進步主義教育究竟該在社會改革中扮演何種角色的論爭。在同一年，Counts出版了《學校敢於建立新的社會秩序嗎？》（Dare the School Build a New Social Order?），批評進步主義教育未詳盡闡述與社會福祉有關的理論，並質疑那些堅持強迫（imposition）與灌輸（indoctrination）之教學是錯誤的進步主義教育者。Counts認為，所有教育包含很大的強迫成分，它們是社會存續和演化所不可少的部分，進步主義教育不能只是將重心放在兒童中心學校（李玉馨，2010：68；李復新、馬小梅譯，1999：90；Counts, 1978: 4-5, 7）。

位於Dewey教育哲學兩端的教育思潮

　　如果以Dewey的教育哲學作為參照基準，進步主義教育因為對當時的文化危機、社會及政治問題，如：種族、階級等，缺乏敏感性，所以位於比較保守的一端，重建主義則位於較激進的另一端。Dewey雖然看重教育的文化和社會功能，但他的民主理念卻扎根於每位學生的自主與判斷能力的發展。重建主義立意在於批判性地社會重建，但輕忽了「行動者」的「能動作用」，強調比較多的控制和社會適應。雖然有所不足，但重建主義的教育思潮仍是美國批判教育學的源頭之一。讀者可參閱下圖了解它們彼此的關係。

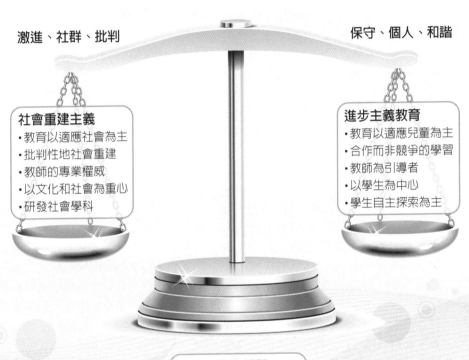

激進、社群、批判　　　　　　　　　　　　　保守、個人、和諧

社會重建主義
- 教育以適應社會為主
- 批判性地社會重建
- 教師的專業權威
- 以文化和社會為重心
- 研發社會學科

進步主義教育
- 教育以適應兒童為主
- 合作而非競爭的學習
- 教師為引導者
- 以學生為中心
- 學生自主探索為主

Dewey教育哲學
- 教育即生長
- 教育的民主理念
- 作為藝術家的教師
- 學生的心理和社會需求
- 融合經驗與活動的教材

Unit **8-8**
重建主義的教育哲學（三）

六、以社會和世界議題為核心的學習內容

Brameld認為，學生半數以上的學習時間應該是在學校之外，而非學校的課堂教室之中。他提出「輪狀課程」（the wheel curriculum），將學校計畫的重要主題視為輪軸（hub），而輪輻（spoke）則是包含如討論小組、田野經驗、內容與技巧研究及職業研究。輪軸與輪輻彼此相互支持，輪框（rim）代表的是分析與綜合的能力。每一學年可能都會有不同輪狀課程，但彼此之間都有連續的關係，而每一輪的匯入也可以藉由傳承下來的問題與解決過程來強化和綜合彼此。輪狀課程具有「向心力」和「離心力」。向心力是透過共同的研究，將社群成員吸引在一起；離心力則是從學校延伸至更廣大的社群，因此它有能力從學校與社會的動態關係中協助文化轉型（李雅婷，2008：16；劉育忠譯，2007：229；Bremeld, 1971: 476-477）。

在課程方面，重建主義偏好「世界」課程，強調真理、夥伴關係與正義，反對只處理在地的社群，或只是圍繞在狹隘的理想和課程之中。他們偏好世界歷史的研究，而非以歐洲為中心的歷史研究，並探索聯合國與其他世界機構當前的工作。對重建主義者來說，課程應該是行動導向的，學生投入至參與社群事務的計畫中，讓市民對社會問題有所認識，並且會使用請願與抗議等權利。換言之，學生不只是從教科書中學習，還能透過社會活動的學習，如：選舉機制的了解、消費行為研究、參與反對污染的環保陣線等，真正為社會帶來貢獻（劉育忠譯，2007：229）。

其他重建主義者關心的課題尚有（劉育忠譯，2007：230-231）：

1.重建主義者希望教育是國際化的，並強調人道主義。

2.在教育計畫中考量文化多元主義，發展能兼容各種文化差異的教材內容，關注國家中的各種文化保存問題，藉以改變過去將公共教育看成是協助國家將各種文化予以消融之「熔爐」的角色與功能。重建主義者認為，多元文化教育將有助於使美國人以和平包容的方式，認識和對待不同文化、社群之成員。

3.重建主義者有著「如太空船般的地球」之觀念，他們注重國與國、種族與種族之間的團結，對於核子武器的使用和核子戰爭的危險與可能性之相關知識，他們認為有給予正確認識的必要。但最終，他們會希望所有人類團結在一起，核子武器永遠束諸高閣。

4.重建主義者認為，不只是要認識和包容其他文化，還要鼓勵學生發展具有未來導向的計畫和活動。因為人們始終必須學習如何去認識和面對人口、能源、運輸等問題，透過訪問各種公共組織，讓學生在那些地方獲得可能於未來生活實踐的生活方式。

Brameld輪狀課程示意圖

◆按Brameld的想法，每一輪代表一學年的課程計畫。

◆新學年的課程設計會融合上一學年輪狀課程的內容。

◆這種學年之間的連續、銜接和綜合，有助於強化和擴大教育情境所有成員解決問題的能力和視野。

輪輻：討論小組、田野經驗、內容與技巧研究、及職業研究

輪軸：學年課程計畫與主題

向心力：成員彼此因為課程研究而相互吸引

離心力：從學校延伸至社會以至文化的轉型

輪框：分析與綜合能力

Unit **8-9**
重建主義的教育哲學（四）

持重建主義觀點的學者，在當時多與Dewey同事，不僅在一定程度上認同Dewey的教育哲學，同時也都視教育改革為社會重建的手段。對此，Dewey有些與重建主義不一樣的看法（李玉馨，2010：68-69）：

第一，教育者應該以貼近學校而非遠離學校的問題來擬定社會目標，這樣才能符合當前的需要，並運用現有條件讓理想得以實踐。

第二，以灌輸為主的教學方式和以個人成就為目標的教育已經過時，他主張以探究式的教學和社會性的目標取而代之。

第三，教育的當務之急不在於灌輸某種新的社會理想，而是確保學生對當前社會的真實情況與運作力量有所認識。這種新的課程型態與教學，將有助於產生新的社會秩序，但需要教師對經濟和社會問題做深入研究，也需要學校在組織及管理上以參與合作取代威權專制。

讀者如瀏覽Counts（1952: 219-430）《教育與美國文明》（Education and American Civilization）一書，或許能同理Dewey的評價，如：重建主義訴求的目標較為遠大，因而在理念與實踐之間的距離較為遙遠。還有，Counts訴求的各種社會重建理念雖然多為積極且正面，但它們的型塑過程欠缺社群成員彼此共同討論商議、凝聚適切的共識，故容易導致曲高和寡的結果；或者因為缺乏檢驗其用途之普遍性和特殊性，使得這些

理念產生邏輯謬誤（李雅婷，2008：21）。此外，從Dewey的探究理論來看，他希望每個人都能從探究（如問題－解決）的過程，從而掌握「完整經驗」（an experience），這種對個人與社會理智之連結的討論，也是重建主義者著墨較少之處。

質言之，Dewey訴求手段與目的之一致，強調熟慮商議與知行合一的民主，他希望人們以實際行動來把握社會問題，憑藉理智從事實踐行動。此過程不能假借他人之手或盲從權威，只有這樣才能培養足夠的判斷力，教育也就不至於淪為灌輸單一意識型態的工具。Dewey認為，民主社會的公眾教育目的就是要培養有判斷力的公民，這種教育不同於菁英教育、為了偉大心靈的教育，或是為特定政黨、種族和階級而服務的教育，判斷力是所有接受公眾教育的學生都有機會，因此除非有身心方面的特殊障礙，否則不管學生資質如何，都能發展出參與民主社會所需要的判斷力。

如果人們能檢驗Counts訴求的社會重建理念是否適合於當前的社會和教育發展，透過反覆探究與討論的民主過程，將這些理念轉化為社群成員對解決共同社會問題的方法和目標，或是將它們建構為反思和改革某些特定社會議題之依據或守則，那麼Counts所大聲疾呼的社會重建和自我實現等理念，便有機會獲得實現。

何謂完整經驗？

　　Dewey（1933a: 226）之所以強調「探究」，乃是因為這種活動有助於讓事物脫離孤立的狀態，進而具有意義、關聯和統整等性質，這些性質亦共同構成了他所謂的完整經驗。Dewey曾在探討藝術理論的著作中，介紹過「完整經驗」的特色：

特 色	說 明
動 態	● 經驗是動態的組織，需要有時間來完成，即開始、發展到結束的過程。 ● 由於完整經驗有其時間性和發展性，故其具有確定性（如：帶來令人滿意的狀態或結果）、可能性、不穩定性（如：人們對經驗的疑惑和無知、錯誤的方法和結果，或結果使人感到失望等）（Dewey, 1925a: 57-58）。
節 奏	● 經驗組織的過程具有其節奏，一旦經驗的連續性中斷，代表一個階段的停止與下個階段的開始和預備。 ● 經驗每次的中斷，代表著對前次經驗之吸收和獲取，也可以說，當經驗每次出現了不連續或斷裂時，人們的反思活動也隨之產生。
有 機	● 經驗具有自身形式，能轉化過程中遇到的對抗與張力，從而具備包容與完整的性質。 ● Dewey（1934a: 21-23）曾指出，有兩種世界不存在美感經驗：一是「不斷流動變化而無法積累任何東西的世界」，在這種動盪不定的世界中，既不朝向終極的目的，也不存在穩定與靜止之處；另一是「把世界看成已經完成、終結的狀態」，一切事情是那樣的順利，沒有任何阻礙與危機，也就是一種人不需要做出任何選擇的世界。

資料來源：Dewey（1934a: 61-63）.

169

批判教育學概論

章節體系架構 ▼

　　就像其他教育思潮般，批判教育學（critical pedagogy）也難以簡要地用幾句話概括，但如要歸納一些共同的特徵倒也不是難事。方永泉（2006：42-45）曾根據一些學者的觀點，歸納五項批判教育學的要旨：第一，教育是一種文化政治學，此概念將教育視為社會、文化、政治和經濟的一環，學校教育並非單調僵化的規則或系統，而是反映各種衝突、競爭和調整的文化場域，可以凸顯來自主流宰制文化和弱勢從屬文化的師生互動之後果（蕭昭君、陳巨擘譯，2003：304-305）。第二，教育中的知識應具有歷史性與解放性。第三，教育的實施應注重理論與實踐的辯證關係。第四，重視教育中意識型態的批判及對霸權的抗拒。第五，教學方法上注重對話及覺醒，課程方面強調潛在課程的分析。

　　如要比較簡單地理解批判教育學的任務和目標，可參考 Kanpol 的歸納（張盈义、彭秉權、蔡宜剛、劉益誠譯，2004：46）：第一，批判教育學吸收了正義和尊嚴的道德視野，因而它既是道德事業，也是精神事業。第二，批判教育學乃是冀求改變不平等、不正義之社會和學校結構的檢驗工具與方法。第三，批判教育學尋求激進的解放目標，也就是讓受壓迫者不再受到壓迫，得以透過共享彼此從事批判、抗爭和鬥爭的語言，促成人類的團結，終結各種苦難。

　　本章的討論將著眼於下面兩點：第一，探討批判教育學的理論和發展背景；第二，介紹批判教育學所關切的課題。

Unit 9-1
「批判」思想的發展

　　「批判」（critique）的希臘字源 "κρίνω"（krinein），即分類或分組之義；進一步說，還有判斷、決斷、區別或識別的意義。許多思想家在不同層面將「批判」運用於哲學和社會層面，產生各種與批判有關的理論。因而在正式了解批判教育學的主張前，讀者先要了解一些批判思想的發展。

一、批判思想的普遍發展

　　在啓蒙時期，「批判」乃是人們對主體性地位之肯定，將理性的知識理論普遍用於考察、質疑和推翻公認的歐洲文明概念與經驗。當時的哲學家，如：Locke、Hume，更是質疑理性本身的地位，尤其是Descartes的理性主義，以至於產生經驗論和懷疑論等思想（劉北成、王皖強編譯，2004：24）。十八世紀後期，Kant爲了消弭經驗主義和理性主義的鴻溝，從知識論的層面對理性本身展開批判性地重建工作。他的批判哲學承認經驗在構成知識中的地位，但在把經驗轉化爲知識的過程，他仍然主張理性要比經驗更具有優越性。Kant談的理性屬於先驗論證的範疇，他的知識論最終還是憑藉「直覺」的作用，依舊貶低了經驗的價值，使知識論建立在全知全能的理性基礎上，而在這種先天的範疇中，觀察、實驗、分析和推論等實徵的過程已無足輕重。

二、批判理論的興起：法蘭克福學派

　　Kant的知識論在最終目的上輕忽了經驗的重要性，其批判哲學的問題就在於過度強調主體性和理性思辨的原則。即便Hegel（1770-1831）後來意識到主體在歷史情境中的客體化和異化對哲學產生的影響，但Hegel的辯證法最終仍將他引導至與Kant之先天範疇相似的絕對精神中。質言之，Kant與Hegel對知識論和主體性的批判，最終都只在乎觀念世界，而忽略人們的生活世界。後來的Marx欲克服Hegel哲學過於觀念化（唯心論）的問題，試圖從歷史性和社會發展的客觀進程，將Hegel思想帶往唯物論的辯證史觀中，藉以將哲學轉化爲有益於實踐和改革的理論。

　　Marx思想後來發展出不同的詮釋路線，法蘭克福學派（Frankfurt School）走的是批判Marx的路線。該學派是指1923年在德國法蘭克福大學設立之社會研究所，其1930年的所長Max Horkheimer（1895-1973），將該所的重心放在對馬克思主義和精神分析等思想的批判和研究，所內成員在經濟、社會、政治和美學等主題下，從事實徵分析和理論化的哲學研究（Corradetti, 2011）。該所在1933年後受納粹迫害，1935年後轉移至美國紐約的哥倫比亞大學。部分學者在二戰後留居美國，而Horkheimer則於1950年回到德國。受「批判理論」影響，「批判教育學」將「批判」視爲批評和分析那些嵌入於社會脈絡和系統中的知識、信念、價值和權力之作用和衝突之處，並以追求人性之自由、政治民主與社會解放等結合理論與實踐之行動爲目標。

批判教育學對 "pedagogy" 的看法

Roger I. Simon對"pedagogy"（教育學）的看法頗值得參考：

> "pedagogy"指的是將特定的課程內容和設計、班級經營策略和技巧、與實踐這些策略和技巧的時空環境，以及目標和方法之評價等，在實踐之中予以整合。所有這些教育實踐的觀點，都集中於真實的班級情境中發生。上述內容共同形成一種觀點，即教師的工作是在某種制度脈絡中傳遞特定的觀點，像是何種知識最有價值、知識意味著什麼，以及我們可以如何建構出能再現自身、他人、以及我們身處之環境。換言之，談論教育學，相當於是在仔細地談論學生與其他人可能會一起從事什麼活動，且文化政治學在這樣的實踐中提供了何種支持。一種教育學的提出，其必定代表著某種政治學觀點，因而如要談論教學實踐，就必須一併談論政治學（Simon, 1987: 371；引自蕭昭君、陳巨擘譯，2003：270）。

大致來說，"pedagogy"在此意指「教育工作者傳遞、描述、分析或實踐某種特定的教與學之關係或原則」，以及「教育工作者的教學實踐是政治學的」。其與"teaching"最顯著的差別在於，"pedagogy"乃是探討各種作用於教與學之脈絡中的知識、倫理和政治活動等的關係，其探討的範圍廣及教育的各層面；而"teaching"多著眼於學校教育中的教學方法和師生互動的過程，與教學理論、策略、技術、藝術和科學有關。

「批判思考」與「批判教育學」的協作關係

批判思考（critical thinking）與批判教育學兩者乃是不同的東西，前者屬於特定的思維或行動能力，後者則是帶有社會改革與人性解放的教育理論與實踐。

差別與用途	說明
批判思考與理性思考和分析哲學有關	批判思考與知識論和理性思考有關，諸如：人們會採取何種推論來建構和評價各種已經存在的原因和理由；人們願意接受這些經過評價之後的理性指引，讓他們實際所相信的事物、判斷和行動，與那些經過推論過的評價相一致（Siegel, 2007）。
批判教育學與政治和倫理有關	批判教育學的出發點是政治學和倫理學的，考慮某些特定信念和行動體系的某些部分，在社會的權力結構中所產生的效應為何，像是「誰從這些信念和行動中獲益」等與社會正義有關的問題，以及「要如何改變這種不平等、不民主、不公正、甚至是壓迫性的制度與社會關係」（方永泉，2006：40）。
批判思考可作為批判教育學的反思及行動之手段	批判思考可以廣泛地用於各種反思的活動中。Freire（1970 / 2000: 92; 1998: 37-38, 43-44）曾將批判思考對經驗世界的洞察、人們對知識理論的好奇心、以及帶有反思和獨創性的實踐串聯為整體的關係。這裡的批判思考可與Dewey和Freire都強調過的「反思、反省思考」（reflection, reflective thinking）放在一起，積極將它們用於各種自我、社會及教育等問題之反省、分析。

Unit **9-2**
批判教育學在美國的發展

美國的教育學者們通常會將批判教育學的傳統，追溯自二十世紀初Dewey的激進民主教育和創造性的理智在社會、經濟和政治層面的影響；進步主義教育（progressive education）；1930年代的社會重建主義運動（social reconstructionism movement）；以及有「民權運動之父」（The Father of the Civil Rights Movement）之稱的Myles Horton（1905-1990）。筆者認為，這種連結意在將批判教育學和美國教育發展串接為連續的過程，欲發展出美國在地的批判教育學脈絡，以深化此教育思潮的影響力。

如果只是就「批判教育學」本身的發展來看，還是要回到巴西教育家Freire身上。他於1960年代流亡至美國講學，且其1970年出版的《受壓迫者教育學》（Pedagogy of the Oppressed）在教育界大受矚目，連同當時盛行的女性主義、知識社會學及新馬克思主義文化批評等理論，共同形成了美國批判教育學的理論基礎（方永泉，2006：41；彭秉權譯，2005：5；Darder, Baltodano, & Torres, 2003：3）。

1970年代，受到教育界矚目的不只是Freire，稍早之前尚有Jonathan Kozol在1967年關切種族與教育的問題。還有像是Ivan Illich（1926-2002）的《非學校化社會》（Deschooling Society, 1971），結合了新馬克思主義、鉅觀功能論、博雅教育、師徒制和Freire的受壓迫者教育學等思想，雜揉出一種奇特卻又不至於悖離現實的個人教育觀點。另外，馬克思主義經濟學家Samuel Bowles與

Herbert Gintis在1976年提出「符應原則」（correspondence principle），認為學校內在結構會反映資本主義的內在結構、規範和價值，因而學校可能在經濟層面「再製」（reproduction）資本主義社會的階層關係。換言之，在符應原則下，工人階級的孩子在學校教育中，只能完全任由他人宰制與安排，間接地符應於未來從事勞動生活地預備（鍾明倫，2009：34）。

至於最早使用"critical pedagogy"此術語的教科書是Henry Giroux的《教育中的理論與抗拒》（Theory and Resistance in Education, 1983）。1980年代以後，有更多致力於批判的教育學者，如：Apple、Ira Shor、Stanley Aronowitz、bell hooks、Henry Giroux、Michelle Fine、Peter McLaren、Donaldo Macedo、Douglas Kellner等人（方永泉，2006：41；Darder, Baltodano, & Torres, 2003：2）。

上面所列的教育學者，其批判教育的思想和理論之來源相當豐富，除了與Freire的受壓迫者教育學及解放神學運動有關，還受到諸多理論影響，如：新馬克思主義、現象學、存在主義、批判理論、語言哲學、當代社會理論、女性主義、後現代主義及後結構主義等。批判教育學者就是將上述哲學和社會理論聚焦於關切與人性、行為、精神、經驗和環境等涉及到知識理論、語言與意義、倫理與價值、理論與實踐等有關的教育哲學議題和問題。

醞釀美國批判教育學發展的一些背景

背　景	說　明
反動與抗拒的社會能量	在政治上，美國參與越戰及1962年的古巴飛彈危機等重大事件，在社會和文化層面則有新左派運動（主要由中產階級知識青年構成，反老左派的工人運動、反對蘇聯的社會主義、無政府主義、去機構化）、民權運動（Martin Luther King, Jr. [1929-1968]）、女權運動、反越戰運動（嬉皮[hippies]、披頭四[Beatles]），各種運動本身亦有大量學生參與其中。惟這些運動雖擁有龐大的反動、抗拒和非主流能量，但也因為1960年代的動盪不安而未能有效凝聚。這些曾經蓬勃發展的運動，是直到1980年代甚至是二十一世紀以後，才在社會、政治、教育及文化領域中，轉化為結合理論和行動的實踐。
去機構化運動	"deschooling"的"de-"譯為「非」、「反」、「去」、「解」，它們質疑與批判的焦點都集中於制度化之價值、機構等非人性化的觀點及管理形式。1960年代，西方國家開始倡導「去機構化」（deinstitutionalization）運動，希望能將障礙者以最少限制的治療方式，讓其接受社區而非醫院或療養院的照顧。之後也有以小說和影片的方式，批判療養院的制度和管教方式，如《飛越杜鵑窩》（One Flew Over the Cuckoo's Nest, 1975）（其原著小說出版於1962年）。按Illich《非學校化社會》出版的時間來看，正好在去機構化的潮流中；且他亦屢次指出，由於「機構」和「治療」等概念彼此關係密切，使人性價值與自主性發展存在著壓迫的問題。所謂「現代化的貧困」（modernization of poverty），乃是肇因於當現代人對制度的依賴愈甚，對環境愈容易產生無力感，進而扼殺自身潛能。
教育改革的問題	美國1980年代以後批判教育學更加蓬勃的原因，與當時教育改革強調市場化、個人競爭力，以及評鑑和評量的手段逐漸成為教育目的之問題有關，像是1983年公布《危機中的國家》（A Nation at Risk）報告。因為當時全美17歲的青年中，約有13%是功能性文盲，大學入學測驗（SAT）成績持續下滑，且大學裡許多課程亟待改進。該報告的建議如：「提升教師薪水，依教學表現給薪，薪水數額也應具市場競爭力」、「各級學校應採用更嚴格的評鑑標準來評量學生的學業表現，四年制的大學也應提高錄取門檻」、「注重校長和督學的遴選，確保他們能設立合理目標，並凝聚社區共識」、「增加教育預算」等（駐美國臺北經濟文化代表處文化組，2008）。

175

Unit 9-3
教育具有非中立的政治性質

Spencer於1859年曾根據科學知識的實用價值，區分過「何種知識最有價值」的問題；後來的Michael W. Apple則針對教育的政治性質，提出「誰的知識最有價值」（王麗雲譯，2002：V）的問題。此問題的重點在於，Apple想強調課程內容和教育系統總是在政治和經濟等複雜因素的角力中，承受巨大的壓力。

以我們國內的狀況為例，2013年8月，國家教育研究院在沒有任何法源依據下，組成課程綱要檢核小組，其成員組成以具有哲學和中文學背景的王曉波和具有經濟學背景的朱雲鵬等人為首，旨在檢核國文及社會課綱是否合乎憲法（鄒景雯，2014）。原先此小組只有「針對國小到高中的教科書進行名詞檢視」，並提出「一份報告、一份建議書」；然檢核小組卻在同年11月23日的高中課綱會議中提出臨時動議，改由檢核小組來「微調」課綱。此中受爭議與批評的有以下幾點：(1)檢核小組的設置沒有任何法源依據就逕行「微調」60%以上的高中社會科課綱內容（范捷茵，2014）。(2)整個過程並未充分與基層教師討論，倉促辦理的公聽會更讓教師們來不及報名與會。(3)檢核小組的所有成員沒有臺灣歷史的專業素養和背景，微調的內容多悖離歷史研究的成果；因而許多臺灣史學者呼籲讓教科書發揮如實地引導學生認識歷史的功能，要求教育部撤回該程序不明且缺乏專業的「黑箱」課綱（林朝億，2014）。

上述事件顯示，政治力量始終如影隨形地影響教育發展，在教育民主化不足的情況下，有權力的一方擁有影響和界定知識的力量，而國家霸權也在背後管理著各種權力的作用。教育部、國家教育研究院以及檢核小組成員在微調課綱的過程中，施加了不同程度的權力，讓符合某些特定意識型態之課綱得以成為主流的知識和價值。

Apple在自己的著作中便質疑那些已為政府或特定團體合法化、正當化的知識，批判那些社會上具有宰制力量的階級所欲創造出來的虛假文化之政治共識。他認為，真正的「共同文化」是要「創造一個情境，讓所有人都能參與意義和價值的創造和再創造」（王麗雲譯，2002：XIV）。

換言之，共同文化並不是指特定團體所主宰的價值，也不是讓所有人都知道所有少數民族的意義和信仰。這意味著，教育要以追求更為民主化的社會為目標，而不是圍繞在探究「如何讓大家成為有文化教養的人」此概念的具體內容之上。例如：Peters之「教育人」傳達出來的教育專業理念，在Apple眼中，或許忽略了教育的知識、系統、構成學校生活的經驗、以及潛在課程（hidden curriculum）等充滿了意識型態（ideology）、文化和經濟再製（reproduction），以及不同類型的衝突。當這些問題成為一系列實踐、期望、意義、價值和能量的分配時，它會構成社會多數人的真理、實在和絕對的感受，滲透入集體社會意識和個人靈魂深處，生產出宰制的事實，此即Antono Gramsci（1891-1937）所謂的「霸權」（hegemony）（王麗雲譯，2002：XI、7-8）。

一些常見的批判教育學概念

概 念	說 明
階級	在既定的社會秩序下，從經濟、社會和政治關係，管理個人生命的東西。階級關係反映出個體和團體在收入、職業、住宅地區，以及其他地位、社會階級的指標上，所經驗到的各種限制（蕭昭君、陳巨擘譯，2003：286）。
文化	不同團體為了賦予世界意義，而採用的一組生活實踐、意識型態和價值觀，人們也能透過對文化的提問過程，了解誰握有權力、這些權力是如何複製並呈現在社會關係中，且與學校教育產生連結。對批判教育學者來說，文化與階級、性別和年齡的社會結構有密切關係，這樣的結構也製造出不同的壓迫和依賴的方式。此外，文化本身還是一種生產方式，而非只是生活方式，因而社會存在之主流文化、附屬文化和次文化、宰制階級和受宰制的階級等不平等的權力關係，便能用來界定和實現身處在這些關係中的人們。最後，批判教育學者相信，文化是抗爭的場域，特定知識形式和經驗生產、合法化和流通與否，都是這個抗爭場域裡的主要衝突點（蕭昭君、陳巨擘譯，2003：286-287）。
潛在課程	不在學校教育過程預期之結果的學習內容，像是學生從學科內容之外的地方學習到的行為結果。其關心的課題是，在一課程教材和正式排定的教學計畫之外，知識和行為如何潛移默化地建構起來。潛在課程也是學校官僚體系和管理壓力的一部分，它是一種統整的力量，引導學生服從權威、行為和道德有關的主流意識型態與社會行動（蕭昭君、陳巨擘譯，2003：304-305）。
意識型態	某種關於社會實在的觀念、信仰、基本職志或價值系統，它的作用主要有二：第一，作為社會的「互動符號的系統」，讓「原來難以理解的社會機構變得具有意義」，它的作用在於使社會成員能共享意義，讓複雜的社會實在變得可以理解。第二，作為「虛假意識」（false consciousness），指那些扭曲個人對社會實在的看法，為社會中的當權階級而服務。Apple認為，存在著下面三種類型的意識型態：一為專業的意識型態；另一為政治或社會運動的意識型態；最後為綜合世界觀的意識型態。這些意識型態都存在下面三項共同特徵：合法化、權力衝突、爭論的風格（王麗雲譯，2002：30-32）。

177

Unit 9-4
再製與抗拒理論對教育的影響

Apple結合了兩種再製理論，一是Bowles與Gintis建立在階級和經濟關係上的社會再製；另一是Pierre Bourdieu（1930-2002）建立在文化資本（cultural capital）、慣習（habitus）和場域（field）等概念上的文化再製。由於從經濟的角度看不出學校中的宰制機制是如何運作的，因而有必要結合伴隨在經濟身邊的文化和意識型態，以充分考慮和分析那些人們視之為理所當然和自然存在的東西，其究竟蘊含有哪些宰制性的知識和力量（王麗雲譯，2002：3）。

Bourdieu（1983/1986）的「文化資本」會顯現在個人整體的氣質上（embodied），如：品味、價值、言談和行動；也可以從具體的事物中找到文化的蹤跡（objectified），如：圖畫、書籍和音樂等文化產品；還有像是文憑和技術證照等，經由制度所認可的知識和技能之證明（institutionalized）。

在學校教育中，經常可觀察到學生展現的氣質反映了特定階層或是合乎主流價值的文化特色，如：乾淨、誠懇、誠實、節儉、勤勞、有禮貌，以及衣著、言談和談吐儀態等。這些看似個人「內在本質」的自然氣質，絕大多是這個社會長久以來建構出來的文化標記（蕭昭君、陳巨擘譯，2003：314-315）。

至於經濟和文化的再製理論乃是1970年代以後，新馬克思主義（neo-Marxism）分析資本主義教育系統的論述工具。除了再製理論外，還有如Paul Willis、Apple和Giroux等人主張「抗拒論」。抗拒論立基於人文馬克思主義的觀點，關心個人在社會系統中獲得解放的可能性，而不是把學校看成黑箱（black box）（曲囡囡、劉明堂譯，2008：19；鍾明倫，2009：33）。

以Willis為例，他觀察到來自於工人階級家庭的孩子，存在七種「文化創生」（culture production）的型態：反抗權威；抗拒成為服從者；組織非正式團體；崇尚遊戲、戲謔及破壞；追求刺激、物慾的生活；性別歧視；種族歧視。文化創生理論為「次文化」（subculture）提供了較為積極的解釋，也突破了馬克思主義經濟定論的觀點，從文化因素解釋教育場域中的壓迫與不正義，以追求弱勢者解放為目標（鍾明倫，2009：38-40, 44）。

大致上，再製和抗拒理論有著各自不同的著力點，一者是從社會經濟和文化的系統、結構、價值和秩序等層面看待教育系統中的個人；另一種則是從個人的角度，觀察每個人是如何應對社會系統中的宰制與壓迫，試圖從每一位能動的主體身上，找出能有所作為的空間，以抗拒宰制和壓迫的力量。

一些與新馬克思主義有關的教育課題

學　者	提出主張	關懷主題	後設理論
Bowls & Gintis	符應原則	學校是社會價值的再製單位，學校教育課程與師生互動透過政治與經濟完成複製。	結構功能論、結構馬克思主義
Basil Bernstein (1924-2000)	階級符碼	符碼理論（coding theory）關注「社會結構－語言符號－心靈意識」的相互建構，而階級在這個相互建構的歷程中扮演主導性力量。像是在校園生活，工人階級與中產階級使用的符碼形式，如：語言和文化，就會形成差異與宰制的形式。教育中的符碼理論意在凸顯上述「象徵控制本質」，透過溝通原則的分析，了解意識是如何合法地創造、分配、再製與變遷，之後再讓既有社會結構的權力分配和文化範疇透過溝通原則得以合法化和再製（王瑞賢，2007）。	
James P. Coleman (1914-1991)	社會資本	Coleman的《柯爾曼報告書》（Coleman Report, 1966）聚焦於探討教育機會均等的議題。他於報告書中指出，學校周遭的社區類型、社區能提供有助於學生學業成就和順利畢業的資源，如家長、師生關係有穩固的社會聯繫，形成代間結構相當一致的功能性社區。這種一致性有助於規範的制定與創造，而聯繫個體之間的社會關係即是引導的媒介，並藉此獲得額外有利於監控孩子與學校的資源，以及有助於社會化的規範（林枝旺，2005）。	
Bourdieu	文化資本	學生在場域中文化資本的習得與教育成就之間有所連結。	
Willis	文化創生	學生在場域中對霸權文化的抗拒與未來職業的選擇有關。	人文馬克思主義

資料來源：鍾明倫（2009：45）。

Unit 9-5
成為轉化型知識分子（一）

前面提過，批判教育學者很少會關心如何成為「有教養的人」，他們會希望學生成為積極主動的道德主體，也就是學習批判地運用周遭的知識，拓展對自我和世界的理解，增加改變人們視為理所當然的生活方式的可能性，這一過程就是學生的「自我增能」。McLaren引述Stanley Aronowitz的話，將自我增能其中一個面向形容為「珍愛並且喜愛自己的過程」，這說明尊重個人歷史、語言和文化傳統，個人才能獲得自我增能。自我增能除了有自我肯定的意涵，還包含了質疑和選擇性地處理主流文化中，可以協助他們定義、改變更大的社會秩序，而不只是服從既定的社會秩序（蕭昭君、陳巨擘譯，2003：308）。

在上述各種自我增能的內涵中，潛在著一種共同的力量，它能讓「行動者」的意識和行動展現出創造和變革之「能動作用」；也意味著批判教育學不只是對抗現有的體制，同時也在重構和創建民主社會。這種力量就是「轉化」（transform）（Giroux, 1991: 3, 5）。

在培養學生自我增能之前，教師也應該以成為「轉化型知識分子」（transformatory intellectuals）為目標（Giroux, 1988: 49）。此觀點先是建立在「教師作為知識分子」的基礎上：第一，「教師作為知識分子」乃是建立在「所有人類的行動都包含某些思維運作（thinking）的形式」之基本假設；第二，藉由此基本假設，Giroux將人的行動與其心靈串聯為連續且相互作用的關係，即「所有人類活動都會運用到心靈的功能」，這種運用可提升人們整合思維運作與實踐的能力，教師在這種意義上乃是一位「反思的實踐者」（reflective practitioners）；第三，Giroux扼要地歸結道：「教師就是自由人，其對青年之理智價值和批判力量的增長有特殊的貢獻。」（Giroux, 1988: 48）

另外，教師作為知識分子的責任有二：第一，強而有力地批判那些隱藏在教育理論背後之技術和工具的意識型態，它們區隔了課程實踐過程中的概念、計畫和設計等活動。第二，在型塑學校教育的目標和環境條件時，必須扮演負責任的角色，提出一連串與教學有關的問題並予以探究，致力於追求更大的目標（Giroux, 1988: 48）。

如要簡潔有力地理解Giroux「轉化型知識分子」，或說「如何理解知識分子的轉化功能」，其實可以從下面兩點思考：第一，學校並非中立的場所，而教師也不能故作中立的姿態。Giroux並未滿足於上一段對「教師作為知識分子」的界定與其身負之責任的闡述，他希望教師能重新思考和改變一種傳統和受限制的觀點，也就是將知識分子的角色全部看成是擁有積極潛能的反思型學者和實踐者等角色。Giroux希望教師不只是扮演好一位知識分子的角色，還要從政治和規範性的術語將具體的社會功能予以脈絡化，這是說，教師必須意識到自身工作與主流社會的關係（Giroux, 1988: 48）。

邊界教育學（border pedagogy）

主要觀點	說明
挑戰區隔與特權	這種教育學關切如種族主義的課題，質疑那些由不同差異團體創造出來的各種不平等的從屬關係。教育工作者的挑戰在於那些來自於直覺和意識型態的界限，經由長時間的歷史發展，已經遮蓋住它們本身由複雜的權力形式所造就出來的區隔和特權等關係。
具備參與、識讀和解析的能力	教育工作者需要提供學生機會參與至那些構成不同文化之符碼、經驗和語言的多元關係中，讓他們具有媒體識讀的能力，藉以解析、洞察和改變世界上存在的各種表象問題。
批判性的解讀文本	教育工作者也要提供學生知識和社會關係，使他們能批判性地解讀如：認同、性別、身體、社會和政治等「文化文本」（cultural texts），是如何透過錯雜散落於生活之中的符碼規範起來的；同時也能解讀這些文本是如何表達和再現不同的意識型態。
文本為歷史建構的產物	邊界教育學認為，讀寫能力的學習行為內在於權力和威權的範疇中。因此在教育實踐中，學生要理解文本為社會和歷史建構的產物，並學習去分析文本，讓他們不至於在文本中缺席，或只是毫無作為的存在著。
文本與對話	最重要的是，教育工作者要協助學生以對話的方式解讀文本，在對話過程中，讓學生充分認知到各種對抗和支持的聲音是如何配置於文本中的。此即Giroux所謂「對抗文本」（counter-text）的策略。

資料來源：Giroux（1991: 2-3）.

181

Unit 9-6
成為轉化型知識分子（二）：
教育與政治的批判關係

　　承接前面「轉化型知識分子」的討論，第二種「轉化」的功能體現在必須使教育更爲政治化、使政治更爲教育化上。「使教育更爲政治化」是指，透過在學校中同時重現「界定意義的鬥爭」（struggle to define meaning）和「權力關係的鬥爭」（struggle for power relations）等兩種活動，直接將學校教育嵌入於政治領域。這種觀點使批判地反思與行動成爲社會計畫的一部分，幫助學生在克服經濟、政治和社會不公的鬥爭中，發展出深刻且持久的信仰；透過這樣的鬥爭過程，學生們也能更具有人性。在此情況下，知識與權力無可避免地會連結到選擇生活的前提上；也就是說，選擇的生活必須要能增進所有人之民主品格，且獲得這些品格的先決要件乃是奮力追求這樣的生活。所以，教學必定要具有政治的性質，因爲教學的指導作用，肯定且承認了介入（intervention）之行動背負有倫理的責任。Giroux引用Freire的觀點指出，人類生活會受到各種條件所限制，但這些限制卻不是被決定好的，既非宿命論的，亦非人力無法達到的，而是選擇的結果（Giroux, 1988: 49）。

　　「使政治更爲教育化」意指，從教育的角度視學生爲批判的行動者（critical agents）、質疑既存的知識（make knowledge problematic）、運用批判與肯定的對話、奮力爲所有人類追求更好的世界。在學生的學習經驗中，轉化型知識分子會認眞對待他們主動發聲的需求。這意味著要發展出「批判性的在地語言」（critical vernacular），藉以在日常生活層面，關照那些經驗到的諸種問題，它們尤其與那些聯繫至課堂實踐的教育經驗有關。轉化型知識分子教育工作的出發點在於指出，個人和團體在不同文化、階級、種族、歷史與性別情境的諸種問題，以及他們各自不同的希望和夢想（Giroux, 1988: 49）。

　　由於轉化型知識分子需要發展能結合「批判性」和「可能性」的語言，所以，社會教育者們才確實認爲轉化型知識分子能帶來變革。透過這些語言，轉化型知識分子必須大膽地發聲，對抗學校內外部關於經濟、政治和社會的不公正。同時，轉化型知識分子也要爲學生創造機會，使他們成爲擁有知識的公民，勇於消除絕望，並使希望付諸實踐。這裡談的「希望」，並非訴求社會工程學（social engineering），也不是忽略型塑學校和社會秩序存在許多困難條件的藉口。這裡的「希望」其實是「先決要件」（precondition），它讓那些語言和價值指引人們通往更多民主和公正世界的道路（Giroux, 1988: 49）。

跨越邊界的教育政治學

再來介紹邊界教育學中強調的政治因素：

政治因素	說　明
差異政治	邊界教育學強調，讓學生批判地參與至那些界定他們自身歷史與敘事的文化和社會符碼之力量與限制中。所有的論述都存在著限制，學生需要懂得懷疑各種論述存在之權威和權力的運作關係，設法從創造性地參與過程中，將它們轉化為對民主社會有益的力量。這種轉化策略在Giroux那裡稱作「差異政治學」（the politics of difference）。
跨越邊界	當學生參與至論述的建構和轉化之中時，他們勢必要穿梭來回於各種不同且相互作用之權力關係的內部與外部，他們就像是一位「邊界跨越者」（border-crossser），往返於歷史建構與社會組織出來的法則和規範。這些法則與規範不僅服務於人們的關係，如：認同、能力、社會形式，也限制住它們的可能性。
去中心化	邊界教育學將各種糾纏難分的意義、知識、社會關係與價值等內容，比喻為一張動態的立體地圖，學習活動就如同地形、地層那樣，可以位移或轉變位置、認同、歷史和權力。在實際上就是透過磋商和改寫，讓既有的符碼和規範喪失其穩定性，得以重新型塑。當人們開始重新繪製地圖時，邊界教育學也就達到它「去中心化」（decenters）的一項目標。
重新疆界化	當學生和教育工作者跨越邊界之後，由傳統哲學或意識型態所繪製的具有支配性的地圖，將有機會在改寫邊界的過程中，偕同對抗性的文化政治學，將地圖重新繪製、重新疆界化（reterritorialized）、並去中心化。邊界教育學提醒教育工作者重新界定師生關係，鼓勵學生運用自身的經驗型塑出真實的知識。
記憶與轉變	這種讓教育回歸到學生的生命和日常生活的轉變，讓師生能夠直接面對當前生活，同時也審視真理的權威影響或支配現在的價值與習俗。Giroux以「對抗記憶」（counter-memory）的策略提醒人們，正因為活在歷史之中，人們可以回溯和回憶過去歷史和權力鬥爭的聲音，恢復了不該被遺忘的東西，促進公眾持續地在現在、過去和未來的時間中對話，為當前社會盲目遵守的習俗和既定的知識，獲得重新述說和建構的機會（周珮儀，1999：171）。

資料來源：Giroux（1991: 3）．

Unit 9-7
批判意識的覺醒

184

Giroux提出的轉化型知識分子，旨在將教師型塑為敏於覺察自我與社會之政治和倫理關係的角色。然而，在成為這種角色之前，人們首先要面對的問題卻是，如何從具有宰制性的社會生活中解放出來。用Freire的觀點來說，就是如何讓社會的弱勢者和受壓迫者意識到自己身處在各種帶有限制的情境中（limited situation），要怎樣做才能改變壓迫的社會和政治結構？要如何重新取回作為人應有的權利和力量？在Freire那裡，這些問題最初是從存有論的角度，將它們歸結為對「人性化」（humanization）的尋求。

「人性化」的議題，在《受壓迫者教育學》中是與「非人性化」作為對比而提出。「人性化」乃是關於人性基本預設的課題，諸如：人的存有究竟是什麼、人要如何真正生存在這樣的世界等問題（Freire, 1970 / 2000: 43）。Freire（1998: 128）在《自由的教育學》（Pedagogy of Freedom）中認為，人具有未完成性、好奇心、理智和求知等特質，這些特質都提示教育要能更加意識到個別主體的能動性，諸如：分享、分析、評價、抉擇、以及批判等行動，而這些行動創造的歷史也都兼具倫理及政治的性質。

至於如何真正生存在這樣的世界？Freire從受壓迫者的角度出發，強調自我「覺醒」（conscientização）的意義，也就是「學習知覺到社會、政治和經濟的矛盾，並採取行動對抗現實中的各種壓迫因素」（Freire, 1970 / 2000:

35）；簡言之，就是批判意識的覺醒。在展開這些行動前，人們還要先克服「對自由的恐懼」（fear of freedom），也就是害怕獲得解放與自由之後導致社會失序混亂。Freire所謂的「解放」（emancipation），此一字彙的拉丁字源為 "manus"，有「手、拳頭」和「團隊合作」等義。解放與人追求真正的自由和人性化的過程有關：

> 真正的解放——一種人性化的過程——不是另一次人們身上的存放。解放就是一種實踐——是人們對於他們的世界進行行動與反省，以進一步改造世界。那些真正獻身於解放目標的人，不可能接受機械論的看法，將意識當成有待填滿的空容器；他們也不可能允許以解放為名，卻運用囤積式的宰制方法（banking methods of domination）（包括宣傳、口號等存放的方式）。（方永泉譯，2003：116）

Freire從現象學借用的意向性（intentionality）之觀念，強調解放的重點在於「人對於事物的意識」與「決心要行動的意欲」等基進的（radical）觀點。此外，就如前面邊界教育學強調以「對話」的方式來解讀文本，Freire認為，人所意識到的對象本身也具有反饋的力量，因而人與事物之間存在著相互交流的關係（方永泉譯，2003：116）。

兩種阻礙人類解放的意識型態

在《受壓迫者教育學》的「前言」，Freire以「門戶之見」（sectarian）批判那些畫地自限的意識型態，它們共同的問題都在於將論述建立在一種簡化、線性的史觀上（方永泉譯，2003：67-71），參見下表整理：

項目 ＼ 派系	左派的門戶之見者	右派的門戶之見者
代表學派	馬克思主義、結構馬克思主義	新自由主義（neo-liberalism）
主要人物	Marx György Lukács（1885-1971） Louis Althusser（1918-1990）	Ludwig von Mises（1881-1973） Friedrich Hayek（1899-1992） Milton Friedman（1912-2006） Gary Becker（1930-2014）
主要觀點	● 資本主義發展導致人的「物化」（reification），如：勞動商品化、商品拜物教（commodity fetishism）。 ● 異化（alienation）的勞動型態。 ● 辯證的唯物史觀顯示，所有社會的歷史都是階級鬥爭的歷史。 ● Althusser認為，歷史是由各種與國家相關的意識型態組合起來的統一體，它沒有主體，而是藉多樣的因素相互作用形成一種相對自主的結構。	● 篤信自由開放的市場機制。 ● 排除共善或社群的概念。 ● 縮減公共社福的支出。 ● 政府最低限度的管制。 ● 追求公營事業私有化，以擴大公眾投資機會、提升事業競爭力、創造競爭環境。
衍生問題	● 從辯證的史觀認為，人有從異化恢復的可能，但這種只建立在物質和制度層面的史觀太過狹隘，產生了宿命論的問題。 ● 抹消了在歷史中最重要的主體，剩下來的結構也只是某種想像的複合體；這種觀點不利主體的意識覺醒與自我認同的發展。	● 資本、商品、服務完全自由地流通，政府不用抑制物價；勞工權利受到漠視和剝削；貧富差距愈來愈大。 ● 教育、醫療、公衛、安全、公共建設、環保等受到政府忽略，只有促進商業發展的政策受到支持。 ● 在自由放任的個人主義中，強調個人責任和競爭力，將貧窮和失敗歸因於懶惰和不思進取；並認為每個人有責任解決自身的衛生保健、教育和社會保險等問題（也是宿命論的史觀）。

資料來源：張晉芬（1999）；Martinez & Garcia（1996）。

Unit **9-8**
Freire 的提問式教育

Freire談的「解放」，其具有之人性化和實踐的內涵，還可從《受壓迫者教育學》第二章關於「囤積式教育」（banking education）與「提問式教育」（problem-posing education）的對比，以及該書第三章談的「對話」（dialogue）作進一步地理解。

「囤積式教育」將學生看成是純粹接受、記憶和反覆練習的容器，教師只是透過講述的教學活動，將靜態、穩固不變的知識存放和囤積在學生那裡。Freire強調，知識只會產生於含括探究與實踐之持續發明和創造的過程；且只有透過思考和溝通，才能體現出生命的意義。需要再注意的地方是，囤積式教育並不只是某種教學態度或技術，它反映的是來自於社會整體的壓迫，將人視為順應的、易於由上至下加以控制和管理的存有者（Freire, 1970 / 2000: 73；方永泉譯，2003：107-109, 117）。

Freire以為，「受壓迫者」（the oppressed）一直都是社會的「局內人」。受壓迫者在社會內部的結構中向來扮演的都是「為他存有」（beings for others）的角色，也就是接受那些享有特權和學識淵博的菁英分子所安排好的壓迫結構。Freire希望受壓迫者能發展「為己存有」（beings for themselves）的角色，也就是轉變社會結構，使受壓迫者不再被「統整」（integrate）進社會的壓迫結構之中。另一方面，受壓迫者的覺醒，勢必會與壓迫者（oppressors）的

目標不一致，因此，壓迫者會採取囤積式教育防範學生有覺醒的徵兆（Freire, 1970 / 2000: 74；方永泉譯，2003：110-111）。前面介紹教育具有非中立的政治性質時，筆者就有提到政治力量介入教科書審定的問題，這便是壓迫者避免學生覺醒會使用的手段之一。

提問式教育建立在對話和溝通的過程中，在這種關係中，教師和學生相互滲透和融入彼此的身分，學生不僅需要從教師那裡學習，而教師也不再只是單向地扮演教授者的角色，而是從學生身上學習，教學即是與學生一同合作成長的過程。在師生對話的過程中，學生不僅成為具有批判能力的共同探究者，也參與了學習情境和內容創造。

扼要地說，提問式教育是在對話和溝通中，不斷地將那些看似理所當然之現實的問題揭露出來，學生的意識得以在此過程中顯現出來，並採取批判的態度和行動介入。上述師生關係顯示，提問式教育期待的是一種由下至上的改變，它讓教育活動與自由的實踐產生直接的聯繫。Freire認為，人的意識與世界是一同存在的關係，人並非抽象、孤立、獨立自存、遺世獨立的存在。在批判性地介入與世界的互動時，人們勢必會遭遇各種挑戰，對於挑戰的回應也會產生更多新的挑戰，並獲得新的理解。這樣反覆連續的過程顯示，人們已經投入於自身與世界的關係之中（方永泉譯，2003：117-119）。

囤積式教育與提問式教育的對比

Freire（1970 / 2000: 73；方永泉譯，2003：107-109, 112）所描述的囤積式教育是一種將人與世界二分的教育，人只是世界之中的一位無意識的旁觀者，而非有意識的參與和重新創造者。囤積式教育反映的是一直存在於社會整體之中的壓迫現象；而提問式教育則是以積極的動力和革命性的希望，以去除壓迫性社會結構，將人重新帶回歷史性的發展之中（Freire , 1970 / 2000: 83-84；方永泉譯，2003：122-123）。

只讓學生單方面地接受教師的教導　　讓教師成為學習過程中的主體，學生只是客體

只讓教師知曉一切，學生只能蒙在鼓裡，一無所知　　只讓學生順從教師施予的紀律

只讓教師自主思考，學生只能成為人們思考的對象　　只讓學生服從教師想要實行的選擇

只讓教師行動，學生只能藉由教師的行動產生自己也能行動的錯覺

只讓教師選擇教學內容，（在未經商議之下）學生只能適應它　　只讓學生傾聽教師說的話

讓教師混淆了知識的權威以及他自身專業的權威，使得教師立足於學生自由的對立面

囤積式教育

vs.

提問式教育

相互衝突的關係

人是歷史性的存有，而非生來就得要接受一種穩固不變的實在。

提問式教育旨在去除壓迫性社會結構帶來的迷思，帶來真正的反省與行動。

由於人與世界之未完成性，因此，教育必然成為一種繼續不斷的活動。

教育活動奠基於富有活力的當下，以及革命性的未來；它否定看似有序的當下（"well-behaved" present），以及預先決定好的未來。

所有人在生成（becoming）的過程中，都是未完成的存有者，並生存在未臻完善的實在之中。

教育之革命性的未來顯示人類應該充滿希望，教育活動乃是一種帶有起點、主體和目標的歷史性運動。

Unit **9-9**
對話與「教師作為文化工作者」

Freire之所以致力於成人識字教育運動，乃是因為他相信「字詞」（word）是人們彼此對話得以可能的要件，字詞本身包含了「反思」與「行動」，這意味著「字詞」本身就是實踐的活動，這樣的實踐會因為缺乏行動而變成咬文嚼字（verbalism）的空談，也可能因為缺乏反思而只是毫無目標地盲動。對Freire來說，字詞不僅是結合反思和行動的實踐，如要將這樣的實踐用於改變世界，就要讓所有人都擁有使用字詞的權利，這種權利主要體現在「對話」的行動上，其作用有以下五點（Freire, 1970 / 2000: 87-92；方永泉譯，2003：127-134）：

第一，對話是人們彼此為了要命名這個世界，而以世界為中介的邂逅（encounter）。這種命名乃是創造性的、非宰制性的變革活動，它要求個人以謙卑的態度與群眾接觸和交流，並為追求共同人類自由的解放貢獻，個人心力。

第二，對話需要對人類從事生產和再生產、創造和重新創造，以及追求更人性化的使命等活動而有強烈的信仰。

第三，對話如能建立在對世界和人類的愛、為世界命名的謙卑，以及對人類創造性活動和人性化使命等信仰之基礎，則對話者之間便能形成水平的互信關係。

第四，對話過程中如果不存在希望，對話也將不復存在。希望來自於人的不完美（incompletion），因而才有奮力追求希望的需求；至於驅動這種奮鬥的力量，就是人們追求人性化、正義、平等和自由的希望。

第五，對話過程必須有批判思考（也只有對話能產生批判思考），否則真實對話不可能存在。這裡的批判思考並非純粹思維活動，它將人與世界團結起來，並知覺「實在」（reality）並非穩固的實體，而是持續轉變的歷程。這說明批判思考包含了時間性和各種來自於與世界互動的風險。

批判教育學的「對話」，與一般人的交談或討論並不全然一樣。對話意味著「改革者、領導者與人民站在一起」，對話的本意不是要「贏得人民的支持」，而是要求改革者使用人民了解的語彙、使用屬於受壓迫者的語彙，與人民共同為回復失落的人性而奮鬥。所以，「對話」不可能是灌輸、說教講道、政令宣導、囤積知識或口號宣傳等，試圖由上至下影響人民去適應某種無法改變的實在（Freire, 1970 / 2000: 94-96；方永泉譯，2003：135-136, 138）。

綜上所述，Freire（1998: 15）主張教師應扮演「文化工作者」（cultural workers），成為社會與政治的行動者，運用對話、遊戲或閱讀等多樣的教學方法激起學生的批判意識，建立起論述與實踐的連貫性，例如：「某個關於保護弱勢者、貧窮與無家者的論述 VS 給予富人減稅並反對為弱勢者增加社會福利支出的行動」。Freire（1998: 67）相信，師生對話與批判性地探討論述與實踐的連貫性，能為政治變革帶來希望與可能性。

通向覺醒的探究行動

Freire（1970 / 2000: 96-97；方永泉譯，2003：138-139）認為，教育工作者和政治人物如要理解人民和受壓迫者使用的語言，以達到有效的溝通，需要探究那些持續不斷型塑人民思想和語言的結構條件，他運用幾個術語描述探究活動的形式。下圖旨在說明，透過參與那些與自己切身相關的課題，人們將可能重新審視自身與世界的關係，進而克服那些限制自身的命運和條件，讓受宰制的意識獲得解放。

各種由思想和語言產生的「生成性課題」，在「最小課題論域」那裡確證為是攸關人類生存、存在和存有的客觀事實後，就可以結合為一種有意義的論題（meaningful thematics），Freire以「課題論域」（thematic universe）稱之。

「生成性課題」（generative themes）產生自人們用來指稱實在的「思想和語言」（thought-language），人們可以透過它們知覺到實在，而人們的世界觀也可以從思想和語言中發現。

重新審視自身與世界的關係

提升人們對世界的知覺

「最小課題論域」（minimum thematic universe）旨在確證生成性課題本身是否為客觀事實（objective fact）。客觀事實指的是該課題是否為真實的存在，這種存在來自於人自身的存在經驗，也來自於對「人與世界之關係，以及在其中的人與人之關係」的批判反省。

探究思想和語言的課題論域，有助於提升人們對世界的知覺，他們會逐漸意識到自身處在「命定的限制」和「自身的自由」之辯證關係中。在此情況下，人們便有機會重新審視自身，在人與世界的關係中尋找定位和抉擇。Freire認為，此時人就可能克服那些限制他們自身命運和處境的一切，他稱此為「界限處境」（limit-situations）（Freire, 1970 / 2000: 99；方永泉譯，2003：141）。

第 10 章

現象學、詮釋學與存在主義的教育哲學

●●●●●●●●●●●●●●●●●●●● 章節體系架構 ▼

●●●●●●●●●●●●●●●●●●●●●●●●●●●●●●●●●●●●●

　　之所以將現象學（phenomenology）、詮釋學（hermeneutics）和存在主義（existentialism）三種不同的教育哲學放在一起討論，主要原因在於它們彼此都有以下三項共同關注的課題：第一，重建傳統形而上學的存有論；第二，試圖建構人文社會科學、人文精神與價值等的內涵；第三，闡述和體現出人與人、人與文本、人與環境等的互動關係。另外，有的思想家，如Heidegger，在現象學、詮釋學和存在主義的影響既廣大又深遠；而許多詮釋學者和存在主義的思想家，其本身就有現象學研究的背景和視野。對教育哲學來說，現象學的貢獻在於它指引了人們探究生活世界的系統方法；詮釋學為人們理解各種教育現象提供了多元的視野和途徑；存在主義則是引導人們重新去看待自身的處境和生活環境，為自身發掘變革、創新，以及面對各種挑戰的力量。

Unit 10-1
現象學是什麼

「現象學」一詞最早出現於十八世紀，指的是一種研究表象的科學，例如：對Kant來說，它是一種科學，主要用於處理事物向人們顯現的方式，也就是探討「事物如何讓人們觀察到，並成為人們經驗的過程。」Hegel則使用「現象學」作為其《精神現象學》（Phenomenology of Spirit, 1807）的書名。Johann Gottlieb Fichte（1762-1814）則是指那些在表象世界中顯現出來的事物，它們看似獨立於意識之外，卻仍源於意識本身（蔡錚雲譯，2005：9）。

目前人們探討的現象學卻非來自於上面列舉的幾位思想家，而是另外由許多學者發展出來的運動，如：F. C. H. H. Brentano（1838-1917）的發生心理學（genetic psychology）、Edmund Husserl（1859-1938）的超驗現象學、Max Scheler（1874-1928）的本質現象學和Heidegger的詮釋學現象學等，以及Maurice Merleau-Ponty（1908-1961）的知覺現象學和Emmanuel Lévinas（1905-1995）的他者現象學等。

有別於其他哲學理論，Husserl的現象學起點並沒有預設任何原則，他強調「回到事物本身」（to the things themselves），要求人們仔細描述現象，並只注意直觀中獲取的經驗內容，其與人的「意識」及「對某個對象之意識」有關。這種對「直觀」及「意識」的重視，除了受到當時心理學、生命哲學和精神科學的影響，而「意識」也構成了現象學的核心（蔡錚雲譯，2005：12-13, 20）。

上面提到人的「意識」及「對某個對象之意識」的關係，在現象學中稱為「意向性」。這種相互纏繞的關係把人們捲入至世界之中，也帶出了「生活世界」（Lebenswelt, life world）此一現象學者普遍關注的課題。像Husserl和Heidegger都關切「世界在人的意識中如何顯現，又如何透過人顯現出來」的存有學課題（蔡錚雲譯，2005：16, 20）。

現象學的分析旨在描述特定事物所適宜的多重呈現樣態，例如：想像的現象學分析就是，描述那些已經給定之想像性對象的各種顯現方式。而教育的現象學分析就是，描述當前各種教育活動呈現出來的面貌和意義。透過這種分析，除了可避免以化約的方式了解教育活動，還能弄清楚教育活動本身的「多樣面貌」和「認同」，人們便可以看出不同教育活動的區別，也能實際掌握住它們（Sokolowski, 2000: 31；李維倫，2004：56）。

人們很難從現象學運動看到一脈相傳的東西，即便存在共同關切的課題，但現象學者們也都有各自的解讀，並用以批判彼此的觀點。現象學也受到外部的批判，如邏輯實證論者質疑Husserl過於仰賴直覺，並認為Heidegger的形而上學虛無飄渺；馬克思主義和法蘭克福學派也都質疑Husserl的現象學存在「獨我論」的問題。這些來自於內外部的批判，都無損於人們對現象學的興趣。因為現象學者們對自然主義、心理主義、實證主義和相對主義等不遺餘力的批判，讓許多看重意識、經驗和主體性的學者們，願意將現象學的主要概念和分析方法用於不同領域的科學研究（蔡錚雲譯，2005：26-28）。

現象學在社會及教育層面之應用

影響層面	舉 例
社會學	現象學者Alfred Schütz（1899-1959）曾提過，處在社會世界的行動者（如：社會學家），他首先會去經驗世界中存在之各種實際的和可能的活動，下一步才會把世界當成思考的對象來經驗它（Schütz, 1976: 92）。
教育研究	Wilfried Lippitz認為，生活世界為一切科學理論的基礎，教育研究必須從對世界之經驗、思考與身體和感覺的關係出發，探討兒童教育與學習的過程（楊深坑，2014：17-18）。
教育哲學	Green把教師比喻為「陌生人」的想法，就是借用自Schütz（1976: 97-99）的用法。Green在《教師即陌生人》（Teacher as Stranger: Educational Philosophy for the Modern Age, 1973）運用現象學、存在主義等觀點，並引用許多文學作品來期許教師意識到自己身負的志業和責任，除了要傾聽學生的聲音，幫助他們覺察各種非人性和偽善等問題，還要引導他們了解社會存在的各種人性化之價值和理念。

一些採取現象學觀點的諮商理論

諮商理論	特 點
阿德勒家庭治療	1.要求家庭成員描述他們典型的生活，探索互動模式。 2.確認當事人的行為、互動和行動的目的與動機，引導其擺脫錯誤行為。
存在主義取向	存在主義對人類的基本狀態有以下預設：自我覺察能力、自由和責任、創造個人認同、建立有意義的人際關係、追尋意義、目的、價值和目標、焦慮為生活常態、覺察死亡在生命中的意義。
個人中心取向	1.人有朝向自我實現的本質，人會根據自我知覺到的真實來建構自身，並據此激勵自己追求自我實現。 2.當事人有改變自己的能力，諮商者要催化當事人表達和選擇屬於自己的情感、價值和目標。
完形治療	1.人對世界的認知，乃是建立在自我與環境相互依存（非各自獨立）的互動關係中。 2.治療目標在於賦予當事人覺察力量，將原先想要排除或是放棄掉的自我，重新統整起來，使其有能力承擔自身的發展，並能自己決定過著有意義的生活。
認知治療	1.致力於發展概念來了解當事人對世界的觀點。 2.把私人經驗帶入嚴謹的科學方法上。
現實治療	1.人的大腦總會有一塊屬於自己的、想追求的或理想中的獨特世界。 2.治療的藝術在於如何讓當事人考慮讓治療者進入他的獨特世界，這種開放意味著當事人開始學習如何親近他所需要的人。

資料來源：鄭玄藏等譯（2002：169, 215, 231, 273, 392, 473-476）。

Unit 10-2
現象學概念：意向性、本質直觀

現象學的探討，或是教育哲學對現象學之理解，多圍繞於七個重點。因為篇幅緣故，筆者將把這裡「常見的現象學概念」分成四單元來討論（10-2至10-5）：

一、意向性（intentionality）

意向性是現象學研究的主要課題之一。Descartes、Hobbes與Locke的哲學傳統視意識為一團泡沫或是封閉的櫃子，並認為心靈來自於一個盒子之中，印象與概念皆產生於此密閉空間。這樣一來，意識和心靈便無從接觸外在事物，只能藉由推論、提出假設或建立模型來理解各種事物。現象學者認為，這樣的意識受限於「自我中心的困局」，人的心靈不僅無從與事物建立直接的關聯，從而也就處在一種孤立於外在世界的狀態（李維倫譯，2004：25）。

現象學者主張，人的心靈並非孤立且封閉的存在，而是隨時敞開著與世界交流。人的意識總是對某事某物的意識，且人的經驗總是對某事某物的經驗；因而人的意識活動（如：思考、恐懼、憂慮、記憶等）及經驗活動都具有意向，可以說，人的知覺活動都指向某個對象（object）（Schütz, 1990: 103）。

二、本質直觀（Wesensschau）

對於意識到的對象，人們可以透過歸納法蒐集該對象的屬性。但是對現象學者來說，歸納法只是將相似的各種對象之屬性找出來而已。歸納法只是蒐集那些已經存在的屬性，對於可能隱藏在對象背後的其他屬性，或是難以驗證的邏輯假定，歸納法就有其不足之處。現象學者通常會把握目前知覺到的具體對象，藉由持續不斷地改變該對象的各種特徵，如：色彩、尺寸、觀看對象的視角、製造材料、亮度、背景環境等，在想像之中隨心所欲地改變它。這樣一來，人們就擁有屬於該對象各式各樣的形象（Schütz, 1990: 114）。

上面的過程還只是想像的運作，並未觸及各種對象在想像中的共同特徵，也就是「本質」的部分。一旦人們在想像之中，發現有些特徵在各種對象改變的過程中都保持不變，這些不變的特徵可說是對象的核心，也就是希臘語中的理型、觀念或形式因，這段歷程即是現象學所謂的「本質直觀」（Schütz, 1990: 114）。

所以，現象學的直觀，在某種程度上並不是研究真實存在的具體事物，而是可能存在且可想像之事物。現象學不僅要研究那些人們知覺到的對象，也要研究那些人們想像的對象，對於現象學的研究方法來說，後者具有更重大的意義。比起與實際的對象產生關係，現象學者通常會更在意對象背後的「意義」，因為它們乃是透過心靈活動構造出來的東西（Schütz, 1990: 114-115）。

質言之，現象學為科學地探究存有論找到一種直觀的方法；藉此方法，人們可以發現那些在存有論層面屬於不相容之範疇的東西，進而描述各種存有論之間基礎的重要關係（Schütz, 1990: 115）。

意向性探討的幾種方向

　　所有的意向性都有其「關涉的對象」（aboutness），如：有「愛的活動」就有「愛的對象」。Husserl認為，不論那個對象是否存在，該活動都有其意義，這是意識存有的一種模式，該對象對意識活動而言乃是有意義的相關物（Moran, 2000: 16；蔡錚雲譯，2005：21）。

資料來源：
Edmund Husserl (2014).

認知與觀念

　　Husserl的意向性就是恢復Descartes的「我思故我在」，只是他從存有論的層次把「人們思考的對象」看成是思維實體，將「自我－思維活動－思考的對象」串聯為意向性的結構（蔡錚雲譯，2005：21）。Husserl雖然超越了Descartes的心物二元論，但這種意向性最終仍指向符應的真理學說，依舊仍屬於一種主體中心主義。

他者的經驗

　　Lévinas認為在Husserl的意向性中，「他者」是不可能再現於「自我」之中。儘管Husserl後來嘗試讓自我將各種異質的他者還原為類似於自我的經驗。也就是說，自我之所以了解他人的表情或想法，乃是因為他人對我已產生了意義（蔡錚雲譯，2005：434）。Lévinas認為，自我最初獲得的經驗乃是藉由他者經驗的投射所獲得，從一開始便不存在孤立的主體或是沒有他者存在的經驗（蔡錚雲譯，2005：439）。

情境與知覺

　　Merleau-Ponty則是希望人們回到由知識和科學建構出來之抽象的符號語言之前的世界。他發現，現代心理學和科學發展的客觀思想常忽略了複雜且隱晦的「周遭環境」（milieu），人的意義便是從中表現出來的。他認為哲學必須檢視客觀思想帶來的問題，並且喚醒人們與世界直接地接觸。

　　因此，Merleau-Ponty的知覺現象學主張，兒童在觀念形成之前的知覺經驗有助於描述真實的世界。他認為自我與世界密不可分，人的意識與其存有總是交纏不清，要純粹從觀念化的知識或是抽象的符號語言來建構意識或存有是難以辦到的（蔡錚雲譯，2005：22, 515-516）。

資料來源：
Maurice Merleau-Ponty (2014).

Unit 10-3
現象學概念：作為嚴格科學的現象學

三、作為嚴格科學的超驗現象學

現象學產生於對歐洲科學發展問題的反思，Husserl當時注意到科學發展在Galileo Galilei（1564-1642）之後產生了偏離。Galilei風格的物理學把數學當成是認識這個世界的方法，認為透過必定為真的邏輯推導，整個世界可以被化約為公式定理加以認知，進而還能對未知的事物加以預測及掌握。簡單來說，Galilei風格的物理學相信，在生活世界背後存在客觀、絕對、且數學性結構的真理，因此，人只要穿透生活世界的表象，直接處理數學的語言，就可以將自然、實在等概念完全囊括其中（蔡幸芝，無日期）。

Husserl認為，Galilei所繼承的幾何學已經不再是原初的幾何學，它已經抽離了直觀的意義。顯然，Galilei疏忽了對知識而言最重要的東西，也就是直觀的經驗世界，只有回歸這樣的基礎，才能把理論與實踐的生活融為理念化（idealisierung）的內容（Husserl, 1936 / 1965: 49；王炳文譯，2005：64）。Husserl提醒人們要反思作為精確性的數學語言的起源和目的，數學的語言終究是建立在生活世界的基礎上，科學理論也必須在生活世界當中證實其有效性。此外，相較於客觀和絕對的數理世界，生活世界是主觀且相對的。這意味著，絕對和客觀性導致了科學發展過程中主客體關係的斷裂，研究被限制在事物及自我中心的封閉空間內；在Husserl看來，正是這種自然科學觀而導致錯誤的實證科學和自然主義心理學的形成（蔡幸芝，無日期）。

在上面的討論中，我們提過「Galilei風格的物理學」，繼承這種探討方式的，不只是自然科學而已，還包括哲學。Husserl也將批判的焦點放在René Descartes（1596-1650）和Immanuel Kant（1724-1804）的哲學傳統上。首先，Husserl並不認同Descartes的心物二元的劃分，Husserl堅信無論是自然的還是精神的東西，都應該在人的最原初經驗中被給予。其次，Husserl也質疑Kant超驗哲學中的兩種理性展現方式，一種是在純粹數學科學的操作中，系統地展現出來；另一種方式為隱蔽地持續發揮功能的理性，其不斷地將感性材料合理化（王炳文譯，2005：118）。大致來說，Husserl認為Kant只是擴大客觀性和理性的範圍，而未認真處理生活世界的問題。

根據Husserl對物理學、哲學發展的歷史性和語言等的反思，他歸納出客觀主義正是使歐洲科學發展愈來愈偏離直觀經驗世界的原因；而生活世界的提出，是要為科學探究進行一種奠基性的工作。生活世界具有本源性，是人類一切有意義活動的發源處，也就是一切認識基準和客觀知識的來源。所以，生活世界純粹是由經驗構成的世界，它透過人的原初經驗而出現，並且總帶有非主題、匿名性，並永遠向未來的經驗敞開；然後，它才被進一步透過科學理論化的活動開啟出有意義的物件，變成為客觀主義意義上的永恆實體（張憲，2002）。

作為存有學與詮釋學的現象學：Heidegger的觀點

Heidegger的觀點	說　明
與Husserl的主要差異	Heidegger與Husserl看法不同，他並不希望將哲學視為一門嚴格的科學，在關於人的存在問題上，以科學方法來探究並不恰當，因此他放棄掉許多Husserl使用過的術語，如：自然態度、還原、存而不論等（蔡錚雲譯，2005：296）。
現象＝顯示與理解	顯然，Heidegger並未認同Husserl將現象學放在超驗的層次上，他的《存有與時間》（Being and Time, 1927），從古希臘哲學中找到現象學的源頭。他發現「現象學」是由兩個希臘字構成，一是「現象」（phainomenon），其動詞指的是「讓某人、事或物如其所是地顯示他／它自身」（the self-showing in itself）；二是「邏各斯」（logos），在古希臘指的是「言說」（speech），也就是將某件東西顯示在別人面前，並使其能理解（蔡錚雲譯，2005：298；Heidegger, 1927 / 1996: 24-28）。
回到事物本身→詮釋學現象學的提出	所以，Heidegger接受了Husserl「回到事物本身」的口號。與Husserl從人的認知、直覺和理性出發的現象學不一樣的是，Heidegger的現象學是從存有學和詮釋學的路徑出發，強調以詮釋的方法將那些被遮蔽起來的事物解蔽，也就是說，尋求那些事物的各種意義，還有讓它們如其所是地顯現自身面貌（蔡錚雲譯，2005：297-298；Heidegger, 1927 / 1996: 27）。
在世存有（being-in-the-World）	Heidegger並不像Husserl從認知的角度聯繫起人與世界的關係，他藉由Henri　Bergson（1859-1941）的生命哲學、Max　Scheler（1874-1928）的哲學人類學和Wilhelm Dilthey（1833-1911）的精神科學，主張現象學應該在人之生活、經驗、歷史和實踐中思考和探索人性的路徑（蔡錚雲譯，2005：296）。

Heidegger的「詮釋學現象學」為教育帶來的啟示

層　面	說　明
教學	教育工作者應該致力於發掘學生的潛能，啟發其探究興趣，營造出舒適且能充分體驗合作分享的學習情境。
教育政策	它要求政策的研擬需要有廣泛的成員參與，研擬過程需要不斷地為政策可能帶來的問題進行反覆討論，確實地讓政策本身的立意和目標顯現出來。
學習者	它提醒教育工作者關注個別學生的想法、需求和生活的諸種層面，而非只是一味地要求「學生要有學生的樣子」，或是要求所有學生必須遵守學校生活的一切規範。
教育研究	它提醒研究者必須將研究過程中，研究對象自身的經驗和知識帶來的回饋也納入研究主題之中，而非將它們排除在外或是加以控制。

Unit 10-4

現象學概念：生活世界、互為主體性

四、生活世界

生活世界乃是一相對於自然世界的概念，其基本內涵有四（倪梁康，1994：131-132）：

第一，生活世界是自明的、非課題性的世界。Husserl說過：「生活世界是原初的自明性領域。」（王炳文譯，2005：154）某種事物的自明性（self-evidence）意味著，可以直接經驗到的或是透過回憶的方式，也就是一種直觀的態度，在這種直觀中，人們以無興趣、不參與的考察方式看到對象，即看到某些普遍的本質關係。而且是作為主體際性的現實，可直觀地存在於可經驗之物和可證實之物中（倪梁康、張廷國譯，2005：9, 271）。

第二，生活世界是主觀－相對的世界。每個人的生活世界不僅具有匿名的特質，同時也都不盡相同。雖然生活世界因人而異，但只要在這種視域中，人們的理解依舊是在某種共同的基礎上（王炳文譯，2005：137-138, 565）。

第三，生活世界是一直觀的、素樸的世界。Husserl稱生活世界為「原則上可直觀到的事物之總體」，「直觀」意味著日常的、伸手可及的、非抽象的，也就是不用現象學方法就可觸及的世界。正是因為生活世界為直觀地被經驗之物的世界，因而隨經驗主體的不同而具有相對性。

第四，生活世界是一奠基性的世界。對於所有「生活世界」的探討，必須以生活世界存在本身為前提。Husserl說過：「所有的科學都是建立在生活世界的不言而喻的基礎上……。」（倪梁康、張廷國譯，2005：268）另外，他也曾表明每種直觀從一開始就已經假定世界的有效性此一普遍的基礎（王炳文譯，2005：179）。即使每個人的生活世界不同，終究還是會形成一普遍基礎。

五、互為主體性（主體際性）（Intersubjektivitaet）

Husserl以為，人們知覺到連續且流動的世界並非孤立的，在其中，我們同時與他人有聯繫。在我與他人的這種共同生活中，每個人都可以參與到其他人的生活中。因此，世界不僅是為了個人而存在，而且是為了人類共同體而存在，更確切地說，只是透過將直接與知覺有關的東西共同體化而存在。又經由相互理解，我的體驗與體驗獲得物與他人的體驗和體驗獲得物發生關聯，這就如同每一個人的體驗生活之內，存在著一系列個別體驗彼此相互發生關聯一樣，主體們彼此在共同生活中，也會協調出各種具有一致性和有效性的關聯（王炳文譯，2005：197-198）。

生活世界的存有向度

資料來源：
Edmund Husserl (2014).

Husserl所謂的生活世界，指的是尚未客觀化、理念化的經驗世界，它為所有認知和科學活動提供了基礎（蔡錚雲譯，2005：216）。

生活世界揭示出來的是一種預先給定的世界，它反駁傳統經驗論將人視為白板，只是被動地接受感覺到的經驗，也批評傳統經驗論將人的感覺孤立於世界之外（蔡錚雲譯，2005：531）。人的「存在」顯示其自身已經對這個世界有所理解，並且有自己對世界的詮釋方式。

資料來源：
Martin Heidegger
(2014).

前面提過，Heidegger認為Husserl的意識、意向性、現象學還原等理論，仍過於偏向主知主義（蔡錚雲譯，2005：17）。Heidegger（1927／1996：49-55）將人與世界的關係串聯為一種「在世存有」的關係，人不僅是在世界之中，也與世界在一起；亦即人非一無所知地被拋擲於世界，而是帶有對世界的理解，與世界產生邂逅並投入其中的（陳榮華，2006：39）。

「在世存有」為「此有」（Dasein）的基本特徵。「此有」並不是純粹指「人」而言，它是個體在「延續下去的時間、言說和世界」等交互作用下，統整出來的東西。舉例來說，每個處在當下的個體，他們的「此有」意味著在當下他們已經將自身過去、現在和未來的時間作了統整（陳榮華，2006：22-23, 40）。

資料來源：
Maurice Merleau-Ponty
(2014).

Merleau-Ponty質疑Heidegger的「此有」仍具有太多觀念論的色彩，他也認為此有不只是「在世存有」，還更加是包含身體與行為之「獻身於世界的存有」（Obert, 2005：231-233）。他在《行為的結構》（The Structure of Behavior, 1942）中指出，人對刺激的反應和感覺經驗的運作，都具有內在統整的性質，這種與完形心理學相近的看法，旨在強調意識活動是不可能如Kant或Husserl想的那樣是可以再現或還原的（蔡錚雲譯，2005：531）。

Unit 10-5
現象學概念：現象學還原與方法

圖解教育哲學

200

六、現象學還原（reduction）

　　現象學還原的第一步是「存而不論」（epoché），它是從希臘懷疑論者那裡借來的詞。它要求人們暫時懸置（suspend）那些平常用來理解、判斷和認識事物的方式，並採取新的觀看事物的方式；此外，還需要學習區辨和描述的方法，用來反思原先理解、判斷和認識事物的立場與態度（Moustakas, 1994: 33）。

　　人們採取「存而不論」的現象學態度，除了要懸置自身的判斷和信念，還要將事物「置入括弧中」（bracketing），也就是把事物還原至它原本為人們直接經驗到的面貌。在現象學中，這是先將事物還原至「自然態度」，即事物原來的、素樸的面貌；接著，人們再以「現象學態度」探討事物原來的面貌，這種態度旨在追求以正確的方法來解釋生活世界中的諸種事物，除了把探討的結果加以理論化，還要把那些構成事物之諸種因素的關係予以區辨和描述清楚（李維倫譯，2004：82-83）。

七、現象學方法

　　汪文聖（2001：61-62）曾引用和闡發Moustakas（1994: 180-181）所列的四種超驗現象學方法論：

　　第一，存而不論：指拋開一切所當然的預設，不消除、不否認、不懷疑任何東西的實在性，只懷疑那些被當作真理與實在基礎之自然態度，以及存於日常知識的成見。在具體的方法上，研究者要擱置既有的判斷，不帶成見並接納性地進入田野展開研究活動。

　　第二，超驗現象學還原（transcendental phenomenological reduction）：這裡的「超驗」是指「將事物本來的面貌揭露出來」；而「現象學」是指「由自然態度提升至現象學態度」，也就是著手探討生活世界的事物；至於「還原」則是指超驗現象學的還原，即引導人們回到生活世界中，各種經驗之存在與意義的根源。

　　第三，想像變形（imaginative variation）：為了要掌握經驗結構的本質，研究者要把握以下重點：在事物原來的意義上探索其他可能的意義；從不同的立場理解事物；還要考量構成事物之諸種因素存在的結構性質和動力；再將這些因素匯聚成探究的主題等。

　　第四，意義與本質的綜合（synthesis）：將組織脈絡與結構性的描述結合起來，對現象之經驗本質作一統整性地陳述，進而建立本質的知識。在具體的方法上，就是透過直覺和反思，將組合結構脈絡的描述整合發展為對現象意義與本質的綜合。

　　上述方法論有助於人們發掘構成生活中各種事物真實存在的意義和本質。當然，人們並非一無所知地去認識那些意義和本質，而是帶著自身的「視域」（horizon）與之接觸，而後再將各種經由體驗和反思的資料漸次綜合成知識，彰顯事物本身如其所是的面貌（汪文聖，2001：61）。

現象學還原之外的另一種觀點

Husserl的還原強調的是，從認知的過程，運用科學的方法將事物本來的面貌呈現出來。Heidegger對科學的效用始終抱持敬而遠之的態度，對於還原事務本來面貌的問題，他以存有論的立場，提出「本真性」（authenticity）與「非本真性」（inauthenticity）的觀點（Moran, 2000: 239-240；蔡錚雲譯，2005：311）。

本真性	非本真性
指那些人們感到最熟悉舒適的當下，在此中，個人會從自身之中，那些深刻而具體的經驗裡，體會到「歸屬感」（togetherness）。人們彼此心裡都或多或少地有著休戚與共的感受，這種感受驅使人們統整彼此的生命、生活、感受和經驗，並希望使它們成為一個整體（wholeness）。	人們大部分都活在「非本真性」的當下，像是從媒體得知他人遭受到死亡或是悲劇性的事故時，人們通常不會將這種遭遇當成是自己的事情，或彷彿自己親身體驗到一樣。

本真性帶來的啟示

啟　示	說　明
存在總是有其限制	Heidegger區分本真性和非本真性的目的，並非是說人終生都要活在本真性中。在大多數的情況下，人們的生活多屬於非本真性的，與他人活在模糊、一般的生活之中，儘量不被與自己無關的事情絆住（蔡錚雲譯，2005：310）。
感受真實的存在	此外，Heidegger亦認為「本真性」傳達出來的「整體性計畫」（project of wholeness），在人們有限的生命中難以達到（蔡錚雲譯，2005：310-311）。這意味著，人若不去追尋，奢談本真性是無益的；而非本真性則時時提醒人們自身的視野始終存在著侷限性。
追求人性化的教育環境	有的學者運用「本真性」，將教師角色描述為一種「同理心的挑戰」（empathetic challenging），這種挑戰要求教師善於接納並隨時自我惕勵、對學習者抱持同理心，並以適切的問題激起學生的參與和挑戰，讓學生能傾聽自己的想法以及那些影響自己的思想。總括來說，「本真性」能用於維繫學習者和教師的尊嚴與教育內容的整體性（Bonnett, 2003: 25-26）。

Unit 10-6
詮釋學與教育哲學

圖解教育哲學

202

　　從 "hermeneutics"（詮釋學）的字源來看，希臘語 "hermeios" 指的是德爾菲神廟的祭司。動詞的 "hermēneuein" 和名詞的 "hermēneia" 等常見詞彙的源頭，都指向古希臘神話中聯繫神與人之間的信使Hermes，祂的職責在於把超出人類理解的東西轉化為人類智力可以把握的形式。Hermes傳遞的訊息並不只是單純地報導，而是解釋神的旨意，並翻譯為人們可以理解的語言（洪漢鼎譯，2005：209）。可以說，詮釋就是把一件事物或情境從未知引入理解的過程。希臘人把那些用於把握意義、並將意義傳達給他人的人類理解工具，即語言和書寫之發明，都歸功於Hermes（潘德榮譯，2012：25）。

　　詮釋學最初是作為理解的方法，後來逐漸發展為理解的哲學（李佳馨、吳虹蓉譯，2008：8）。這段過程與一些思想家有關，例如：Friedrich Schleiermacher（1768-1834）、Dilthey精神科學的詮釋學、Hans-Georg Gadamer（1900-2002）存有論詮釋學、Ricœur反思詮釋學、Clifford Geertz（1923-2006）詮釋人類學。

　　詮釋學最早是一種《聖經》註釋理論。所謂「文本」（text）詮釋，指的是探索作品的意義，如：內文、句讀、主題、譯文、注解、文法、書寫習慣和風格，甚至是作者本身的寫作意圖和當時的社會脈絡，還有作品背後所要傳達的旨趣，以及讀者對作品本身的看法和評價等。隨著詮釋學的發展，「文本」的詮釋也擴大到文學、藝術、音樂、社會、歷史、眞理、文化和文明等一切與人類生命體驗、生活世界、歷史脈絡、精神與經驗活動、互動歷程和模式有關的解釋。

　　詮釋學與分析哲學一樣都關切「語言」的問題，只是詮釋學的目標是「意義的理解」，而分析哲學多集中於「概念分析」。由詮釋學發展出的教育哲學重視人的歷史發展、生命體驗和文化價值，如Eduard Spranger（1882-1963）受到其師Dilthey的影響，也看重心靈健全與歷史文化的價值。其「文化教育學」主張，教育應該傳遞客觀的文化價值給學習者，藉以將他們主觀心靈的內在價值由內至外地引導出來，為文化創造出新意（陳幼慧，2007：24-27）。

　　對教育研究來說，詮釋性研究多會採取參與觀察，長時間深入研究情境，如：教學現場、學校處室、學區環境，以及學生生活中，研究期間會運用結構性或非結構性晤談，詮釋教師的教學規劃與實踐、教師角色在不同情境中的轉換、學校行政的生態、學校與社區的互動關係等。由於詮釋學的發展深受現象學影響，因此，詮釋性研究能微觀地深入至研究對象的生活細節、個人信念與行事風格、集體的信仰與遵守之價值等不易為人所覺察到，但又能放在比較大的思想背景、社會系統、歷史脈絡中解釋（楊深坑，2000c）。

　　除此之外，詮釋性研究也十分重視研究者自身的知識、信念和價值觀，研究者將自身的觀點帶入研究場域中，雖然要避免將自身觀點強加於研究對象，但也不能完全將自身觀點全部拋諸腦後。當研究者長期地參與在研究場域時，他必須時時刻刻提醒自己作為研究者的身分，而不是徹底將自己融於研究場域之中，失去了自己的立場與身分。

一些詮釋學的教育哲學意涵

教育哲學意涵	說　明
教育即為一種陶養（bildung）的歷程	Gadamer（1960 / 1975: 9-10）認為，「陶養」不只與個人天賦和能力的培養有關，也與涵養人們生活的歷史和文化有關，不過它們都還不算是構成陶養最重要的力量。陶養是個體持續不斷地塑造自身（如：普遍的理智、精神或心靈）的過程，它本身並不能當作可欲的目標來追求，只有在教育者的反思中才能探索人是如何獲得陶養的（使學習到的東西內化至自身，使主體能與普遍的理智、精神或心靈統整在一起）（葉彥宏，2014：50）。
詮釋歷程即教育實踐	教育歷程的任何經驗對象都屬一種文本，文本理解活動包含對其真實意涵的解讀，及尋求彼此的相互理解。詮釋學的教育哲學並非是透過理論來指導教育活動，而是在不斷開展的教育實踐中，讓理解的活動持續下去。
教育經驗具有詮釋學的循環結構	在學習場域中的教育工作者和學習者，他們先前的經驗與當下的經驗總是不斷地相互交流與解釋著，諸如：課堂教學、遊戲、閱讀、對話等，它們並非枯燥反覆地教學活動，每個人都能透過這些互動建構出能彼此交流和分享的獨特個人經驗。
教育經驗係受到傳統與歷史的影響	詮釋學的客觀性建立在歷史性上。它強調人的一切思考、行動以及理解事物的方式，都受到自己身處的時代脈絡影響。重要的問題不是與過去歷史中的偏見、陋習和傳統一刀兩斷，而是如何藉由理解傳統，開展出現在與未來的生活價值和意義。
詮釋即透過再體驗歷程培養鄉土認同	Dilthey主張「生命體驗」與「再體驗」（指理解活動）乃是一種詮釋循環，人在理解作品的同時，也會將自身的情感投入作品之中，如此一來，人與人之間便有了休戚與共的關係。這種體驗與再體驗的循環，有助於人們審視自身生存的在地環境和歷史，進而建立起彼此的認同感。
語言與溝通在教育過程中占有重要地位	分析取向的教育哲學也看重教育語言，但是需基於合理性和準確使用的前提。詮釋學的教育哲學看重人與人相互理解的對話歷程，在這樣的過程中，還包括對話雙方追求真理的熱忱和渴望，這些觀點較有益於培養師生關係、意識到人與世界的關係、同理彼此的想法與感受，以及增進提問品質和探索問題的能力。
遊戲、主體性與教育	Gadamer（1960 / 1975: 103）的遊戲理論認為，「遊戲的主體是遊戲本身」，而這樣的主體只有透過遊戲者才能呈現出來。換言之，參與遊戲者都知道自己正在玩，但是當他們受到遊戲本身的內容和規則所吸引，並忘我地投入其中時，他們與遊戲便融為一體，在玩的過程中，他們也不斷地嘗試不同的體驗和玩法。遊戲理論對教育的啟示在於，它強調學習者和教師本身都不是遺世獨立的存在，教育活動的運作在某種程度上仰賴師生的合作、彼此忘我地投入歷險和創造。只有在這種情況下，才能最大程度激發出教育活動吸引人的魅力，並創造出多樣的樂趣和價值。

資料來源：王俊斌與馮朝霖（2003：118-122）。

203

Unit 10-7
詮釋學的類型與其意義

　　R. E. Palmer歸納了自1654年以來，詮釋學的相關定義，讀者可從這些定義了解一些詮釋學的發展類型，以及不同思想家在詮釋學領域的研究成果（潘德榮譯，2012：50-65）：

　　第一，《聖經》註釋理論。1654年，J. C. Dannhauer首次將"hermeneutica"用於自己的書名。以往牧師都是尋求教會的權威來決定《聖經》的詮釋方式，但在Dannhauer之後，新教牧師們意識到《聖經》註釋的重要性，而強烈感受到需要詮釋學的指南。

　　第二，普遍的語文學方法論。隨著理性的高揚，以及十八世紀古典語文學的興起，詮釋學者感到有義務努力克服《聖經》詮釋中那些先於人類判斷的東西，使眞理的理性基礎更加穩固，減少因歷史的偶然帶來的不確定性。

　　第三，所有語言理解之科學。在這一時期，詮釋學從《聖經》註釋、古典語文學的源頭，成爲非單一學科的、研究理解本身的學問。像是Schleiermacher把詮釋學的理解建立在「對話」和「人彼此的相互了解」，加深了詮釋學的基礎，也豐富了建立在詮釋學基礎上的科學體系。詮釋學不僅成爲神學的基礎，而且是一切歷史精神科學的基礎（洪漢鼎譯，2005：214）。

　　第四，精神科學的方法論基礎。此時期的重要人物是Dilthey，他認爲，詮釋學是一門可以專注於理解人類藝術、行爲和作品的學科，可作爲所有精神科學的基礎。Dilthey試圖爲人文主義的方法論開創出一種系統的精神科學途徑，這種以詮釋學爲理解的核心，亦結合了心理學和歷史，試圖爲存在於人類生活中的知識尋求一種合適的理性批判。

　　第五，存有學取向的現象學。Heidegger運用現象學與詮釋學方法分析「此有」的內涵。他的詮釋學並不是文本詮釋的科學或規則，也不是精神科學方法論，而是他對存有本身的現象學描述。他認爲透過對此有之描述，才能進一步了解存有，這也是他「詮釋學現象學」之立場。Gadamer則是在存有學的意義上探究詮釋學，他採取歷史和語言學的徑路，認爲存有本身具有語言性質，人與流傳下來之文本存在著歷史性的交互作用（洪漢鼎譯，2004a：399；陳榮華，2006：29-30）。

　　第六，詮釋學是解釋的系統，包含回憶與破除舊習，人們藉此獲取神話和符號背後的意義。Ricœur在1965年重新將詮釋學的定義聚焦於文本註釋。也就是說，詮釋學是支配特定文本註釋規則的理論，或是人們能感受其存在之文本的符號合集之詮釋。像是精神分析中關於夢的解析，就是一種詮釋學的形式，夢就是充滿象徵意象的文本，精神分析學者使用自身的全方法爲夢提供註釋，是其隱含的意義顯現出來。詮釋學是從明顯的內容和意義出發，解讀潛在或隱含之意義的過程。詮釋的對象即是廣義的文本，可以是夢、神話中的符號，也可以是社會或文學符號。Ricœur指出，詮釋學的任務在於把陌生的文本和經驗變成對於自己來說是熟悉的東西，就像是透過理解他者而獲得自我理解的成長一樣（Ricœur, 1969 / 2004: 16；林宏濤譯，1995：14-15）。

「讀者－文本－作者」三者的關係

　　Schleiermacher認為，人們可以透過文本接近和把握作者的心靈；Gadamer認為，人們只能把握文本，而無接近作者心靈的通道。

　　對Gadamer來說，許多流傳已久的文本，其最初的讀者就是作者本人；然而，作者起初並未賦予文本任何「意指」（signified），直到處於不同時空背景的人們閱讀文本時，它們的意指才透過讀者們的生活及生命經驗產生。

　　也因為人們的閱讀，文本之中的文字有了生命和意義。「有意義的文本」會述說自身的意指。人們閱讀文本是在傾聽文字的聲音，而非作者的心靈（李佳馨、吳虹蓉，2008：14）。

何謂意符、意指

　　結構語言學家Ferdinand de Saussure（1839-1914）認為「符號」（sign）是由兩要件組成：

符　號	
「意符、能指」（signifer）	「意指、所指」（signified）
指的是如聲音、文字、圖像、物體等東西，像是「☆」就是一種特定的意符。	指的是透過意符而指示出來的概念和意義，像是「☆」的意指會有「星星、重點、軍階」等各種人們創造出來的意義。

何謂「精神科學」

　　十八至十九世紀，一些德國觀念論思想家相信，存在著能夠統攝所有事物的觀念，這種觀念來自於人類內在的心靈和精神。例如：Johann Gottfried Herder（1744-1803）與Hegel推崇人的自主和自由等主體性價值，並認為德國人應該創造共同的國家和文化認同，也就是所謂的民族精神（Volksgeist）或心靈。"Geisteswissenschaften"（精神科學）最初是德國人用來翻譯John Stuart Mill（1806-1873）使用過的一個術語"moral sciences"。Dilthey擴充此字的意義，讓它能含括所有處理「歷史－社會之實在」（historico-social reality）的科學，如：心理學、社會學、語言學和歷史學等與人文研究有關的學科。「精神科學」與「自然科學」最顯著的差異在於，後者探究如自然現象和人的感官活動等與外在經驗有關的學問；前者則是關切人的內在經驗與外在經驗是如何相互作用（Dilthey, 1883 / 1988: 77-78; Geisteswissenschaften, 2013）。

Unit 10-8
詮釋學概念：前見、詮釋循環、效應史

在Gadamer看來，詮釋學的任務不是要發展某種理解的步驟程序，並達到如自然科學般客觀理解的普遍性，而是要澄清理解得以發生的條件。換言之，他談的詮釋學不算是方法論，而是存有論。因而在詮釋循環中，理解的循環也不屬於方法論的範疇，而是屬於描述理解之存有論的結構要素（洪漢鼎譯，2005：378-379, 382）。筆者將人們常見的幾種Gadamer詮釋學中的概念，簡要說明如下：

一、前見（Vorurteil, prejudice）

對Gadamer來說，一般人視之為偏見、權威、迷信、神祕的集體意識等東西，其並非全然都是錯誤的判斷，它包含了肯定和否定的價值。啓蒙時期宣揚的理性，將前見看成是需要加以排斥、抗拒的對象，但Gadamer卻從正面的角度認為「前見」說明了人的歷史性存有，它是人與歷史相互交織共同構成的產物，所以，人必須在歷史脈絡中展開理解的活動。就像是詩人與哲人的古老爭論一樣，哲人談論眞理，而詩人卻總是提供預言、富有想像力的美感世界，以及生命中的情感等與眞理無關的東西。這兩者都具有其歷史作用（洪漢鼎譯，2004a：349-357）。

二、詮釋循環（hermeneutical circle）

在Schleiermacher那裡，詮釋循環的架構圍繞在整體與部分之中，也就是先主觀地推知整體，再根據部分來解釋這種經由主觀反思得到的整體。這種循環結構主要沿著文本來回運作，當完全理解文本之後，這種循環就會消失。有別於上述看法，Heidegger認為文本的理解永遠會受到先前的理解所規定。在完滿的理解中，整體和部分的循環不會消除，而是得到眞正的實現。Heidegger提到的循環，將理解活動描述為文本與詮釋者之間內在的相互作用。這種作用並不是主觀的活動；支配人們從文本理解到的東西是詮釋者與文本之間的共同性。這種共同性並非本來就存在著，而是詮釋者與文本的互動所建構出來的產物。沿著Heidegger對循環的理解，Gadamer指出，當人們試圖理解文本時，並不是把自身置入作者內在心理狀態中，而是將自身置入與他人得以形成意見的觀點中。Gadamer強調，詮釋學的任務不在於心靈之間的神祕交流，而是對共同意義的分有（teilhade）（洪漢鼎譯，2004a：377-379）。

三、效應史（history of effect）

Gadamer相信，詮釋學必須從理解本身顯示歷史的實在性。如觀察「理解」本身，都可以發現其中歷史作用的蹤跡，可以說，理解活動本身就是具備歷史效應的事件。可以看到，對於歷史文本的詮釋並不只是單純爲了理解文本本身，人們同時也要注意該文本在自己身處的時空脈絡中產生了何種影響（洪漢鼎譯，2004a：387-388）。

詮釋經驗的客觀性

在構成人們存有的過程中，判斷的作用不會比前見要來得多。前見在人類歷史中是理所當然的存在，它為人類經驗建構了最初的方向，可以說「前見就是人類對世界開放的傾向」，它是人邁向新的、不同的、真實的事物所必須藉助的媒介和指引（Gadamer, 1976: 9）。大致來說，前見的歷史性質並非只展現在靜態的文本內容，還表現在動態的人類理解活動中。

資料來源：Hans-Georg Gadamer（2014）.

儘管前見、詮釋循環和效應史都顯示出，人的理解活動並不是從一無所知的空白開始，但人們需要注意的是，詮釋學也講究客觀性，只是它的客觀性與科學強調的那種不帶任何主觀和先入為主的實驗和驗證並不相同。詮釋學的客觀性建立在歷史性上。這意味著，在語言中顯現出來的，並由文學作品呈現出來的東西，不是心靈反思的產物；另外，語言顯現出來的東西也不會是某種能超越時間和歷史之外的孤立存在，或是能自行產生意義的實體（潘德榮譯，2012：313）。

207

Palmer（1969: 243）指出，人與語言、歷史和世界的關係是人參與（participating）至其中，而不是去利用（using）它們。這種客觀性並非與主觀性對立，而是如現象學強調的那般，讓在時間和歷史之中的語言能如其所是地顯現出來。詮釋學的客觀性反對純粹由個人反思出來的語言，其擁護的是那些從情境生產出來的語言。語言不會只是個人的工具，它應該是彰顯存有的媒介。

Unit 10-9
詮釋學概念：視域、視域交融、對話

除了強調存有論和歷史對詮釋經驗的重要性，Gadamer也很看重「作為詮釋經驗的媒介的語言」。對他來說，語言不應該只是分析的工具或作為一種科學，它是一切理解與詮釋的普遍基礎，人們在語言中思考，而思考也在語言中發生；此外，事物也經由語言才能獲得新的理解（何佳瑞譯，2008：125-126）。讀者可由下述三種概念掌握語言在Gadamer哲學詮釋學中的地位和作用：

一、視域（horizon）

視域是我們活動於其中、並與我們一起活動的東西，如：對身處之情境的認知、自身的觀點與視野、共同生活的傳統等。像是在理解的歷史視域中，我們將自身置入一種處境中，在這之前，我們已具備一種視域。這種將自身置入並不是把一種個性移入一種個性之中，也不是使另一個人受制於我自己的標準；而是意味著向更高的普遍性提升，這種普遍性克服了我們自身與他人的個別性。概言之，「視域」說明了從事理解活動的人，必須要有卓越的廣闊視界。只要不斷地檢驗我們所有的前見，人們就能在不斷形成的過程中把握視域（洪漢鼎譯，2004a：393, 396）。

二、視域交融（fusion of horizons）

從「前見」、「詮釋循環」、「效應史」和「視域」等一系列的術語來看，文本與詮釋者的關係，共同體現於

歷史作用的視域之中，它並非主觀的自我認知、非客觀的唯物史觀、非絕對的知識或真理。來自於不同的種族、文化、性別、語言和教育背景的人們，為了與他人或文本取得相互「理解」，勢必會透過「語言」產生「相互一致的意見」（洪漢鼎譯，2004b：866）。

三、對話（conversation）

由於視域交融必須透過語言和相互理解方能產生，這裡便引導出「對話」在Gadamer詮釋學的重要地位。他認為，對話必須建立在雙方對真理之熱愛的基礎上，每個人在此基礎上都要有廣闊的視界，對彼此保持開放，真心接受對方的意見，並將自身置於他人的觀點中，直到完全理解他人所說的話。Gadamer還藉由Plato《對話錄》裡的Socrates說明，在對話過程中，人們要不斷地檢核是否了解、意見是否達到一致。最後，當人們深刻地投入對話過程時，就會激發對話的「引導」作用，像是引導出共識或是連對話雙方都感到驚訝的結論。這樣的對話不僅有其精神，而真理也會蘊於人們使用的語言中（何佳瑞譯，2008：139）。

綜上所述，語言不只是溝通工具，還是存有學的媒介和探尋真理的路徑。可以說，在Gadamer那裡，語言是對話和交流的場所、使人們對事物之意見得以達成一致的場所、也是將人們團結起來的場所（何佳瑞譯，2008：140）。

與文本對話的方法和經驗

　　詮釋學的對話並不只是針對人與人彼此的對話，還包括人與文本的對話。人與文本處在對等的地位，因此不能站在支配的地位或是以被動屈從的態度處理文本。人與文本的對話體現在以下過程（施盈廷、劉忠博、張時健譯，2011：138-139）：

> 第一，學習傾聽文本完整的內容，耳朵要靈敏地接近文本並傾聽它。

> 第二，學習以自由開放的態度主動地提問，而非被動地等待問題自動浮現。

◆ 和對話一樣，傾聽和提問也是一而再、再而三地反覆持續下去的過程。

◆ 上述過程包含了謹慎地推敲，直到文本發出帶有回應或啟發的聲音，或是直到它不再回答時，再藉由提問，小心和反覆地檢視解答。

◆ 有時候文本發出的聲音太微弱，以至於聽不到答案時，這段傾聽和提問之過程就是人們的收穫。換言之，人與文本對話的「經驗」也是一種收穫，未必每次對話都一定要有最終的答案。

◆ 在人與文本對話的過程中，新的問題會不斷地顯現出來，這意味著對話過程隨時都可以重頭來過。即便它不斷的反覆重來，但對話產生的經驗始終給予人不同程度的收穫和獎勵。

Unit 10-10
Geertz 的詮釋人類學（一）

文化人類學者Geertz主張「文化」本身是一種符號學（semiotic），此為Max Weber（1864-1920）的看法，也就是認為，「人生活在自己所編織出來的意義網絡中。」因此，文化的分析不是尋求規律的實驗科學，而是探求意義的詮釋學（Geertz, 1973: 5；于曉譯，2008: 5）。

詮釋學取向的人類學研究方法，如：民族誌（ethnography），並不會事先採取一種可以掌握住的概念或結構去區分現象，而是透過詮釋的歷程，從現象中汲取可用來概念化的養分。因而研究工作主要在嘗試「把社會現象安置於在地人的認知架構中以尋求解釋」，而非「試圖通過將社會現象編織到巨大的因果構造中來尋求解釋」（Geertz, 1983: 6；楊德睿譯，2002：15）。易言之，就是透過在地人的眼光解釋他們的生活意義。

詮釋學取向的民族誌，研究者的描述會有幾項特點（Geertz, 1973: 20-21；于曉譯，2008: 23）：

1.它是詮釋性的，且其詮釋的是社會論述（social discourse）之流動。研究者會在一種看起來微小、樸素又平凡的脈絡中，採取親和的研究方式，探索生活在其中的人們是如何面對各種巨大的實在，如：權力、變革、信仰、壓迫、勞動、熱情、權威、優美、暴力、愛、聲望等。

2.它將那些「說過的話」（said），從即將逝去的處境中解救出來，並透過可供閱讀的術語將它們安置起來。

3.它是微觀的（microscopic），研究者要將微觀分析出來的結果擴大到更大的理論和情境中，使人們更能感覺到那些理論和情境的實在性。

研究者的工作在於擴大人類論述的範圍，致力於系統性地理解社會、教育、政治和文化等層面。另外，Geertz認為我們若要在不同現象中尋找系統的關係，就需要整合其他領域的概念，在實踐上需要注意兩件事情：

第一，不要把文化看成是一個具體的行為模式，也就是習俗、慣例、傳統、習慣的複合體，應該要看成是一個總管行為的控制機制，即計畫、處方、規則、指令等程序。文化是活著的有機體，不應該將它看成是許多靜態事物的堆積或結合。第二，人類是相當依賴社會的控制機制和文化程序來控制自己行為的動物。

這兩件事情提醒從事研究工作者，需要注意到具有整體性的情境脈絡、系統性的運作歷程、有機的互動過程、各種關係的連結、潛在因素的作用等各種東西的相互連結。綜言之，它們提醒研究者不要以零碎的、孤立的角度從事詮釋性的研究（Geertz, 1973: 14, 44；于曉譯，2008: 15；韓莉譯，2008: 48-49）。

詮釋學的想像功能

　　無論是之前的現象學或是這裡的詮釋學，都很仰賴想像的作用。所以，Geertz就提醒人們別侷限於某種零碎的、獨立的角度來研究，這樣不僅無法理解微觀分析的真正涵義，同時也會偏離了詮釋學方法所要達成的想像和創造之功能。這種想像和創造的功能，可藉下圖對「視域交融」的描述理解：

過去的或特定的時空
某個研究場域和
某些研究對象

現在的時空
研究者自身的研究目標
詮釋者的觀點

視域交融
▲包含現在人們之概念
　的過去
▲包含研究者自身觀點
　的研究場域和對象

想像的活動

　　對詮釋學來說，想像並不是毫無來由的空想或是幻想，它也不是一種模糊得無法說清楚的能力。詮釋學本身是帶有科學性質的，因此，詮釋學的想像也要求人們保持開放的視野、掌握人文科學的研究方法、並型塑出好的問題等。讀者可再一次參閱Paul Ricoeur（1913-2005）的看法。

　　詮釋學的任務在於讓陌生的文本和經驗成為對自己來說是熟悉的東西，就像是透過理解他者而獲得自我理解的成長一樣（Ricoeur, 1969 / 2004: 16；林宏濤譯，1995: 14-15）。

　　Ricoeur的反思詮釋學，除了要解讀表象所隱含的意義外，還要透過反思的詮釋來將散布在生活中的各種詮釋人類的記號統攝起來（Ricoeur, 1969 / 2004: 12, 326；林宏濤譯，1995: 11, 370）。

資料來源：Paul Ricœur（2014）.

Unit 10-11
Geertz 的詮釋人類學（二）

Geertz把詮釋學看成是人們「應該如何建構一種構成社會想像的敘述」（Geertz, 1983: 5；楊德睿譯，2002：14）。詮釋即是透過反覆地闡述，凸顯某些系統的存在。在這層意義上，研究目標和研究者的角色就有必要進一步闡明。

一、微觀詮釋的目標

從事微觀的觀察或描述時，研究者若以爲自己能見微知著，顯然是不切實際的想法。因爲對社會或教育現象的研究而言，即使採取科學的、實驗室的、邏輯的、客觀中立的方式，這種類型的研究也很難充分解釋生活世界的現象。

微觀詮釋的主要目的並不全然是要從小處開始推論，也不見得總是要從小處解釋到大處，而是要針對某種特殊的現象進行一連串考察、理解和詮釋，其研究成果要給予人鮮明的形象，讓人可以感覺、體會到某種特殊社會現象的內涵，藉以更深刻地理解一些如現代化、正當性、衝突、結構等巨大的概念，並以此進行創造和想像的思考（Geertz, 1973: 23）。詮釋學在此就像是一種希望的表達（Rorty, 1979: 315；李幼蒸譯，1994：299-300）。

如要使詮釋的方法發揮其創造和想像的功能，詮釋實踐便不能馬虎。在民族誌研究中，諸如建立關係、繪製田野地圖和筆記等，這些必須經歷的研究過程和使用之技術，都屬於實踐「厚描述」（thick description）的一種努力。厚描述乃是研究者在蒐集到各種田野資料後，針對大量且龐雜的各種內容進行

概念化的過程。研究者努力把握各種資料的過程，即是厚描述的要旨，它使研究者更爲貼近研究對象（Geertz, 1973: 6, 10, 30；于曉譯，2008：6, 11, 34）。

二、研究者的角色與描述方式

研究者的角色及其描述，在詮釋性的研究過程中到底該怎樣做，才不至於使在研究場域中的自己產生身分的混淆，或是過度詮釋研究對象的經驗。易言之，研究者的首要之務便是不斷告誡自己，在研究場域中，自己作爲一位研究者應該要做的事情是什麼。

Geertz曾就描述研究對象的過程，區分「近觀經驗」（experience-near）和「遠觀經驗」（experience-distant），他想藉由這兩個概念提醒研究者在從事研究的過程中，並不需要和研究對象達到如近觀經驗般的融爲一體的程度（Geertz, 1983: 58；楊德睿譯，2002：87）。

如果研究者使自己與陌生的研究對象產生相融會的經驗，這種粗淺的感受是很有問題的。因爲人們運用近觀經驗是自發的、不自覺的，又由於它是日常的詞彙，所以使用者並不容易察覺其中涉及何種「概念」的意義。是故，遠觀經驗就在於提醒研究者要掘取研究對象所傳達出來的概念，也就是社會事實發生的原因或源頭，而不是與研究對象產生心靈的契合。也就是這種研究者「了解自己該做什麼」的清楚態度，才能眞正「以在地人的眼光來觀察」（Geertz, 1983: 58；楊德睿譯，2002：87）。

厚描述的運用

在實際研究的過程中，研究者（或記錄者）通常會選擇性地從一些特定時段，極為詳細地將研究場域中的細節捕捉下來。

組成厚描述的項目	舉　例
言語、身體動作與姿勢	盡可能詳細地描述研究場域中，每位研究對象的互動面貌。
使用低度推論（low-inference）的詞彙	作規範或主觀推論時，建議使用如：好像是……、似乎是等用語。
記錄時間應該要頻繁	在一段時間中的複雜互動，如果沒有將時間清楚記錄下來，研究者事後將不容易拿捏時間長短。
偶爾使用括弧及觀察者評註（observer comment）	在詳細地記錄場域中的互動過程時，記錄者會插入自己的推論或評論，通常這種內容會用括弧區隔出來。
脈絡資訊（context information）	在厚描述開始前，要先記錄一些脈絡資訊，像是：紀錄者何時到達研究場域、為何研究場域中只有某幾位研究對象，還有紀錄者對研究對象的一些想法等。
逐字稿	將受觀察者的話逐字呈現，通常會以斜體字呈現。
將蒐集到的資料鍵入文書處理	此舉可以隨時增加新的評論，複製一段觀察到的內容作為研究報告撰寫的實例，將資料編碼等。
繪製場地簡圖	繪製圖表可以幫助研究者清楚空間配置，和人在其中的互動情況。

資料來源：鄭同僚審定（2004：69-70）。

研究者的態度

「近觀經驗」和「遠觀經驗」這兩個概念，源自於心理分析學者Heinz Kohut（1913-1981），Geertz將它們作成如下解釋：

態　度	說　明
近觀經驗	指的是主體彼此的直接感知，主體自然地、不經意地用自己及其同儕所見、所感、所思、所想像的方式來規範事物；同時，主體以相同的形式去理解和感知同儕對這些事物的界定。
遠觀經驗	指不同領域的專家為了科學的、哲學的、或出於實踐性目的而應用前述的規範方式。若粗略概括兩者的關係，我們會說，囿於近觀經驗會使人類學研究者淹沒在眼前的瑣細現象中，且同樣易於使他們受困於俗務而忽略實質；但侷限於遠觀經驗的這類學者，也易流於其術語的抽象和艱澀而使人不得要領。

資料來源：Geertz（1983: 57；楊德睿譯，2002：85-86）。

Unit 10-12
存在主義與教育哲學

214

　　存在主義的代表學者有：Søren Aabye Kierkegaard（1813-1855）、Friedrich Wilhelm Nietzsche（1844-1900）、Martin Buber（1878-1965）、Karl Theodor Jaspers（1883-1969）、Gabriel Marcel（1889-1973）、Albert Camus（1913-1960）、Jean-Paul Sartre（1905-1980）、Greene。存在主義者認為，「存有」與「活著」（living）的人脫離不了關係，他們在一種拆解傳統形而上學的意義上，將存有的意義全部放在主體本身（Nietzsche, 1968: 582）。

　　Nietzsche（1968: 490）曾對主體有如下假設：第一，主體具有多樣性，不同主體之間的互動和爭鬥構成我們思維和意識的全部基礎。第二，主體是短暫易逝的，亦即「靈魂終有一死」。另一位存在主義代表人物Sartre（1956 / 2005）曾宣稱，任何真理和行動都包含了環境和人的主體性。這種建立在人與其生存環境之互動的存在主義，Nietzsche是以「觀點主義」（perspectivism）此概念表現出來，他認為，人們對事物的價值和信念會受到自身的視野和處境影響，產生不同的解釋（Lacewing, 2014）。

　　後來的Sartre（1956 / 2005）將存在主義分為兩派，一派是基督教神學路線，如：Karl Jaspers（1883-1969）、Gabriel Marcel（1889-1973）；另一派是無神論者的路線，包含Sartre在內的法國存在主義者都屬於此。這兩派存在主義的共通點是相信「存在先於本質」（existence comes before essence），也就是一切哲學討論都必須從「主體性」（subjective）開始。這種從主體出發的

哲學，有別與過去以「自然」出發的哲學，存在主義認為主體不僅是能思考的主體，同時也是行動者、情感中心。凡是與存在有關的領域都是存在主義的課題，這種觀點反對那些在先驗的層次上賦予人性某種本質、本性的學說（邱兆偉，2000：125-126）。

　　因此，存在主義的教育哲學重點在於凸顯出自我的重要性，並且積極看待人的非理性面貌。代表人物之一的Nietzsche（1968: 490）曾說過：「愉悅是痛苦的一種。」在存在主義的思想中，生活中的悲歡離合都包含在人生之中，除了強調這些共同構成個人存在的因素外，如何正視人類處境的非理性和生命的痛苦、死亡、荒謬與悲劇等面向，批判因消極的虛無主義產生的社會問題，並用以維護個人自由，引導學習者決定自己的命運，乃是存在主義教育哲學的主要課題（劉育忠譯，2007：299）。

　　人們或許會感到存在主義使用的術語太過抽象，導致不容易用於教育實踐。事實上，當人們始終抱持著反思，以及對世界的好奇和懷疑，那麼存在主義就能提供另一種途徑來幫助人們思考教育哲學中的知行關係。存在主義之父Kierkegaard就很看重以下兩項問題：「發表對某項論題看法的人，他與論題的關聯是如何發生的？」而「那些接受某種論題之看法的人，與發表者又有什麼樣的關聯？」（陸興華譯，2005：135-140）大致來說，Kierkegaard注意到，主觀性的作用始終存在於人的懷疑和探索行動中，存在主義教育哲學的重點就在於探究這種主觀性的來龍去脈和作用方式。

存在主義的教育哲學主張

層　面	主　張
目的層面	● 教育側重個人為創造觀念的參與者。 ● 教育焦點在於個人的生存處境，具有全人教育的理念。 ● 鼓勵學生探索自身處境，以真正了解自我。 ● 教育應該探索生命中的非理性面貌，如：焦慮、痛苦和衝突。 ● 引導學生養成介入生活的責任感。 ● 重視教育的可能性。
方法論層面	● 反對以灌輸和考試為主的教育、批判傳統的講授法，不滿所有學生都接受同樣的教育，對行為主義主張的控制亦不認同。 ● 了解學習者的能力、身處的情境，引導他們選擇適合的教育，並且培養他們勇於面對痛苦和挑戰的責任感。當他們面對困頓時，能為其充實支持性的力量。

資料來源：邱兆偉（2000：145-160）。

課程與教學的主張

主　張	說　明
考慮學習者的自我和心理層面	存在主義的起點是對人類生命意義的思索。Van Cleve Morris認為，教師安排的學習情境需要考慮到自我的心理層面，包含三種對主體性的覺知（awareness），即「我是能選擇的行動者（choosing agent）」、「我是自由的行動者（free agent）」、「我是負有責任的行動者（responsible agent）」（張光甫，2003：315；黃昌誠譯，1995：195-196）。
注重自我的選擇	學校課程是實現主體性的工具。存在主義強調學習者對課程的「選擇」，一種將學習的權力和內容納為己有的過程；而非傳統教育重視的「精通或精熟」，也不是實驗主義注重的「經驗或經歷」（黃昌誠譯，1995：176, 178）。
師生合作的教學模式	存在主義者推崇以Socrates為典範的教學活動。Socrates在街頭、市集和集會場所與雅典人對話和詰問的生活，乃是建立在關係對等的教育活動上。上述教育活動旨在共同探究未知的知識或真理，這種師生共同探究與謙虛的態度，對存在主義者而言，不應該只是侷限在探究的層次，還應將其催化為教育理論和教學活動，因為這種對話、詰問或探究過程除了是追求真理和知識的擴充與增長外，其初衷亦充滿著使彼此獲得愛與成長的渴望，它是真正可以達到教學相長的過程（方永泉，1993；黃昌誠譯，1995：196-198）。

Unit **10-13**
存在主義的重要觀點（一）：對抗虛無

存在主義所關心的主要課題之一是「虛無主義」（nihilism）。Nietzsche（1968：17）在《力量意志》（The Will to Power, 1901）中曾區分以下兩種虛無主義：

第一，「消極」的虛無主義是指精神力量的衰退和沒落。例如：科學（尤其是天文學）的發展，導致基督教世界觀和價值觀的崩潰。此外，當人們開始注意到經驗、身體、知覺感受對於認識和價值的重要性時，Plato以來觀念論的形而上學傳統也受到極大的挑戰（劉昌元，2004：85-86）。

Nietzsche認為，無論是Plato觀念論或是基督教信仰，都只是眾多對世界的一種「解釋」。當人們將它們看成是唯一解釋時，一旦遭遇到這些信念或信仰崩潰，便會產生存在感受到剝奪的感受（劉昌元，2004：87）。

第二，「積極」的虛無主義是指精神力量的提升。Nietzsche（1968：9）認為的虛無主義是「最高價值的自行貶值」，在其中，並沒有「目的」，也找不到「為何會缺乏目的」的答案。在西方文明中，上帝原是知識、道德和藝術的基礎，甚至代表著整個西方的世界觀，Nietzsche（1961 / 2006：6）在《查拉圖斯特拉如是說》（Thus Spake Zarathustra: A book for all and none, 1883）中藉「上帝已死」的隱喻，強調現在的上帝已不再具有這種形而上的地位，這也意味著，形而上的真實和絕對真理也都為Nietzsche虛無化了（劉昌元，2004：81）。

Nietzsche克服消極虛無主義的方式，主要仍來自於他積極的虛無主義。他的「觀點主義」（perspectivism）認為，實證主義（positivism）所發現的事實都只是一種詮釋，甚至連詮釋者本身也都是一種人為造作出來的產物或假設。因果關係中的必然性也只是一種詮釋。在「上帝已死」前提下，傳統形而上學的「本質」已不再能從內部（心靈實體）或是外部（心理狀態）左右人性，真理也不再是某種可以去找或是發現得到的終極之物，它只是人們為了克服存在的焦慮和無意義感而製造出來的東西（馮朝霖，2003：172-174）。

Arthur Schopenhauer（1788-1860）的悲觀主義（pessimism）否定了理型與上帝，否定了終極意義和價值，他認為人生像鐘擺一樣總是在痛苦與煩悶之間擺盪，人之所以常受到各種欲求所苦，乃是受到盲目的生存意志影響所致（劉昌元，2004：78-79）。Nietzsche與Schopenhauer相似的地方在於，他認為負面的情感、非理性、死亡和痛苦本來就是人生長必經的環節，真理、道德、信仰的氾濫只會讓人的生命力量變得頹廢、消極、否定當下和渴望來世（劉昌元，2004：86）。

Nietzsche對道德、宗教和真理的批判並非全盤否定它們的價值，他認為，這些東西的價值是由人主動創造出來的，這種力量來自於「主動且健康的力量意志」。Nietzsche從Schopenhauer那裡了解人生來就具有各種欲求，這些基本的驅力使人能夠忍受痛苦和跨越障礙，在力量充分施展之後而得到愉悅和狂喜（劉昌元，2004：132-134）。

存在先於本質

Sartre（1956/2005）沿著Nietzsche「上帝已死」的看法，在〈存在主義是一種人文主義〉（Existentialism is a Humanism, 1946）中提出「存在先於本質」（existence precedes essence）的觀點。Sartre認為，人在被給予任何定位和界定之前，就已先存在；因此他主張，人應該透過自由意志為自己選擇，並採取塑造、創造和界定自己的行動。

如果上帝不存在，那至少有一種存有，其存在先於本質，在運用任何概念界定這種存有之前，它就已經存在著。這種存有就是Heidegger所謂真實存在的人。

假如存在主義者認為人無法予以界定，那是因為人最初是一無所有的存在。

我們所謂存在先於本質，究竟是什麼意思？人首先就是存在著，與自身邂逅，並活動於這個世界——之後才界定他自身。

人赤裸裸地存在著（Man simply is）。當他從存在之中意識到自身，當他願意大步邁向存在之後，他就能為自身設想，並且從心所欲（he is what he wills）。

人要在之後透過自我塑造的過程，才會成為他自己。所以不存在人類的本質，且因為不存在上帝，也無法賦予人類這種本質。

資料來源：Jean-Paul Sartre (2014).

Unit 10-14
存在主義的重要觀點（二）：
力量意志與精神三變

對Nietzsche（1968: 254, 856, 656, 776, 1067）來說，生命就是「力量意志」（權力意志、強力意志）（Der Wille zur Macht, the will to power）。世界也是處在不斷變化且其中的力量也是相互平衡、互有消長地循環流動著。生命的力量意志會表現在奮力追求自由、權利、正義與愛的行動中，也會表現在抗拒一切事實、知識、真理和以重估價值（revaluation）為己任的人身上。

與虛無主義一樣，也存在著健康和病態的力量意志，前者的極致表現就是「超人」（Übermensch, overman, superhuman），也就是不斷超越自己的人；「末人」（der letzte Mensch, the last man）則是相對於超人的概念，指的是沉湎於現狀，受到無意義感、真理和理性所支配的人（劉昌元，2004：136；Nietzsche, 1961 / 2006: 7-10）。

過去的物理學家創造了機械論的世界觀，試圖為上帝的創造力量以及這個世界自行運作的力量尋求合理的解釋。Nietzsche（1968: 619）則是將上述力量，包含各種運動、表象和法則都視為內部事件，而人就是這種內部事件本身，亦即人就是這些力量的來源，也是運用這些力量的有機體、行動者。因此，Nietzsche（1968: 659）特別強調「身體」要比靈魂或精神有著令人詫異的力量，他認為，身體的信念始終都要強過於精神。這是因為身體提供了豐富的現象，人們可以仔細觀察，並藉以肯定對身體的信念（Nietzsche, 1968: 532）。

Nietzsche除了將身體帶入精神或靈魂的思考，他還從生活世界思考人類精神的變化。他透過「精神三變」（three metamorphoses of the spirit）的比喻，說明人類精神存在著駱駝（camel）、獅子（lion）到孩童（child）的變形，整理如下（Nietzsche, 1961 / 2006: 16-17）：

首先，駱駝是承載者，包含勇敢、崇敬且義務地承載傳統和權威的重擔，孤獨地向沙漠邁進；為求知識與真理，甘願屈居下流，忍人所不能忍的污濁、痛苦和譏訕。

其次，獅子是駱駝在沙漠中變形的，牠想要捕獲自由，使自己成為這片沙漠的主人。精神在此致力於獲得之自由，使其具有創造新價值的力量，以及抗拒原先承載的一切真理與信仰之權威的力量。可以說，獅子代表的是從之前承載之權威的暴虐中，掠奪曾經犧牲掉的愛與自由，從這樣的破壞性中，一切既定的價值，將再次從個別精神的手上獲得新生。

最後，為何幾乎無所不能的獅子要變成孩童？當獅子的破壞性創新獲得肯定，精神於是獲得了意志，並贏得了自身的世界。獅子變化成的孩童，代表的是「純真」（innocence）、「遺忘」（forgetting），一種新的開始、遊戲、自行轉動的輪子、初始的活動、神聖的肯定，這些都意味著精神從原先駱駝所承載的傳統與權威獲得解放的自由，之後又藉由獅子的掠奪與破壞，昇華為充滿可能與希望的新開始。

Nietzsche筆下的超人與末人

Nietzsche在《查拉圖斯特拉如是說》中對超人和末人的描述大致如下：

超人	這種人不以自身發展為終極目的、能認清德行對人性的箝制、不迷信宗教、蔑視那些止步不前的人；他羞於僥倖成功；他毫不保留地奉獻自己全部的精神；他實際作為總是遠超過一開始的承諾；他總是毫不保留地付出，不求任何回報；他能預見未來、把握歷史教訓，並不計一切代價地與現代戰鬥；他所追求的是人類不斷超越自己而趨向完美的階段；他雖然致力於自身靈魂的充盈以及全知全能，但他很清楚自己在歷史中只是一位趨向沒落消亡的過渡者。
末人	這種人傾向維持現狀的穩定、主張齊頭式平等、只願意活在自己的世界、趨樂避苦、好逸惡勞、喜歡做夢又不愛行動、缺乏欲求與夢想、缺乏愛人的能力、以為目前擁有的小確幸就是真正的幸福。末人對超人始終懷恨在心，即便前者對後者展現笑容，卻掩蓋不住笑容之下的冰冷。

資料來源：Nietzsche (1961 / 2006: 7-11).

精神三變的教育意涵

Nietzsche精神三變與教育的連結，可參閱下表整理。讀者亦可參閱馮朝霖教授（2006：5）的闡釋。

精神三變	象徵的意涵	教育立場	文化立場	生活世界
駱駝	承擔與德行	1.形式訓練 2.刻苦努力 3.博雅教育	傳承與延續	被動地接受這一片艱辛難行的荒漠
獅子	自由與創新	1.意識覺醒 2.自我增能 3.爭取自由	批判與創造	試圖以力量取得這片荒漠的主宰權
孩童	純真與遺忘	1.回到自然態度，用全新的觀點看待世界 2.重新型塑自我與世界的關係 3.無止盡地作動著蓬勃的生命能量	本真與希望	比起占有這片荒漠，不如讓它重新回到自然狀態，或是動身尋找自己的新天地。這些都聽憑力量意志的作動

資料來源：Nietzsche (1961 / 2006: 16-17).

Unit 10-15

存在主義的重要觀點（三）：
Buber 的「我與你」

Buber是德國宗教存在主義哲學家，他本身是一位猶太人。在Adolf Hitler（1889-1945）上臺之後，Buber便將全部心力放在反納粹和振興德國猶太人精神力量的工作。1938年，他移居巴勒斯坦，在希伯來大學宗教社會學系任教，1965年逝世於耶路撒冷。Buber一生的主要活動多集中於宗教哲學、《聖經》之翻譯與相關論著、猶太教之哈西德派（Hasidic Judaism）的研究及猶太復國運動（陳維綱譯，1986：3-4）。

Buber的《我與你》（I and Thou），是描述個體如何連結外在世界並建構認同的哲學。該書共分三卷，第一卷揭示了人們習慣在世界持有的雙重態度，即「你」之世界與「它」之世界的對立；以及「我與你」之人生與「我與它」（I-It）之人生的對立。第二卷談的是「我與你」、「我與它」，在人類歷史及文化中的呈現。最後一卷則是將「我與你」的關係不斷延伸至人與上帝的關係，即「永恆的你」（陳維綱譯，1986：6,17,97）。

「我與它」是純粹地將人與事物、人與人的關係，看成外在於自我的附加之物，他們建立在對自我是否有利、有用、以及能否為自我所操控的關係上。Buber（1923 / 1937: 6）主張，人必須創造出「我與你」的關係世界，這種世界包含人們與自然、與人們、與理智形式（intelligible forms）的生命關係。Buber（1923 / 1937: 8）曾藉由人與樹的關係，強調「關係是相互的」（relation is mutual）。他提到，對自我來說，樹是自我之外真實的存在，它與自我休戚相關。樹不可能只是自我的「印象」，也不應該只是在自我想像中馳騁的存在，更不是依附在自我心境中毫無價值的東西。

Buber（1923 / 1937: 11）說過：「所有真實的生活都是邂逅。」（all real living is meeting）「我與你」的關係是直接而整體地投入於存有的實踐，自我必須認識到每個人都擁有強烈且個人化的意義世界（劉育忠譯，2007：278）。在實踐的過程中，無論是自我認同或自我實現，都必須徹底把握住「你」和「我」不可分離且相互影響的關係（Buber, 1923 / 1937: 15-16）。此中，合適的師生關係存在於具有同理心的雙向敏感知覺中，它是伴隨著知識、感覺與渴望分享之「我與你」的關係，參與其中的人們都同時扮演著教師和學習者的對等關係，並透過個人化的方式彼此分享（劉育忠譯，2007：279）。

有學者將「我與你」不斷延伸的關係描述為一道光譜，一端是人性，另一端是神性。人性和神性是相連接的，透過人與人之間的交流，個人生命可以經驗到更具靈性的互為主體性。雖然難以證明神與人性相互的存在，但人對神以及對於彼此關係的信仰，見證了人能夠獻身於更高的目的（劉育忠譯，2007：279）。

「關係」的哲學

「它」的世界

「我與它」的生活世界是由兩項能力構成：「體驗、經驗」（experiencing）持續地重構這個世界；而「利用、運用」（using）則是把世界引導至多樣的生活目標中，如：養育、賑濟和供應。當人們在經驗和運用的能力愈來愈獲得增長時（也就是愈來愈專業時），且有愈來愈多人獲得這兩種能力時，Buber認為，他們與世界的關係就只是透過間接的手段達成，只是以「獲取各種類型的知識」來把握世界。人們對精神生活犯下的錯誤就在於此（Buber, 1923 / 1937: 38）。

資料來源：
Martin Buber
(2014).

「你」的世界

精神生活體現在人們對於「你」的回應。Buber想強調的是，精神始終都是存有獨一無二的性質，精神就在「我與你」的關係中，透過各種形式的語言，如：藝術、行動等，回應人的存有。Buber的「你」，蘊含神祕色彩，他指出，「你」神祕地顯現並且呼喚人們，精神接受了「你」神祕地呼喚而有所回應。Buber以為，當人生存於精神之中，他必定能夠回應內在於自身的「你」；而當這種回應發生時，他必定能投入至整個存有的關係中（Buber, 1923 / 1937: 39）。

221

教育層面的啟示

當「我與你」的關係不斷地向上發展，就會成為「精神與上帝」的關係，這除了與Buber對哈西德派的研究有關，也顯示「我與你」的關係需要連結至人的內在精神、存有整體和無所不在的上帝。在這種關係哲學中，Buber主張教育活動必須超越「它」的世界，追求「你」的世界。教學並非只是傳遞經驗和塑造正確的行為，而是要教導人如何轉變為「你」，隨時準備好為他人開放「你」的世界，還要持續不斷地接觸和親近他人（Buber, 1923 / 1937: 42）。

Unit 10-16

存在主義的重要觀點（四）：
教師即陌生人

Greene於1973年以現象學和存在主義的觀點提出「教師即陌生人」（teacher as stranger）的隱喻，此隱喻為現象學社會學者Schütz（1976: 97-99）提出，主要用以思索社會研究者在研究場域中的角色。Green觀察到當時科技昌明，卻未能帶給人類和平以及提升人性價值，且當各種社會變革和挑戰紛至沓來時，許多教師仍只是消極地順從體制的規範，未意識到自身的視野和潛能受到侷限，進而亦忽略了學習者自身的選擇、創造和實現的可能性。於是，Greene結合了存在主義以及她對社會問題的思考，將「陌生人」的隱喻用於思索教師自身存在際遇，並希望教師能藉由哲學思想澄清和提升自身意識（施宜煌、賴郁璿，2010：119）。

Greene在《釋放想像力》（Releasing the Imagination, 1995）中鼓勵人們「宏觀世界」（see the world big），也就是從當事人的觀點，以富含謙卑和同理心的態度，珍視每個人的主體性，並拒絕以化約的方式看待生活世界。教師必須意識到日常生活、不同場景的人生劇碼對學習者人生的影響，並擁有足夠的想像力在異質的社會生活、眾聲喧嘩的複雜教育脈絡下，讓想像力時時刻刻作用於親身經歷的過程、反思與實踐的活動，更清楚知覺自己置身何處，以及該採取何種抉擇與行動（林逢祺等，2010：161）。上述作為都需要教師不斷地審視自我，才能因應教育及社會環境的各種潛在的和顯著的問題。

Green為自我審視的途徑提出三點建議（林逢祺等，2010：163-164）：

第一，抗拒是意識覺醒的開始。任何論述模式一定都會產生抗拒，當人們在思考基本教義或保守觀點而產生抗拒時，便會產生新的教學，同時也會產生渴求解答的困惑與質疑。

第二，建立質疑世界的新能力。教師要正視不公不義的事情，同時也要公正地傳遞知識，不能貶低弱勢者（如：窮困者、移民）的經驗。在意識覺醒之後，教師需要與身處之社會結構對話，這便需要一種新的批判和質疑能力。

第三，理解人類處境之荒謬後採取行動。存在主義強調人們必須正視個體存在的事實，以及因為存在產生之「根本焦慮」（fundamental anxiety）（Schütz, 1990: 228）、無力、無意義等感受。存在主義並不鼓勵人逃避或是尋求宗教慰藉，而是希望個體正視荒謬的處境並有計畫地採取行動。

Schütz（1990: 228）所謂的「根本焦慮」是指人的自然態度，也就是每個人都相信自己會死，且亦害怕死亡的基本經驗。Schütz（1990: 229）主張，如要克服這種自然態度，就不能被動地接受這個世界呈現給人們的模樣，而是要「置入懷疑地括弧」，去質疑這個世界既有的面貌。Green「教師即陌生人」的隱喻，強調自我審視的重要性也在於此。當然，人們還可以追溯到Socrates在〈申辯篇〉中說的：「未經省察的生活是不值得過的。」

兩種現象學社會學研究的隱喻

Schütz使用過「陌生人」和「歸家者」（homecomer）兩種隱喻，探討現象學取向的社會學研究。Green自己的解讀除了近似以上兩種隱喻的複合體，也加入存在主義的觀點。可參考下表整理，以及施宜煌和賴郁璿（2010：111）的研究。

隱喻	說明
陌生人	● 個人投入至一個從來不屬於他的團體中，他會意識到自己身處在一個不熟悉的世界，且這個世界除了與他原來身處之世界不同，它也是難以駕馭、陷阱重重的。
歸家者	● 個人一直期盼回到那個已經離開很久、但過去卻相當熟悉的環境，只要理所當然地這樣認為，他就會在此環境找到自己的位置。 ● 「陌生人」在不熟悉的團體和環境裡，如要發現或探索一些東西，他或多或少要做一些徒勞的、無意義的事前預期；然而，「歸家者」只要重新檢索記憶，就能喚起過去的感受。 ● 「歸家者」包含了意向性、生活世界和互為主體性等現象學課題。對歸家者來說，他所回歸的地方往往已產生他所不知道的變化；換言之，他回去的就不再是那個令他日思夜想的地方。另外，歸家者也了解現在的他與過去不再是同一人；對那些等待歸家者回來的人來說，也是如此。 ● 上述情況顯示，歸家者總要面對一些哲學課題，這些課題都與經驗的變化有關。現象學的社會學研究正是以經驗為基礎展開研究。一位研究者剛進入研究場域的經驗，隨著剛開始對一切感到不習慣、或是令研究對象感到陌生、到與研究對象建立關係和熟悉整個環境，研究者的經驗和反思總是在變化和作用著。

資料來源：Schütz（1976: 106-107；霍桂桓譯，2011: 118-119, 115-116）。

「教師即陌生人」的教育啟示

施宜煌和賴郁璿（2010：111）對「教師即陌生人」的研究有如下啟示：

議題	啟示
人的存在	● 教師需重新審視自己的角色及境遇。 ● 教師應關注學生是獨特的生命個體。
知識論、教與學	● 教師應透過哲思建立自我的教學立論。 ● 教師需像「返鄉遊子」（歸家者的一種形式）重新體悟教學。 ● 教師可透過文學與藝術開啟學生嶄新的生命視野。
價值與道德	● 教師應運用各種哲學思想抉擇教學活動的價值規準。 ● 教師應使師生雙方皆能提升自我意識。

資料來源：施宜煌和賴郁璿（2010：129-140）。

Unit 10-17
存在主義取向的諮商與心理治療風格

存在主義治療並不是一種治療或諮商學派，也沒有特定的技術，它是諮商者從事治療工作的一種哲學取向。主要人物Viktor Frankl（1905-1997）認為，人有著任何外力都無法剝奪的自由；另一位Rollo May（1909-1994）主張探索生命的意義，人遭遇的問題往往與他自身的存在有關。這種哲學取向不同於精神分析學派對人性抱持著決定論的觀點，並認為人的自由受限於過去的經驗、潛意識和非理性的驅力所圍；也不同於行為主義學派認為人性易受社會和文化的限制。大致上，存在主義主張人有選擇的自由和責任，且並非處處受限於環境（鄭玄藏等譯，2002：164-166）。

存在主義的諮商目標在於，協助當事人審視自己的生活，選擇最適合自己的道路，諮商的過程在鼓勵當事人探索自己的選擇機會，創造生命的意義（鄭玄藏等譯，2002：166）。此種取向的治療適用於正處於發展危機的人，即正處在「卡住不能動彈」（stuckness）的掙扎歷程，引導當事人了解自身擁有的自由選擇權利和責任，為自己的行動和決定許諾，擴展當下的自我覺察（鄭玄藏等譯，2002：180）。

存在主義治療接受Buber「我與你」的哲學觀點，諮商者會希望能探索當事人的生命，不只是處理在諮商各階段中隨機冒出的問題。因此，諮商關係會建立在治療者的當下存在（presence）中，也就是讓諮商者成為當事人的人生夥伴，形成「治療同盟」（therapeutic alliance），尊重當事人，相信其有潛能來處理無力感，並與當事人一同分享（有限度的自我揭露）、一同成長。簡言之，治療重點在於人與人之關係，當事人的成長來自於真誠的人際接觸，而非技術造成治療效果（鄭玄藏等譯，2002：182-183）。

大致來說，此派學者視諮商過程為一種創造，而非治療，其探索歷程主要有三個基本階段：在開始階段中，諮商者邀請當事人探問和釐清他們以什麼樣的方式來知覺自己的存在。在中期階段，諮商者鼓勵當事人更完整的檢視自身價值系統的來源與權威，這個自我探索過程會引導出新的頓悟，並重新建構自身的價值和態度。在最後階段則是幫助當事人，使其把在諮商中學到的付諸於行動。諮商目標在於幫當事人發掘其力量，使其找到方法，將經過檢驗且內化之價值觀，以具體的方法付諸實現（鄭玄藏等譯，2002：183-184）。

存在主義治療的限制與批評主要有二：一是在心理治療上的實務做法並未明確說明；另一是哲學性的頓悟對一些當事人可能不適用，尤其是有嚴重心理疾患的人（鄭玄藏等譯，2002：189-190）。

存在主義諮商與心理治療的人性觀

人性觀	內　涵
自我覺察能力	1.覺察人的有限性。 2.採取行動與否的可能性。 3.人能自由選擇自身行動，因而能在一定程度上創造自身命運。 4.生命的意義和價值不會憑空而生，它們都需要人主動去探尋。 5.存在的焦慮體現出人作選擇的自由與承擔責任的必要。 6.人都有寂寞、無意義感、罪惡、孤獨的時候。 7.人或許是孤獨的，但總是存在著與其他生命產生連結的機會。
自由和責任	1.生存的勇氣：個人要勇於從自身提取內在的能量，而非僅僅只是接受他人的期望和評價。 2.從孤獨的經驗中體驗自己生命的力量。 3.將自我實現建立在與他人相互依賴和肯定的關係上。 4.個人要勇於檢視自己逃避的事情以及固著的行為模式，藉由尋找答案讓自己能重獲自由，發現自己在世上獨一無二的重要性，創造自我的認同。
創造個人認同，建立有意義的人際關係	1.存在主義主張人生而自由的觀點。 2.人是自己生命、生活與自身問題的創造者。 3.任何自由地選擇、創造與改變都需要承擔起責任。 4.責任的承擔能讓人清楚理解自己選擇和創造的理由和目標。 5.責任也能鼓勵人的自主發展。
追尋意義、目的、價值和目標	在當事人找不到生活的意義與價值而產生虛無、焦慮和罪惡感時，諮商師應協助當事人勇於面對矛盾、痛苦、磨難、沮喪、絕望和死亡，引導他們尋找、探索和創造生活的意義。
焦慮為生活常態	1.焦慮包含普遍的焦慮和神經性焦慮。 2.普遍的焦慮產生自人面對事情的反應，是一種成長的刺激。 3.神經性焦慮則常為個人帶來無力感，需要設法減少此類焦慮。 4.自由總是伴隨焦慮，尤其是面對未知的挑戰和不確定的情境時。 5.協助當事人辨認存在的焦慮，引導其建設性地因應。
覺察死亡在生命中的意義	1.死亡能讓人了解自身的有限性。 2.面對人終有一死的事實，有助於幫助人思考生命的意義。 3.當事人若能以健康的態度覺察死亡，將有助於評估目前生活狀態、思考如何改變自己並充實地活在當下。

資料來源：鄭玄藏等譯（2002：169-179）。

第 11 章

女性主義的教育哲學

　　女性主義在國內的發展，並不像國外那樣有較完整的醞釀和轉變的發展過程。國內長期的威權統治，使得國外的女性主義思潮在解嚴之後大量湧進臺灣，各種女性主義的流派交錯縱橫在一個正要步入民主的社會之中。可以想見，許多女性主義者會是多麼渴望將女性自我認同、身體和情慾自主等，徹底從家庭、社會和政治領域解放出來。除了關心女性的處境和想法，還有不少女性團體關心各種社會議題和投入社會運動。近來，更有多元成家的議題引發社會大眾的討論。這麼多樣的女性或性別運動，也對教育，尤其是性別教育，產生不同程度的影響。惟這幾年來，性別教育多聚焦於校園性別平等的問題，與社會議題的連結較少。除了性別教育外，女性主義的教育哲學也像許多女性主義思潮那樣，雜揉了各種不同的哲學、心理學和社會學的觀點，它們都具有豐富的理論和道德價值。筆者將會先介紹國外三波女性主義的發展特色、國內女性主義的發展，再來探討三種女性主義的知識理論，了解女性主義所關切的哲學課題，最後再介紹幾位具有代表性的女性主義教育哲學家。

Unit **11-1**
國外三波女性主義發展的特色

　　女性主義（feminism）一詞最早出現於1890年，但女權思想和運動卻可以回溯至十八世紀法國大革命，甚至更早也都存在女性爭取自身地位的思想和活動（邱子修，2010：252；Osborne, 2001: 9）。一般來說，人們會將西方女性主義的發展分成三波來討論，筆者在此將它們各自的發展特色大略介紹如下：

　　第一波女性主義（first-wave feminist）始於二十世紀初，有的主張始於十八、十九世紀。傳統哲學對人性的探討，以及自由主義對理性、自由和主體性的強調，看似建立在中立的語言上，實際上卻是依據某種男性的概念。在這種情況下，女性被視為缺乏理性、沒有投票權、結婚之後無法擁有財產、對自己的孩子和自己的身體擁有不多的合法控制權（黃麗珍譯，2009：31）。在此時期，白人中產階級和上流社會的女性，爭取普遍的公民權，並主張把理性、自由和主體性等概念達到真正的普遍化，不再侷限於以男性為中心的哲學傳統。此一時期的女性主義仍然接受女性在私領域的角色，她們運用自身作為母親與主婦的身分強調；與男性相比，女性也擁有參與政治活動獨一無二的資格（郭夏娟譯，2005：228）。

　　第二波女性主義（second-wave feminist）興起於1960至1970年代，人們通常以激進女性主義者Carol Hanisch一篇以〈個人即政治〉（The Personal is The Political, 1969）的文章標題，概括此時期的特色。此時期比第一波女性主義更加嚴厲地批判那些建立在男性中心框架上的虛假普遍性基礎，不過與第一波女性主義一樣，第二波女性主義也藉由普遍真理和分析形式，揭露社會和政治中存在的巨大壓迫，以及宰制性的權力結構。此時期的女性主義與第一波女性主義在思想上的根本差距不大，都接受如：人類的本質、鉅觀的論述架構和普遍真理等現代性哲學的觀念；差別在於較第一波女性主義激進，更加強調女性與男性的差異，並聚焦於能用以揭露父權和解放女性的權力分析（黃麗珍譯，2009：32-35）。

　　第三波女性主義（third-wave feminist）約從1990年代以後開始，與前兩波女性主義最大的差別在於，此時期女性主義反思前兩波女性主義的發展，主張顛覆自我和群體的認同，超越二元（男性和女性）的性別差異觀點。此時期女性主義跳脫男性與女性、公共與私人、文化與自然領域等二元框架，同時也思考女性自身內部存在的種族、階級和殖民等問題。舉例來說，此時期男女差異的界線變得模糊，性別認同和女性主體都呈現流動的樣貌。第三波女性主義將自身視為「他者」，不僅體現出更多對「差異」的包容，也對「性」與「身體」有細緻的探討。大致來說，第三波女性主義不再像前兩波女性主義那樣，沿著現代性理論的路線，企圖追求一種帶有和諧與團結色彩的社會和政治理念，而是主張人們對差異性有更多的包容與關懷（郭夏娟譯，2005：229-230）。

一些女性主義論述的代表人物

訴求重點	主要代表人物及主張
兩性平權	奠定現代女性主義基礎的是Mary Wollstonecraft（1759-1797）的《為女權辯護》（A Vindication of the Rights of Woman: with Strictures on Political and Moral Subjects, 1792），她認為當女性在理智、公民角色和社會條件方面與男性無所差異時，沒有道理女性就無法擁有和男性一樣的地位（Osborne, 2001: 7）。
社會性別	介於第一波和第二波女性主義之間，Simone de Beauvoir（1908-1986）在《第二性》（Le Deuxième Sexe, 1949）中強調，「性別」（gender）是由社會所建構，而非天生的。此外，女性在歷史中扮演的角色乃是由男性所界定，女性只是歷史中的「他者」（郭夏娟譯，2005：240）。
女性主體	Virginia Woolf（1882-1941）與Beauvoir有相似的看法，也就是認為女性在文明和文化生活中，只是局外人的角色。她主張女性應該處在一種與男性不一樣的位置，去建構屬於女性的文化和歷史（郭夏娟譯，2005：239-240）。此種看法提升女性的主體性，女性不應該再像過去那樣只是進入男性的世界，想要擁有與男性一樣的文化和理性，卻又擺脫不了在私領域中作為妻子和母親的角色。
差異他者	在第三波女性主義中，Judith Bulter與Beauvoir最大的差別在於，前者認為社會性別（gender）和生理性別（sex）並無法截然二分，在根本上，兩者都是社會法則的產物，其正當性都建立在權力的基礎上，藉此型構出有限的主體。後現代女性主義和酷兒理論（Queer theory）所關心的乃是上述主體疆界之解放，以及存在的各種性別關係中的「他者」（宋素風譯，2009：4-6）。

三波女性主義的主要特色

三波女性主義	主要特色
第一波	1.鼓吹兩性平權，女性的本質與男性並無二致。 2.接受女性在家中扮演的母親角色。
第二波	1.批判父權體制，讓女性自壓抑和宰制的權力中獲得解放。 2.凸顯兩性差異，欲建構一種普遍的女性主體論述。
第三波	1.拋棄兩性差異的二元論述和女性中心的思考，包容性別多元的發展。 2.揭露女性在種族、階級與殖民議題上的差異，批判過去女性主義的侷限。 3.不再追求建構普遍女性主體或本質的知識論述，傾向於闡釋各種關係交互作用的倫理學討論。

Unit 11-2
國內女性主義的發展

　　臺灣最早的女權啓蒙，可溯至馬偕牧師（George Leslie Mackay, 1844-1901）在1883年創辦淡水女學堂。這所學堂的畢業生之一蔡阿信（1899-1990），後來成為臺灣第一位婦產科女醫師，她在自己的醫院設有產婆學校，培育過幾百位學生，使他們的專業能嘉惠臺灣各地的婦女（邱子修，2010：257）。

　　日治時期，數十位臺灣婦女曾於1925年共組「彰化婦女共勵會」，以「改善陋習及振興文化」為宗旨，定期舉辦例會、演講會、運動會和手工藝展覽會，為長期侷限於家庭的女性，提供啓蒙和發聲的機會（國立臺灣歷史博物館，2010）。另外，當時臺灣第一位女記者楊千鶴（1921-2011），曾有公開質疑父權、批評殖民者自居的文化優越性等屬於女性主義文學批評的作品，在職場上她也爭取自身與日本人能同工同酬。

　　1945年，國民黨自日本接收臺灣後，從推行國語教育到戒嚴，歷經了一段很長的白色恐怖時期。除了日本殖民時期的遺緒受到打壓，社會依舊瀰漫著父權體制，楊千鶴等人的日文作品無法廣泛為人所知，且介紹西方第二波女性主義思想的著作也都禁止散布，到1987年解嚴，第二波和第三波女性主義才湧入臺灣（邱子修，2010：259）。

　　一般認為，臺灣女性主義的開端、婦女運動的創始人是呂秀蓮，她在1974年出版的《新女性主義》提出「先做人，再做男人或女人」的觀點，並積極投入婦女運動。另外，1982至1987年，學者李元貞等人創辦「婦女新知雜誌社」，並出版《覺醒》雜誌，呼籲女性自主意識、重視女性經驗，影響當時新銳女作家，產生了不少屬於第二波女性主義的文學批評作品。該社到1987年解嚴後改組為「婦女新知基金會」，積極為爭取女性在參政、身體、家庭、工作、教育和財產等權利而努力（邱子修，2010：260；曾昭媛，2012）。

　　解嚴後，產生了許多受西方女性主義影響的批評和論述，如：鍾玲《現代中國謬司──臺灣女詩人作品析論》裡面的女性觀點，顛覆了以男性語言為中心的詩學。何春蕤《豪爽女人：女性主義與性解放》（1994），藉由西方自由和自主的女性主義宣揚性解放，其旨在凸顯父權體制加諸在女性身上的性壓抑和不平等。還有張小虹將酷兒理論用於當時的同志文學批評，成為反父權、反權威、反主流的菁英校園青年常用的術語。還有一些男性作家如：王德威、陳芳明、邱彥彬等，以歷史為參照撰寫女性主義批評作品（邱子修，2010：260-261）。

　　邱子修（2010：260-261）在其著作中提過，西方第二波和第三波女性主義在臺灣呈現出來的面貌，都講究以自我為中心展演操作的意識型態。它們共同的問題是移植草率且缺少本土發展的脈絡，沒有像西方那樣歷經一段時間的演化。大致來說，臺灣女性主義發展的理念仍是正確的，像是結合第三波女性主義，跨越僅僅是以中產階級為考量的女性主義，擴張到對弱勢族群的關懷。另外，女性主義批評和論述對臺灣性別教育的發展，也發揮了很大的支持作用。

女性主義為國內性別教育發展帶來的影響與作用

國內性別教育的法制化

　　兩性平等教育是在解嚴之後的1988年才由民間團體提出，由於當時教育改革議題眾多，兩性平等教育雖然沒有被忽略，但也未獲得重視。直到1996年11月，前民進黨婦女部主任彭婉如女士遇害後，立委們用一個月的時間將積壓多時的《性侵害犯罪防治法》三讀通過，其中第七條規定「各級中小學每學年應至少有四小時以上之性侵害防治教育課程」。1997年3月，教育部「兩性平等教育委員會」成立，又於1999年通過行政命令《大專院校及國立中小學校園性騷擾及性侵犯處理原則》。至於《兩性平等教育法》則於2000年後才開始研擬，2002年因為葉永鋕事件，兩性平等教育委員會將此法改名為《性別平等教育法》，之後於2004年6月公布。在這段期間，民間婦女團體花費十多年催生的《性別平等工作法》亦於2001年三讀通過（謝小芩，2001）。

從「性別盲」（gender-blind）到「性別敏感」（gender sensitivity）

　　過去學校教育對學生的性別認同、性教育和教科書，普遍呈現出父權文化和異性戀的霸權，它們不僅強化了傳統異性戀和父權的規範，也區分出男女性別角色，確立了單一的性別認同。即便到現在，社會上還是有許多人無法接納或是未意識到多元的性別；有時，教育主管單位對性別不平等現象也缺乏敏感度（王毅丰，2010）。目前來說，人們可透過教科書的審訂及女性主義教師的培養，讓學習者理解多元家庭以及不同的性別認同類型。上述從缺乏性別意識的性別盲到敏於覺察性別議題的這段過程，乃是一種「由下至上」地深耕於性別教育，促使社會大眾正視此議題，而非抱持視而不見的冷漠，激發出更多的討論、同理和包容。

231

性別主流化（gender mainstreaming）

　　聯合國經濟社會理事會於1997年詳細界定的性別主流化之內容為（李安妮，2007：25；林芳玫，2009：1）：

> 在各個領域和層次上，評估任何關於立法、政策或方案等計畫與行動對女性和男性的影響。這種策略在於將女性和男性關注的事項以及經驗，整合進政治、經濟和社會等領域的設計、執行、監督與評估，使女性和男性都能平等受益，終止不平等的現象。終極目標在於實現性別平等。

性別主流化與過去由民間團體主導的性別法制之催生，最顯著的差異是，它強調政府從制度和立法層面整體的以「由上至下」的方式檢討和推動性別平等相關政策。國內教育單位近來常將「性別主流化」等同於「性別平等教育」，從上述界定來看，仍應該多思考兩者的關係，而非貿然將兩者等量齊觀。

Unit **11-3**
女性主義知識論（一）

232

　　傳統哲學對人類本質、理性等的探討並未將女性自身的處境含括進來，長期以來，女性不僅被視為缺乏理性的人，科學領域對女性的接納態度也不是那麼友善。因此，對女性認知方式的探討、思索在不同的領域要如何為女性自身辯護，就成為女性主義知識論的主要課題。Sandra Harding曾將女性主義知識論／科學哲學分成三種趨勢：

一、女性主義經驗論
（feminist empiricism）

　　1.政治立場偏向自由主義，認為從恰當的立足點出發，才能得到正確的知識（甯應斌，1998：265）。

　　2.這樣的立足點是在價值中立、不偏私的旁觀者立場上，視普遍理性與價值為個人擁有的權利（甯應斌，1998：265）。經驗論接受傳統哲學的旁觀者知識論（spectator epistemology）。

　　3.比男性或性別歧視論者更容易發現各種經驗存在的男性中心偏見（江珍賢譯，1992：65）。

　　4.傾向於將女性看成是同質性的認識主體，在分析女性之間存在的種族、階級和文化差異上有所不足（江珍賢譯，1992：66）。

二、女性主義立場論
（feminist standpoint）

　　1.與經驗論一樣，立場論主張知識是從經驗產生，認為從恰當的立足點、觀點或立場出發，才能得到正確的知識（甯應斌，1998：264）。

　　2.立場論政治立場偏向馬克思主義，也認為傳統西方知識源於有限且扭曲的社會經驗（江珍賢譯，1992：68）。

　　3.與經驗論不同的地方在於，立場論對社會中存在的價值利害和權力關係有深刻的理解；經驗論主張價值中立的客觀原則並無法分析得那樣深刻，同時，經驗論抱持的普遍性立場也忽略了生活中存在著各種宰制與壓迫的事實（江珍賢譯，1992：69；甯應斌，1998：264-265）。

　　4.馬克思主義認為，與壓迫者相比，那些弱勢、受壓迫者或無權力者，更能如實地認識到階級宰制的社會壓迫事實。立場論吸收馬克思主義的觀點，但沒有將探討範圍限制在階級宰制中。

　　5.立場論從「他者」（the other）的生活出發，將後現代與後殖民論述中常見的少數民族、第三世界、女同性戀等「他者」經驗，納入研究和知識的建構之中（甯應斌，1998：264, 266）。

　　6.由於女性長期以來扮演著「他者」的角色，因此，女性自身的參與以及女性主義能為以男性經驗為主的社會生活，提供更完整且不受扭曲的知識（甯應斌，1998：264, 266, 287）。

立場論的應用之一：反思國內性別教育的侷限

如觀教育部「性別平等教育全球資訊網」，應該可以看到教育部將大多數工作放在校園性侵害、性霸凌、性教育、性別平等教育資源之整合和性別平等事件的處遇。此外，《性別平等教育白皮書》在關於「教育人員」的部分則著眼於：性別平等教育專業素養與在職進修、研習課程、系統性地規劃，以及了解教育人員的性別結構等方面（教育部，2010：37-38）。這些規劃缺乏性別教育與當前政治、社會、文化和經濟層面的連結，更無法激發教育人員帶有性別意識地投入於教育改革和其他層面之社會或政治行動中。在國內目前的性別教育中，仍多停留在校園內，與性別認同、認知和推動效能等層面的發展，「在校園之外的社會實踐」尚未成為主要課題（李淑菁，2009）。女性主義期待教育能為教育人員和學習者帶來的「培力、增能、彰權益能」（empowerment），仍有許多努力的空間。

性別平等教育
全球資訊網
Gender Equity Education, MOE

立場論的應用之二：釐清概念混淆的問題

無論是在「性別平等教育全球資訊網」或《性別平等教育白皮書》（教育部，2010a：36），常將「培力」等同於性別主流化，這種做法混淆了性別主流化的意涵。前面提過，主流化是在政府層級「整體且系統地由上至下檢討和推動性別平等政策」。性別教育主要是藉由對教育人員和學習者的培力，涵養和激發「由下至上」的教育及社會改革力量。這種概念的混淆，容易讓人們看不見阻礙性別平等的諸多來源，如：城鄉落差、貧富差距、人口老年化、教育市場化、一味追求個人競爭力的自由主義，和因為「彈性資本主義」（flexible capitalism）產生的勞動問題等（Fraser, 2013），同時也讓教育人員忽略了政府應有的作為。

資料來源：
教育部（2010b）。

233

何謂「旁觀者知識論」

這種知識論雖然強調經驗對認識活動的重要性，但依舊認為「理性」是比「經驗」更為優越和先天的東西，經驗的地位依舊被貶低。當理性與經驗仍保持著遙遠的距離時，人們很容易誤以為，探究事物真實的面貌可以在不涉入生活脈絡、人之行為和處境的情況下進行。對批評者來說，旁觀者知識論帶來的問題是，人們無從改變由理性所揭示出來的事物面貌，只能被動地接受。如此一來，人們的探究活動便與生活世界產生疏離，限制了人們對生活世界的探索和控制。

Unit 11-4
女性主義知識論（二）

Harding自己的女性主義知識論偏向立場論，對她來說，經驗論的旁觀者立場有礙於分析女性的處境；而後現代將主體消解的策略雖然有助於顛覆單一的性別認同，但這樣的顛覆性又存在著與現代性論述一樣的困境。

三、後現代女性主義
（postmodern feminism）

1.後現代論述質疑一切的「後設敘事」，反對現代性所重視之「人性必然的本質、客觀眞理、知識基礎和普遍價值」，支持局部、微觀、差異和多元的人性、知識與價值等論述之建構。

2.後現代女性主義將現代性的認同政治建構爲權力運作的場域。現代性中的人文主義傳統將「自我」賦予了理性和善的地位，對後現代女性主義者Judith Butler來說，這種地位揭示了理性宰制的地位，凸顯自我隸屬於某種權力關係之中，也可以說，這樣的認同建立在必然的基礎上（黃麗珍譯，2009：177）。

3.後現代女性主義，如Bulter主張，「認同」（identity）是社會和文化的產物，它本身不存在任何本質，沒有核心，也沒有眞理，它是「操演出來的」（performative）東西（黃麗珍譯，2009：177）。

4.所以就「性別認同」來說，後現代女性主義傾向於揭露認同存在的不一致性，以瓦解認同帶來的僵固性。如此一來，人們便能徹底質疑社會生活中那些永恆不變且難以撼動的論述、價值或核心信仰，進而重新打造生活規則（黃麗珍譯，2009：178）。

5.與經驗論和立場論的女性主義一樣都視經驗爲社會建構的產物，並贊同立場論的看法，對他者、差異和多元有更多包容和細緻的分析。差別在於，後現代女性主義將質疑並反對一切穩固不變的根基和本質；其他女性主義者質疑這種做法恐不利於建構以女性爲主體的經驗、知識和論述。即便立場論的女性主義可從後現代女性主義那裡汲取各種論述的養分，但也無法全盤接受後現代女性主義的主張。

6.女性主義反對後現代女性主義的一些原因（江珍賢譯，1992：59-60）：第一，有些女性主義者相信，只有在現代性中，女性主義對性別的認同和批判才有意義。女性主義可以透過性別的社會建構意涵，去除生物學觀點帶來的性別差異；同時又能藉由凸顯社會建構出來的性別概念，將性別差異，尤其是長期受到忽略的女性經驗，作爲重構社會文化的特徵。第二，許多主流的後現代論述也明顯地對性別問題視而不見或缺乏敏感度。第三，一些女性主義者不認同後現代主義將主體性消解掉的做法，他們認爲這種做法不利於女性主體的建構。

後現代知識論 的洞察	● Donna J. Haraway的後現代知識論不僅反對一切試圖建立普遍基礎的性別論述，也反對各種無法定位且也未負起任何說明之責任的知識理論。
	● 後現代女性主義希望建立一種從邊緣、從受壓迫者立場去看的能力。惟受壓迫者、無權力者並非處在全然無辜的位置，因而也無法豁免於批判地檢視、解碼、解構與詮釋。
	● 受壓迫者之所以吸引女性主義者關注，乃是因為他們的處境使他們在原則上最不會拒絕一切對知識的批判和詮釋（張君玫譯，2010：191）。

後現代知識論 的應用	● 李淑菁（2011：53, 82-83）的研究從社會、文化和國家的脈絡探討國內教師對性別的詮釋。
	● 其結果發現，教師將性別教育理解為人權教育、兩性均衡教育、性教育，但卻不能講同性戀、不能包含女性主義。這些看法反映了國內異性戀的主流價值，又可以看出教師想符合性別平等教育的改革期待；另外，教師亦擔心女性主義過度強調女權和弱勢者的聲音，並不利於性別平等。
	● 質言之，教師並沒有偏離主流價值，更參與主流性別論述的生產，「平等」的使用乃是基於一種政治正確的立場。

後現代知識論的啟示

後現代知識論將性別認同視為「操演」出來的產物，上述研究顯示，教育現場的教師對於性別平等的觀念結合了官方立場和自身的背景經驗，雜揉出一種與女性主義相容卻又矛盾的論述。筆者在前面也提過，教育部的性別平等教育的推動現況也處在比較保守的認知層次，與目前女性團體積極活躍於憲政、經濟和勞動領域，有著極大的落差（覃玉蓉、林秀怡，2014）。這種落差加劇了學校教師與社會的距離，對權力所建構出來的性別場域缺乏足夠的敏感，也讓教師對弱勢者的處境以及對他者的同理，只侷限於校園中，無法真正地培養起社會行動。

Unit 11-5
Jane Roland Martin：
性別觀點能為教育帶來更多思考和行動

圖解教育哲學

　　Martin認為，分析取向的教育哲學排除和扭曲了女性的地位，其中的代表人物Peters提出「教育人」理念也表現出「性別中立」（gender-neutral）的性質，這種「中立」的立場忽略了差異的存在，也未意識到其哲學內涵存在的問題，造就了女性在知識論中不平等的地位（Laird, 2003: 205）。此外，Peters對教育的理解又多圍繞在學校中的學習活動，忽略了學校之外的各種公私立的機構、媒體、各行各業的人士等「文化財富」（culture wealth）的教育功能（Martin, 1998: 29）。

236

　　Martin對分析哲學的批判，揭露了一項普遍存在卻又讓人忽略的事情，就是教育哲學對於教育之界定以及許多探討教育的文本，都沒有意識到性別的問題。

　　Martin以為，學校課程內容的探討不應停留在知識論的層次，還要結合倫理層面的探討，像是課程中的社會和政治課題（Laird, 2003: 204）。她提出「性別敏感」的教育理念，希望教育工作者能意識到各種性別作用的方式，促進性別的「生產」（包含政治、文化和經濟層面）和「再生產」（包含家庭養育和社會滋養等層面）（Laird, 2003: 205）。

　　Martin（1998: 28）也藉由Pestalozzi等人的著作，呼籲人們重視「家庭」本身蘊含的教育內容和價值，以及母親所發揮的教師功能。在學校教育層面，她結合Rousseau、Montessori、Dewey與Illich等人的教育觀點，提出“schoolhome”的概念，即「學校與家庭兩者共同形成如夥伴一樣的關係」。她希望將家庭功能導入學校生活中，讓學校生活、班級氣氛和教學模式發揮像家一樣溫暖且是個人情感歸屬的重要場所；學校同時也是差異和團結並存的地方，它拒絕各種刻板印象和暴力行為，學生的經驗和聲音在此能得到真誠地對待。

　　Martin提醒人們關注在西方教育史中，具有影響力但常為教育哲學領域忽略的女性教育思想家，如：Wollstonecraft、Catharine Beecher（1800-1878）、Charlotte Perkins Gilman（1860-1935）等人的教育思想（Laird, 2003: 205）。另外，Martin對家庭和學校教育的看法也擴大至各種具有教育功能的單位，如：教堂、鄰居、工作場所、博物館和圖書館等處（Laird, 2003: 206）。

　　以上兩件事情與Martin（1998: 28-29）提出的「文化財富」有所聯繫，對她來說，學校和家庭教育雖然重要，但它們終究無法傳遞所有的文化；無論是課程內容或是學科教材都無法習得完整的文化，因為文化並不是高級的、菁英取向的、靜態的、積累在那裡的、或是坐著就能學到的。人們應該廣泛地從生活、政治、經濟和勞動生活中獲取那些還在活動著的、或是延續下來的文化財富，學校不是唯一能夠獲得教育資源的地方。同樣的，認真對待歷史脈絡中的女性思想家在教育哲學的貢獻，也都說明Martin試圖包容更多有價值的文化財富，為教育經驗及活動帶來更多的思考和行動。

作爲寬廣之教育概念的文化財富

參見下圖，" Schoolhome"並非只是侷限在學校和家庭中，還包括社會機構。Martin（1998: 28-29）從Rousseau和Illich那裡看到學習來自於人、事物和自然，也來自於同儕、長輩、各種楷模等對象。這些學習的對象和資源彼此都鑲嵌在相同或不同的文化脈絡中，因而他們絕對無法以抽象的面貌邂逅彼此。綜言之，Martin（1998: 30）從文化財富的角度出發，拓寬教育所涵蓋的範圍，使教育概念不只是學校教育中的教與學的過程，或是Peters所謂教育人的理念；於此同時，她也期許各種社會機構也能意識到自身的教育責任，發揮教育者的功能。

社會

　　教堂、鄰人、農夫、博物館、圖書館、動物園、交響樂團、銀行、企業、證券市場、報紙、雜誌、讀書會、唱片公司、出版社、體育機構、廣告看版、政府機關、電視、網路、各種傳播媒體等⋯⋯。

文化財富

教育功能

School
學校

home
家庭

237

註1：從廣義來看，Martin（1998: 35）所謂的文化財富，包括「文化資產」（cultural assets）和「文化負債」（cultural liabilities）。前者的保存和延續有助於下一代的發展；後者對下一代人的影響是負面的，且會阻礙寶貴的文化財富傳遞下去。教育的目標就是要將前者的作用予以最大化，並將後者的影響予以最小化。

註2：Martin（1998: 36）提倡各種機構之間相互合作與共享責任，比較一般的像是現在學校教師會運用學習單，讓孩子與其家人一同到動物園、圖書館或是到郊外探索課堂中學不到的經驗。另外，鼓勵職業教育階段的孩子從事工業、科學和社會的專題研究；藉由實際參觀博物館、美術館、交響樂的表演，讓孩子領略歷史、藝術和音樂教育的內涵等。近來，國內有所謂的「服務學習」，除了可以從中找到社會重建主義的理論背景，也可以從Martin的教育哲學發掘出服務學習在文化層面的教育意涵。

Unit 11-6
Carol Gilligan：
挑戰男性中心的倫理學傳統

Gilligan將「差異」帶入女性主義思想中，接納女性與男性的差異，並認同女性在身體、性、家庭和母職等層面所「體現」（embodiment）出來的各種意義。「差異」是第二波和第三波女性主義都存在的特徵，大致上就是把女性視為「他者」，藉此挑戰傳統哲學將精神與物質區分的二元論述，打破女性主義各個流派之間存在的壁壘（郭夏娟譯，2005：289）。

Gilligan認為Jean Piaget（1896-1980）的發生知識論（genetic epistemology）以及Lawrence Kohlberg（1927-1987）的道德發展階段（stages of moral development），反映出來的都是男性觀點的倫理學，而非女性觀點。Gilligan（1982: 105）指出，女性道德判斷的過程最初是考量到自我生存（對自私與責任的體認），其次是出於良善的念頭（不願意見到任何人受到傷害），最後經由反思理解到「關懷」最適於作為指引各種人類「關係」之衝突的解答。

與Kohlberg孤立的個人自主觀相比，女性的自我觀與其生存的情境脈絡彼此相互關聯。Gilligan也以此反駁Sigmund Freud（1856-1939）認為女性較男性缺乏「正義感」和「超我」（superegos）的人格。Gilligan認為，道德包含有尊重自我及他者的需求，女性並非真的缺乏正義感，而是有不同於男性的表達方式；對於正義的內外在要求，女性和男性也有所不同，像是女性面臨道德抉擇時，會先考慮到情境脈絡的關聯性，而非以抽象的道德推論為主（簡成熙，2003a：223-224；Hannon, 2004）。

Piaget的兒童道德認知發展階段

年 齡	發展階段	特 色
0-5歲	無律期 前道德判斷	認知發展尚未達到能夠進行複雜的心理活動，因而不懂規則，也沒有任何道德觀念。
6-9歲	他律期 道德實在論 道德相對性	1.有明確的是非對錯觀念，相信惡有惡報。 2.事物存在著唯一正確的解答，且認為道德中存在絕對真理。 3.相信且不會質疑成年人的權威，固守社會既有的規範和秩序。
10歲以後	自律期 平等互惠的道德 相互合作的道德	1.相信正解不會只有一種，既定規範可透過與眾人協商而改變。 2.認為能設身處地了解他人想法，才能協商出平等互惠的規則，且受到人們的尊重。 3.懲罰來自於人們的意圖，而非上天的旨意。

資料來源：張酒雄（2002: 44-46）、Piaget（1965: 18）。

Kohlberg的「道德發展階段」

　　Kohlberg（1971）沿著Piaget的研究成果，將道德發展分成下面三個時期六個階段，第一期較常見於兒童身上，第二期則常見於青少年和成年人，而當成年人的民主素養達到一定的程度，就能合乎第三期第五階段的道德發展特色，第六階段則是能憑藉以真理為依歸的良心，使道德判斷超越非理性、情感和關係等一切外在因素的影響，達致普遍一致的合理行為。

1

道德成規前期（pre-conventional level）
（一）規避懲罰與服從導向：個人在抉擇時，完全是以自身的興趣或利益為考量；假如沒有人發現自己的作為，違反規範亦無不可。
（二）工具性且相對主義導向：個人會從物質層面和實用的角度，要求當下做到公平、互惠和平等地分享。此時，正確的行動來自於自身需求的滿足，並且在偶然的情況下，他人的需求也獲得了滿足。此種人與人的關係就像以物易物的市場，建立在互惠的基礎上，與忠誠、感激或正義等德行並不一樣。

2

道德成規期（conventional level）
（三）人際協調導向：個人在抉擇的過程中，會考慮到自己的決定能否令他人滿意或是幫助到他人；在此階段會比較關心人際關係的維繫。
（四）權威與秩序導向：個人會趨向於維繫社會的秩序，接受社會系統中的權威和穩固不變的規範。正確的行為建立在對權威之尊重，以及對社會秩序之維繫等職責上。

239

3

道德成規後期（post-conventional level）
（五）社會契約導向：正確的行為建立在普遍人權與標準上，這些權利和標準是由社會所有成員認可，並且可受批判性檢視的東西。個人在此階段會認知到那些經由社會同意而行使的規範，在價值和共識層面存在相對性，因此，人們便可以藉由法律的手段改變既有的規範，使其合乎社會利益。
（六）普遍倫理原則導向：個人經由自身的內在良心抉擇，內在良心所遵循的倫理原則符合邏輯上的整全性、普遍性和一貫性。這種倫理原則是抽象的，超越那些特殊和具體規範的戒條或法令。

Unit **11-7**

Nel Noddings：
將普遍的關懷落實於各種生活關係中

傳統西方哲學將主體自身孤立於他人之外，在道德上講究理性和普遍法則，這種倫理學將各種道德原則建立在抽象、先驗的義務上，不但貶抑了情感的價值，也讓倫理學變得冷漠而僵硬（簡成熙，2003a：225）。

對Noddings（1984: 1-2）來說，傳統倫理學主要是以一種父親的語言來討論，諸如：原理、命題、論證，以及正義和公平等術語；而另一種關於母親的聲音往往是沉默的，過去人類的關懷以及接受到關懷的記憶，都被視為道德行為的結果而未得到重視。

有別於以男性為中心的道德經驗，當女性面對道德兩難時，她們會考慮更多的資訊，像是透過與當事人交談，觀察眼神與表情，以便於接納當事人的感受。女性是在真實的脈絡中做出道德決定，且女性行動的理由通常指向人的情感、需求和印象，而非某種道德原則原理的運用（Noddings, 1984: 2-3）。

關懷倫理學從女性意識出發，立基於關懷者與受關懷對象之關係（relatedness）、情感的接納（receptivity），以及在接納及關係中存在的責任（responsibility）。由這些東西型塑出來的道德態度，就不會侷限於道德推理的觀點（Noddings, 1984: 2）。

Noddings提過，關懷倫理否定完全自主的道德主體觀念，轉而接受相互依賴的道德事實。自我與他人的成長以及對善的追求，都有相互聯繫的關係。教師對學生之依賴，就如學生對教師的依賴一樣重要（曾漢塘、林季薇譯，2000：390）。對於「關係」的探討，Noddings（1984: 128）亦曾指出，女性經驗中的母職並不是一種「角色」，而是「關係」，可將其理解為親子關係或親職關係。

關懷倫理主張讓各種對立的觀點都有發聲的機會，並引導爭議雙方真誠同理彼此的感受，如此一來，當爭議獲得解決的時候，人們在爭議過程中為彼此帶來的痛苦和傷害，也能因為相互體諒而獲得調解（簡成熙，2003a：225）。

進一步說，關懷的倫理學主張接納更廣泛的事實與情感，要求自我與他人一同看、一同感受，藉以彰顯、召喚人類的判斷，這種判斷考慮到處境和情勢，所以會比傳統的倫理學看重信賴及承諾（Noddings, 1984: 25, 30）。

對Noddings（1984: 65）來說，關懷者與受關懷者的關係是一種相互依賴且不對等的相遇。關懷者要接納他人的本來面貌，不妄加評論或判斷；而受關懷者在接納關懷時，能夠感受到自己存在的事實。另外，關懷不是只有接納而已，也要善用各種回應方式，視不同的情況給予眼神、言語、微笑等回應（Noddings, 1984: 36）。無論是接納或是回應，自己要關懷他人，同時也得到他人關懷，此時，自己才有能力關懷自己。

240

關懷的道德教育成分

Noddings關懷倫理的道德教育成分包含：身教、對話、實踐和確信（confirmation），其內容大致如下（朱美珍、李秀鳳、吳怡慧、洪鼎堯、莊易霖譯，2008：23-32）：

身教　　此觀點建立在Aristotle倫理學的基礎上，它要求人們關注自身的作為，反省自身作為關懷者的能力、反省自身與受關懷者的關係，以及反省自身作為模範的角色。

對話　　一種關懷態度的展現形式，它來自於Freire的觀點。對話有助於深化關懷者與受關懷者理解自身和理解彼此的想法和需求，同時，對話也顯示出關懷者與受關懷者的關係必須建立真誠的互動，在安全互信的情境脈絡中討論某項議題，並總是專注於關注彼此的想法、感受和處境上。

實踐　　在人與人的關係中實踐關懷的能力，這種能力的培養有賴於教育工作者縝密地為學習者規劃實際的關懷行動，例如：期許孩子（尤其是男孩）具備照顧者的經驗、鼓勵學生一起努力幫助他人及投入社會服務性質的教育活動。另外，教師要留意個人和團體活動中的「競爭程度」，是否會導致學生的感受能力變得遲鈍或是降低彼此的互動關係；在發生這樣的情況時，教師應該給予學生適度的建議，引導他們討論和分析社會層面中競爭所帶來的影響。

確信　　關懷者相信能夠引導他人關注自身最好的一面，這種看法來自於Buber，其對於人性中存在的正向和光明面有積極的肯定。

第 ⑫ 章

後現代主義與後結構主義的教育哲學

● ●章節體系架構 ▼

● ●

　　筆者把後現代主義（postmodernism）和後結構主義（post-structuralism）放在一起討論，主要原因在於，許多代表性的思想家不僅遊走於這兩個陣營之間，也都曾受到 Nietzsche 和 Heidegger 等人的影響，如：Michel Foucault（1926-1984）、Jacques Derrida（1930-2004）和 Richard Rorty（1931-2007）等人。有一種看法是認為後現代主義的涵蓋範圍較廣，後結構主義則常見於特定的領域，如：語言、符號、文學和文化領域（黃麗珍譯，2009：43）。可以確定的是，它們確實能從理論上清楚地區分，惟在實際上，兩者仍存在許多互通有無之處。就教育哲學的角度來說，「區分」它們的關係並無助於「了解」它們對教育的意義，反而是弄清楚「後現代主義對現代性教育的反省」，以及「後結構主義和結構主義在教育主張上的差別」，會更有益於教育的反思與實踐。

Unit **12-1**
Habermas：未完成的現代性方案

現代與後現代並非線性的時間關係，亦即「後現代並非接續在現代之後」。在某種程度上，每一種作品都先以後現代性的面貌出現，之後才成為現代性。這也意味著「後現代性」總是處在未成熟、未完成的狀態（Zembylas，2003：156）。這種狀態除了可說明後現代性對現代性具有較為激進的批判力道，也體現出後現代性本身仍存在不完滿，或是存在許多與現代性若即若離般的關係。

上述觀點是基於後現代性的立場，說明其與現代性的關係。屬於現代性陣營的學者，對現代性本身也有深入的探討、反省和貢獻。法蘭克福學派第二代的學者Jürgen Habermas反省現代性的先驗理性，主張將理性看作人在生活中透過實踐與學習的過程而體悟、獲得的能力。這種實踐理性的觀點結合了Kant的實在論和Charles Peirce（1839-1914）的實用主義。此外，Habermas的實踐理性與「工具理性」（instrumental rationality）最大的區別在於，前者以道德的可欲性作為行動的前提，個人會在不斷地社會化的過程中發展屬於自己的個性；後者卻與倫理道德相悖離，只重視利益關係，是一種受到資本主義之功利態度所「異化」（alienation）的理性（章國鋒譯，2003：227）。

Habermas的實踐理性指的是人與人之間的溝通行為，他希望人的溝通能遵守四項普遍有效的主張：「可理解性」（comprehensibility），行為者所言之事物能為多數人所理解且接受；「真實性」（truth），真實性不應是任何預設的真理，行為主體所提供的事物必須是真實的；「公正性」（rightness），彼此之話語規範必須是能達到相互溝通和理解的；「真誠性」（truthfulness），透過行為主體的語言表現，能讓多數人視其為發自內心的真誠。為使這些主張得以實現，還要遵循民主、平等、真理、無例外性等條件，如此一來，方能獲得一種建立在互為主體性之中的理性共識；也就是說，進入平等的對話情境，並針對同一主題進行討論，最後所得之共識便符合真實性。Habermas認為，這樣的共識形成過程可以杜絕多數話語的暴力，避免因為權力及暴力的作用而左右共識的形成（章國鋒譯，2003：231-232）。

以上是Habermas「溝通行動理論」（the theory of communicative action）的大略面貌。在實際上，要落實溝通行動理論所設想之不受到扭曲的、合乎理性和趨向真理的溝通，有著相當的難度。此外，現代性內部受到科技理性的殖民和專家文化的支配，外部則有許多過分的攻訐。Habermas認為，這些內外部的問題，都是因為現代性的潛能以及其能為人類帶來的貢獻隱而未顯的緣故。因此，Habermas宣稱現代性仍是一項「未完成的方案」（an unfinished project），他批判現代性，但卻不是將其解構，而是透過其溝通行動理論為現代性提供社會批判和重建的基礎，這種經由批判而重構的觀點，大體上也是法蘭克福學派諸位學者們採取的策略（朱元鴻、馬彥彬、方孝鼎、張崇熙、李世明譯，1994：291-294）。

容易混淆的幾個概念

現代 （modern）	● 指中古時期以後，約十七世紀的啟蒙時期和科學革命，或十八世紀工業革命、法國大革命和美國獨立之後的歷史。
現代性 （modernity）	● 標誌著「現代」的歷史、思想和各層面發展的特徵，如：理性、科學、工業、世俗、民族國家、資本主義等，都屬於現代發展的特徵。 ● 對後現代主義者來說，現代性是一種與傳統對立的文明模式，它旨在促使全世界都籠罩在西方理性精神之下，形成一個同質的整體（朱元鴻、馬彥彬、方孝鼎、張崇熙、李世明譯，1994：143）。
現代主義 （modernism）	● 指「現代」這段時期所流行的意識型態，或是由某種「現代性」型塑出來的理論或思潮。 ● 描述十九世紀末到二十世紀中期以後的藝術表現、文學創作、思想發展和社會生活的形式。

批判理論與馬克思主義

異化	Marx學說提到勞動的「異化」是指，在工業化社會中，工人與工人之間、工人與產品之間、工人與勞動之間、以及工人也對自身產生了疏離。當工人愈是對自身、彼此、產品和勞動耗費時間和力量，他所感到的失落和疏離感就會愈大，因為工人本身已經在工業社會中被工具化和市場化，生產活動對他而言喪失了意義，產品也無法為他所掌控。
批判理論的現代性方案	法蘭克福學派的批判理論屬於現代性理論，學者們雖然批判異化的理性主義，但理性的原則仍是批判理論的重要因素。大致上，批判理論建立在深刻反省社會現狀及理性發展的困境上，試圖透過批判性地修正或是提出另一套新的理性方案，讓主客體分離、主體中心主義等問題獲得一定程度的解決（黃瑞祺，2001：118-119）。
Marx的實踐理性	除了前面提到Kant和Peirce，Habermas的溝通行動理論本身亦受到Marx的實踐理性所影響。在Marx學說中，觀念、理性這些抽象的東西都受到不同程度的社會因素（尤其是經濟和階級因素）所影響，他認為理論和觀念之運用尤其重要（高宣揚，1999：183-184；黃瑞祺，2001：143-144, 314-315）： ● Marx賦予批判「革命」和「歷史」等具有社會實踐和解放的意義；換言之，批判的力量奠基於「觀念的使用」及「人們覺醒後採取之行動」。 ● Marx對當時社會批判的重點有二：一是批判當時社會上流行的學說；另一是批判資本主義的社會現況，以及那些服務於資本主義社會的意識型態。 ● Marx說過：「人們創造自己的歷史，但是他們並不是隨心所欲地自己創造，並不是在他們自己選定的條件下創造，而是在直接碰到的、既定的、從過去承繼下來的條件下創造。」（引自萬毓澤譯，2007：91）批判活動雖然會受到社會物質條件和歷史環境影響，但這並不會徹底限制人的改革行動。

Unit 12-2
後現代主義對現代性的反思與批判

「現代性」（modernity）指的是中古時期之後的時代特徵（朱元鴻、馬彥彬、方孝鼎、張崇熙、李世明譯，1994：19）。其中，啓蒙時期與科學革命時期，如Descartes以來的Bacon、Newton和Locke等人，將數學、科學、實驗精神應用於人類事務，努力讓人之理智在教育及社會方面發生作用，透過這種實踐的過程，人的理智得以去除其蒙昧的部分，並在生活中占有主宰的地位（葉彥宏，2014：191）。Kant將上述觀點歸結爲「啓蒙是人之超脫於他自己招致的未成年狀態」，而啓蒙的格言就是「勇敢地運用自身的理性」（李明輝譯，2002：27）。標誌著現代性的知識理論，就是前面在探討女性主義知識論曾介紹過的「旁觀者知識論」，或是所謂的「主知主義」的傳統。

前面提過，後現代主義是一種對現代的反思和批判，像是批判啓蒙時期的理性遠離了生活世界、批判現代性的資本主義產生之「工具理性」的思維、批判將征服自然視爲自由和主體性之展現的技術發展觀點（高宣揚，1999：157-158）。

Nietzsche是後現代主義批判精神的主要來源之一，他主張，批判就是對一切價值的重估與再評判，包含了徹底批判理性主義的傳統、顛覆形而上學的傳統；此外，批判也是一種自身不斷地創造與更新的過程（高宣揚，1999：174、191-192）。

後來的Lyotard（1979 / 1984: xxiv）則是扼要地將後現代歸結爲「對後設敘事（metanarratives）的懷疑」。所謂「後設敘事」，或稱爲「大型敘事」，就如同穩固的眞理和教條一般，以超越人們心靈之上的力量，告訴人們大量的事物，解釋著大量的事件。對Lyotard而言，許多系統性、闡述詳盡、邏輯一致的思想和理論，都屬於「大型敘事」，若深入探究，則人們會發現它們都只是某種迷思或傳說。

Lyotard關心的是小規模、在地、具有個別差異、具有時空脈絡之意義，以及矛盾和偶發的「小型敘事」（small narratives）（施盈廷、劉忠博、張時健譯，2011：249）。無獨有偶，Foucault的系譜學（genealogy）也鼓勵非普遍化、非常規化、個殊性、和講究自我解放與社會自由的倫理觀（朱元鴻、馬彥彬、方孝鼎、張崇熙、李世明譯，1994：88）。而在主體之解放和自由走得最遠的後現代與後結構主義者爲Gilles Deleuze（1925-1995）和Félix Guattari（1930-1992），他們以「遊牧」（nomadic）這種保持永不停息之運動的隱喻，試圖使主體徹底脫離根源、紐帶和認同，進而抗拒國家以及所有常態化的權力（朱元鴻、馬彥彬、方孝鼎、張崇熙、李世明譯，1994：132-133）。

大致來說，後現代主義的批判並非旨在建構一個合理的社會秩序，亦非建構穩定和諧的理念世界，而是要不斷地重構和更新世界，使其趨向多元並具有更多的可能性，使人類自由的壓抑和限制愈來愈少。

現代主義的批判理論：以Kant三大批判為例

　　Kant將「批判」視為科學探究的方法，同時也是人類理性能力的展現，只有藉由高度抽象化和形式化的批判，人的認識過程才能從經驗出發，並超越經驗達到普遍與絕對的高度。Kant批判哲學主要體現在下列的三種層面：

三大批判	說　明
認知能力	● 「批判」在Kant那裡為一種批判理性的方法，其主要展現在兩種認識層面：一是限定理性在認知範圍內的具體表現、使用條件及有效程度；另一是將理性探究活動限制於經驗之中，避免其超越經驗而淪為虛幻真理（高宣揚，1999：177-179）。 ● 理性可用於規範現象界的各種原則，但如果沒有經驗，理性只是空虛的架子。Kant說過：「沒有內容的思想是空的，沒有概念的直觀（信仰、信念）是盲目的」，知識的形成，先天範疇與後天經驗都不可或缺（伍振鷟、林逢祺、黃坤錦、蘇永明，2010：186-188）。
道德行為	個人自由意志所決定的任何行動，必定會同時對其他社會成員負責。 ● 個人必須無條件且絕對地服從「定言令式」（categorical imperative）。它要求人無條件且自發地根據理性實踐道德，不受任何自身欲求或是外在條件所影響。 ● 相對於「定言令式」的是「假言令式」（hypothetical imperative），指的是道德行為的發生有其條件，如：獎懲，當欠缺該條件或是不足時，道德行為也就無以為繼（朱啓華，2000a）。
美感判斷	● 人的「判斷力」是從特殊事例過渡到普遍觀念的心理功能。 ● 藉由判斷力，人們在面對美感對象時，不僅可保有溝通和表達的情趣，同時這樣的情趣又超越自身的利益，合乎普遍理性的價值。 ● 在美感領域中，理性仍是一切美感活動的普遍準則；而人的理性發展（也就是自由意志），應該以追求高度的自由，使自身行為達到「無目之合目的性」的形式，也就是根據「定言令式」而非「假言令式」的生活（高宣揚，1999：180-181；崔光宙，2000）。

　　在Kant那裡，批判活動並不只是符合普遍理性原則，同時也代表個人作為「目的自身」的最高尊嚴。然而，他將理性批判過度地形式化、體系化和絕對化，使得批判活動建立在普遍和絕對的理性世界，對那些在批判活動中發掘出來之經驗問題，其中所充斥的衝突關係及各種複雜的交互作用，憑藉他的批判方法實已無法有效地處理（高宣揚，1999：181-182）。

Unit 12-3
Lyotard：後現代知識的狀況

　　Jean-François Lyotard（1924-1998）在《後現代狀況：關於知識的報告》（The Postmodern Condition: A Report on Knowledge, 1984）中，試圖為高度發展社會中的知識、科學與教育發展過程中的變遷，提供了一種原創性的觀點。他認為，後工業社會的知識（尤其是指科學知識）已趨向於資訊化、商品化，且高度依附於權力。在當前社會中，知識不再像過去那樣發揮自身教化的功能，而是根據人的需求被創造和消耗的商品；或是成為國與國之間為爭奪資訊的控制權，而在工業、商業、政治和軍事上的爭奪（Lyotard, 1979 / 1984: 4-5）。

　　Lyotard（1979 / 1984: 8-9）認為，現代知識正處在「合法化、正當化」的問題中。「合法化」在此指的是立法者獲得許可，頒布法令作為規範依據的過程。在資訊化時代，知識和權力已緊密地結合為一體兩面的關係，導致「誰來決定知識是什麼」的問題，比過去任何時候都更加是一種「統治、治理」的問題。Lyotard探討的是，現代情境存在的「非合法化」知識的問題，到了後現代情境中已逐漸趨向「合法化」了。

　　Lyotard以高等教育系統趨向功能化為例，說明為了讓社會系統達到最佳表現，目前高等教育的功能就是要為社會系統培養不可或缺的專業技能。這種技能的培養可從兩種趨勢發現：一種是為了因應世界的競爭，像是與資訊、通訊和網路有關的學科，在高等教育會取得較多的資源和權力；另一種是高等教育系統本身逐漸從過去對博雅教育、大學理念、追求人類解放、促進社會進度等遠大的目標，轉變為培養各種專業技術人員，或是作為在職訓練的成人教育機構，目的在於使這些人能在自己未來的與現在的社會崗位上扮演好角色（Lyotard, 1979 / 1984: 48-49）。

　　高等教育的合法化問題，讓Lyotard（1979 / 1984: 4-6）意識到「知識的供應者和使用者雙方與知識的關係」，就如同「商品的製造者和消費者與商品的關係」，知識生產的目標乃是為了販售；在日新月異的科技發展、全球化的競爭，以及資本主義市場的運作邏輯中，知識也如同消耗品、貨幣流通一樣，成為國際在競逐資訊、網路、軍事科技等方面的工具。在上述情況下，知識都是作為「交易」或「借貸」使用，而非以往人們追求「求知的喜悅」或是「為獲致真理而求知」；易言之，在後現代情境中，知識失去它自身的使用價值。

　　Lyotard觀察到，無論是「現代知識」或「後現代知識」都各自有一套合法化的基礎，無論是「上帝的真理」或「科學的真理」都各自有一套語言和遊戲規則，社會系統總會有特定的人群藉由掌握這些語言和規則，成為社會系統的支配者，將權力強加在他人身上。

　　為因應上述知識商品化和霸權的問題，Lyotard（1979 / 1984: xxiv）主張「對後設敘事的懷疑」，就是希望能解除科學知識、宰制性的權威和資本主義運作邏輯等合法化基礎，開創多元的標準，樹立不同的遊戲規則（陳幼慧，2002: 1-38）。

Lyotard版本的語言遊戲

　　Lyotard在《後現代狀況：關於知識的報告》中，將Wittgenstein「語言遊戲」轉化為研究後現代知識的方法論，各種語言表達的方式都有陳述其特性和用途的規則，這就如同西洋棋一樣，由一組規則確定了每顆棋子的特性和走法。語言遊戲有三項值得觀察的特色（Lyotard, 1979 / 1984: 10）：

特　色	說明和舉例
● 語言遊戲的規則本身並未合法化，但它們在遊戲者之間存在明確與不明確的契約（這不是說遊戲者創造了規則）。	● Lyotard（1979 / 1984: 27）指出，「敘事知識」（narrative Knowledge）屬於未合法化的知識，諸如：預言、神話、傳說、節氣、習俗和禁忌等，它本身並沒有真理或科學的權威。
● 沒有規則便沒有遊戲，只要改變一條規則，遊戲性質也會變更。如果遊戲的「玩法、走法、步法、步數」（move）和語言表達方式不能滿足於規則，則它們也就不屬於該遊戲。	● Lyotard（1979 / 1984: 27）提過的另一種知識是「科學知識」（scientific knowledge）。科學知識以自身的語法，將敘事知識歸為迷信、無知、愚昧和空想，並試圖藉由教育將人類變得文明。
● 每種語言表達應該設想為遊戲的「玩法、步法」。	● 人們能從「敘事知識」和「科學知識」的不同表達型態，觀察到它們與社會的連帶關係（social bond）（Lyotard, 1979 / 1984: 10-11）。

註1：這裡有項原則是，在遊戲中，言說就是「爭鬥、戰鬥」（to speak is to fight），且就普遍來說，言談活動屬於運動競技領域（Lyotard, 1979 / 1984: 10）。人們並不是為了「贏」才玩遊戲，而是不斷地投入於創造新句型、字詞和意義之過程的愉悅中；其中的愉悅來自於，至少贏得一位強大對手（即贏過某種既存的語言〔accepted language〕或涵義〔connotation〕）的成就感（Lyotard, 1979 / 1984: 10）。

註2：此原則在語言的層次上支持了語言的演化，也意味著即便遊戲存在著規則，但遊戲仍允許並鼓勵參與其中的人們在各種語言表達方式中，如提問（questions）、請求（requests）、主張（assertions）與敘事（narritives）盡可能地發揮彈性（flexibility）（Lyotard, 1979 / 1984: 17）。

註3：在上述原則中，還有一項補充的原則，即那些可觀察到的社會連結（social bond）乃是由語言的「步法」構成（Lyotard, 1979 / 1984: 10-11）。

Unit 12-4
Derrida：差異與多元主義

250

　　前面介紹批判教育學時，曾提到「去中心化」（decentralization, décentrement）（Giroux, 1991: 3）。它的源頭主要來自於後結構主義，代表人物Derrida將「去中心化」視爲一種從內部瓦解中心的概念。結構主義的人類學者和符號學者認爲，人的主體性乃是語言和社會結構型塑出來的產物，這些結構雖然存在著任意性和差異性，但它們仍具有封閉、單一和穩定的關係，像是認爲「意符」需要仰賴人所創造出來的「意指」才能存在，不相信意符本身具有賦予意指的力量。換言之，結構主義者依舊接受人類心靈有先天和普遍結構的觀點（朱元鴻、馬彥彬、方孝鼎、張崇熙、李世明譯，1994：39-41）。

　　後結構主義者Derrida認爲，一直以來，人們習慣賦予結構「中心」的概念，除了用以引導、平衡組織結構，也堅信它建立在穩固不變的基礎上。對大多數人來說，缺乏中心的結構是難以想像的。「中心」確立了結構的成分和形式、內部遊戲規則，構成組織內部的連貫性和整體性，這也使結構本身內容成分的轉換和術語概念的替換，都變得難度極高。換一種方式來說，當人們習慣爲事物賦予本質的概念時，本質就如影隨形地主宰事物的內容和形式。奇特的是，中心、本質這些概念不僅構成了結構內部，同時它們也可以作爲某種根源性的東西自外部構成結構本身（張寧譯，2004：546-547）。

　　上述「中心」的概念一直存在於人類思想發展的歷史中，它以不同的方式呈現在人們面前，如：終極目的、基礎、本質、主體、意識、實在、本體、實體、精神、先驗、上帝等。這些中心都是人爲創造出來的概念，它們主要的作用在於使人們以爲獲得了某種可以控制自身焦慮的確定性，那些焦慮主要來自於缺乏中心的結構之中（張寧譯，2004：547-548）。

　　當人們開始思考「中心」只是不斷重複變動的概念、在時代中不斷被替換掉的語言，並了解「中心」並沒有固定不變的位置，只具有某種功能，並總是居無定所。在充斥著不確定性的「中心」內部，有的只是無止盡的符號替換遊戲。一言以蔽之，Derrida認爲「去中心化」才是結構眞正的性質（張寧譯，2004：548-549）。

　　Derrida結合歷史、時空關係和動態的影像等素材，創造出「延異」（différance）的概念，此概念說明語言和符號都是歷史建構出來之「差異」的產物，它包括了語言中各種交織、錯綜的差異運作遊戲，其中包含了諸種異質之間的差異，以及差異的根源。「延異」的結構是沒有邊緣或界限的，人們可從這個無限且變動不居的疆界中，找到各種過往歷史的痕跡（只要世界持續變化，則凡事都有跡可循）；但它們卻沒有絕對的根源可循，如同一大片蔓延廣布的地瓜葉那樣，最初的根源早已湮沒於其中。人們也不可能在一片廣大無垠的沙漠中，找到最初產生的那一座沙丘。Derrida的延異所揭示的就是這種無限多元的可能性，並質疑一切有限、絕對、單一或二元論之觀點。

後現代主義對現代性的反動

根據前面的討論，大致可歸納三種後現代主義對現代性的反動：

現代性	後現代主義
本質主義（essentialism）	**反本質主義（anti-essentialism）**
任何事物都存在著內在且抽象的實體、形式、核心或上帝等觀念，它們都具有永恆、完美與不變的性質。	主張打破事物內外在特性的區分（張國清譯，2003：56）。
基礎主義（foundationalism）	**反基礎主義（anti-foundationalism）**
所有的認識活動，如：知識、觀念、信念和信仰等，都建立在堅實且不容置疑的基礎上。	反對關於普遍且客觀價值的所有斷言（張國清譯，2001：225）。
表象主義（representationism）	**反表象主義（anti-representationism）**
真實的信念來自於心靈中存在的圖像形式，諸種事物和經驗都必須先轉換為圖式，才能為心靈所認識。	真實的信念作用於人們在環境中的經驗和實踐活動，人的信念不能用來描摹實在之存在（黃勇譯，2004：1）。

後現代主義支持的觀點

歷史的流動性	● 歷史的概念是流動的，沒有本質或預定的線性路徑。
自我的不確定性	● 自我的概念是不穩定、不固定、沒有本質，而且是由權力所製造的，也就是沒有可以和權力分離，或是超越權力的絕對自由之處。
支持權力來自於社會內部的觀點	● 反對將權力僅僅視為負面的宰制／壓迫／壓抑，而且「在那兒」，並且是外在的。也就是說，後現代主義否定權力可以遠離自我和社會。
權力的壓制與建構	● 權力的概念無所不在，而且不只掌握在某些特定人士身上，亦即權力不僅只是負面的壓制，也牽涉到建構／產生（包含自我的產生）。
對後設敘事的質疑	● 對關於一切事務的宏觀理論（「後設敘事」／「大理論」）感到懷疑，並因此誓言拋棄基礎的、普遍性的觀點，亦即它否定那些自稱是社會、權力和自我等一切事務之絕對基礎的觀點。
多元與在地	● 多元的（多元和脈絡化地獨特性）、地方性的（小規模的）和不固定的理論。

資料來源：黃麗珍譯（2009：107-108）。

Unit 12-5
Foucault 對紀律的看法

Foucault的《規訓與懲罰》（Discipline and Punish, 1975）常為人們標誌為後現代主義、後結構主義的教育哲學著作。Foucault在書中有探討十七至十八世紀以後的政治和教育制度是如何作用在主體身上，這種作用力量即為「權力」（power）。筆者在此將介紹書中提到兩個與權力作用有關的概念：「紀律、規訓」（discipline）和「全景敞視主義」（panopticism）。Foucault（1975／1977：141-147）認為，對紀律的認識必須要從「如何部署（apparatus, dispositif）空間中的人們」開始，以下四點為主要的部署技術（何春蕤，2011a）：

第一，封閉的空間。紀律有時會在一個由圍牆保護和封閉起來的區塊、設施或機構當中施行，如：早期採取修道院式管理的寄宿學校、工廠工人的管理、軍隊的控制等，藉由強制施行寄宿制、嚴格限制工人的進出、並用很高的圍牆限制軍隊的行動，這些施加在個人身上的紀律體現出學校制度的完善、工廠能有效監督工人和控制勞動力、軍隊能維持駐軍紀律以避免擾民。

第二，空間內的分配機制。然而，封閉空間並非施行紀律的必要條件，紀律也不可能單靠封閉空間就能達成。紀律尚需要一種靈活且細緻的機制，這種機制旨在清楚區別出各個部門，安排人員到適當的位置，並建立起有用的聯繫。任何超出這種機制安排的活動都要避免，所有人員的表現無時無刻都受到監督。

第三，空間中的功能劃分。在一些特殊機構或空間中，除了可以像上一點提到的那樣達到監督並切斷有礙的聯繫，還可以創造出有用的空間。這種空間最早出現於軍醫院中，像是對醫院財務的監督，如：藥品消耗、藥量、治療方法；也有對傳染疾病的醫學監督；掌握病患人數、身分及其所屬部隊；記錄藥品使用、病人的病歷；以及隔離傳染病患者。

第四，各種紀律因素可以互換。紀律是一種等級排列（rank）的藝術、一種轉換排列的技術，各種安置個人的因素並非依據統治單位或居住地，而是根據等級排列的方式，將人安排在屬於他的位置上。教育制度是最常將個人表現和價值予以等級排列的地方，如：名次、座次、年齡分組、難度由淺至深的課程內容安排等。這些區分等級的因素總是在變化著，身處其中的人們也總是隨著各項因素而變換自身的位置。

上面四項紀律在空間中的部署技術顯示，如果沒有充足的知識和方法來規劃各種控制物品使用和個人位置的機制，並蒐集、解析和描述各種資料，那麼紀律便無從施展。這些看似理性、沒有害處、合法、正當、且有秩序的紀律，與那些直接施加在身體上的處罰，有顯著的不同。如果沒有細緻且微觀地分析，將很難感受到紀律是如何潛移默化地刻劃在身體與靈魂之中。

由紀律發展出來的部署技術，顯示了一些權力關係的問題，像是：什麼樣的力量決定了過去寄宿學校的封閉性、為何知識能生產紀律、為何紀律總是會受到挑戰等，這些在之後的討論會作扼要的說明。

全景敞視主義

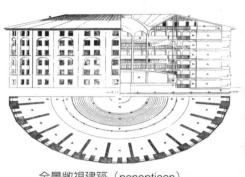

全景敞視建築（ponopticon）
資料來源：Panopticon（2014）.

古巴的模範監獄（Presidio Modelo）
資料來源：Panopticon（2014）.

全景敞視建築主要設計原則（Foucault, 1975 / 1977: 200）

1. 設計者Jeremy Bentham（1748-1832）本身為英國道德及政治哲學家，他試圖以最少的人力和經費讓監獄能有效管理。
2. 沿著環形建築建造一間間的囚室，建築物的中間有一座監督者的高塔。每間囚室裡會關進一位罪犯、瘋子、病人、工人或學生。
3. 所有囚室都有兩個開口，一個對著建築物外面，引入光線，讓囚室內的人影映照出來；一個則朝向高塔，讓高塔中的監督者隨時監看受囚者的人影。
4. 這些囚室的開口位置都配合環形建築的特色來設計，每位受囚者都會受到對面囚室的影響而處在逆光狀態，無法從面向高塔的開口看到塔中的監督者。
5. 在這種情況下，監督者可以掌握受囚者，而後者不僅無法看到監督者，更不可能與一起受囚的眾人談話和交流。

全景敞視主義的應用（Foucault, 1975 / 1977: 201-207）

1. 權力功能自動地發揮。那些受到汙名化的主體無法看到監督者，卻時時感受到自己的行為暴露在監督者的觀察之下。
2. 權力並非施加在個人身上，而是透過一套對身體、光線、視線等整體機制持續地制約每位個體。
3. 全景敞視建築可作為試驗懲罰方法、工作效率和教學方法的「實驗室」，還能發揮持續監控和評定內部工作同仁的「自我監控」功能。
4. 這種建築的特色在於能集中權力於少數人，而其中部署的各種機制會自動地發揮功能，讓錯誤和犯罪發生之前就能預先防範。
5. 支配者不需要使用任何物質的手段，只要細緻地調整權力的作用，便能影響每位受囚者的精神層面，各種物質和人力的花費也得以達到最小化。

　　Bentham相信，全景敞視主義不但能用於具有教育、醫療、生產和懲罰功能的施政之中，還能促進道德、健康、工作活力和教育等的發展。

Unit 12-6
Foucault 對權力關係的看法

前面對紀律和全景敞視主義的介紹，都直指它們共同的權力作用性質。大致來說，Foucault（1976 / 1978: 94-96）認為分析權力需要留意五項基本命題（何春蕤，2011b）：

第一，權力是從無數個不對等與動態關係的交互作用，它並非是可以獲得、擁有或分享的事物。這些交互作用包含各種複雜的調度、謀略、技術和運作等戰略，人們需要設法分析它們運作的細節，並了解它們的存在總是包含有無數個不確定和不穩定的衝突和鬥爭，此即Foucault（1975 / 1977: 26）所謂「權力的微觀物理學」（micro-physis of power）之意涵。

第二，權力來自於關係的內部並在其中生產出權力，如：經濟發展、知識關係、性關係，它在這些歷程和關係之內，直接地作用壓制和生產力量。所以說，知識不會存在於沒有權力關係的地方，知識和權力彼此相互蘊含，知識建構會伴隨著權力關係的產生，而權力關係也生產出知識架構（Foucault, 1975 / 1977: 27）。

第三，權力關係就像複雜且總是變動著的網絡一樣，它並非統治者與受統治者的二元對立。它是在各種局部且多重的機制相互作用中，生產出一條貫串整體社會且連結在一起的力量軌跡。當然，這些各種各樣的機制也會重新組織和分配原來的權力關係。

第四，權力關係有其非主觀的意向性。雖然確實曾經存在權力關係的發生源頭，包含發明者與其動機，但是當各種局部運作的關係相互連結並且廣泛且長時間地作用於社會整體時，人們便很難再認清它的源頭，許多匿名的大敘事（像是理所當然存在的觀念和傳統）便具有這種特徵。

第五，抵抗是權力關係中永遠無法消除的對立面。抵抗來自於權力關係內部，它存在各種情況，如：可能的、必要的、不可能的、自發的；它呈現的形式也很多元，如：野蠻、粗暴、孤立、不可妥協、可妥協的、奮不顧身的。抵抗是權力關係中無法消除的對立面，即便抵抗帶來的後果是失望和失敗，它仍然會像權力呈現不規則的散布一樣，以各種強度不等的方式發生。

從紀律的部署可以發現它們透過區別的方式，將主體劃分為合乎常規、正常的人，以及違反常規、不正常的人。紀律主要的作用就是要矯正和調整那些違反常規或不正常的人，使他們能成為社會上有用的、有價值的人。另外，人們也會發現部署紀律的機制總是不斷地更改區別的規則，或是創造新的區別體系來劃分主體。從全景敞視建築的設計概念，可以看出「知識－權力」相互作用的關係，全景敞視主義雖然將受支配者、受囚者等人置於無所不在且自動運作的權力普照之中，但它也生產出秩序、規律、道德、穩定和健康。

整體來說，在Foucault那裡，權力並非徹底的懲罰、壓迫、支配、宰制和死亡；權力也透過預測、統計、測量等整體技術，管控和調節（regulation）人的生老病死、生產活動和繁衍等與人口（population）有關的事情，此即Foucault（1997 / 2003: 242-243）所謂的「生命權力」（bio-power）。

一種反轉權力關係的源頭

　　從權力關係的五項基本命題來看，Foucault關心的哲學問題並不在於知識的推論過程或陳述的真偽問題，而是為何知識能生產出權力、真理為何是權力關係的產物等問題。

　　Foucault注意到，在實際上將無所不在的權力關係揭露出來，或是把紀律的壓抑和宰制性凸顯出來，它們並非純粹知識或真理的問題，它存在著「由誰來說」、「為何要說」，以及「為何說出來是這樣地重要」等問題（鄭義愷譯，2005：229）。

　　Foucault（2001: 11-20, 105-108；鄭義愷譯，2005：156-159）曾分析古希臘和羅馬時期興起之「說真話」（parrhêsia）的歷史，他發現上述問題根源於西方的「批判」傳統，他把古希羅時期「說真話」的文化形式刻劃如下：

自我實踐	說真話在希羅文化的哲學出現時，並不是某種概念或主題，而是一套自我的實踐。在實踐過程中，說真話者追求的是真理與生活的和諧，也就是設法讓自身能言行一致、知行合一。
關心自己與他人	說真話的目標在於讓某人相信，他必須關心自己與他人；換言之，他必須先從改變自己的生活開始，有自尊尊人、自愛愛人的意謂。在哲學實踐中的說真話，改變自己不僅只是改變自己信念或是意見而已，還有自己的生活風格、自己跟他人的關係，以及自己跟自己的關係。
串聯自我與真理	說真話的實踐隱含了自我和真理的複雜連結，就像是在「追求真理的自我」以及「探究自我的真理」兩者之間不斷地循環，其中需要說真話者坦率批評和質疑的品格，其信念能與真理契合無間，對說真話之後可能產生的危險仍然堅定不移，並認為說真話是一項自發性的義務。

　　大多數的說真話者總是處在地位較低或是沒有權力的一方，當這些人能自發地實踐說真話的勇氣時，他們的批評力道將更能警醒眾人（鄭義愷譯，2005：46-57）。

資料來源：Michel Foucault (2014).

255

Unit 12-7
Foucault 的自身關係倫理學

　　1981至1982年，Foucault（2001 / 2005: 543-544）很慎重地將主體的問題（自我與他人的關係）列為他所要探討的議題。根據前面的介紹，那些構成權力、抵抗權力、分析權力關係、認清支配者運作權力的形式和技術等，都聚焦於人與人之間的關係，也可以說都與「政治」有關。當權力能細緻地影響個人精神層面時，人們應該很清楚地認知到，權力早已普遍、直接地滲入日常生活，並將人們加以分門別類，從個性、身分到一切的行為舉止都受到國家或真理的規範。

　　與過去的工作相比，Foucault（2001 / 2005: 252）在後期的著作中明確指出，「權力關係、治理性（governmentality）、對自我與他人的治理，以及自身關係」，不僅構成了一條能將政治和倫理問題串連起來的線索，也形成了一種可反轉（reversible）權力的力量。Foucault（2001 / 2005: 15）發現，Descartes哲學刻意凸顯古希臘哲學中的「認識你自己」（know thyself），也就是將主體視為自明的存在，而真理就寓於其中。Foucault認為這種看法忽略了古希臘人對「認識你自己」的認知，乃是建立在「關注自身」（care of the self）的主體塑造之中。Foucault在意的是：「讓主體達到真理的條件和限制是什麼？」「主體」並非自明的存在，「如果一個人沒有持續地以探究、實踐和體驗來塑造自身的精神或靈魂，那要怎麼達到真理呢？」這是他提出自身關係倫理學的主要背景。

　　自身關係倫理學不只是具有倫理學和政治學的性質，它還具有美學的內涵。人們可以將它看成是一種將自我風格化的技藝、操作和修練。真理並非存在於自明的主體之中，而是主體透過不斷地自我修練和追求而逐漸獲得的東西。在「關注自身」的實踐中，Foucault也從未強制規範出一套具體的操作形式；他讓這樣的實踐帶有偶然性，因為主體從來就不是可以預先確定的存在。在古希臘人那裡，關注自身是終生都不能停下來的事情。主體的不確定性也說明關注自身的實踐無法單靠一個人完成，不能忽略了投入各種社會關係的實踐，更不能以獨善其身的態度拒他人於千里之外。

　　根據上一段說明，「塑造自身精神或靈魂的實踐」並不只是要求個人「向心靈深處」回憶或探索。Foucault（2001 / 2005: 500）觀察到，羅馬人對關注自身的實踐，並不像Plato那樣要求人回憶埋藏在心靈深處的靈魂，而是有一套將「主體和真理」聯繫起來的技術，如：傾聽、書寫和自我省察。傾聽在Socrates那裡是藉由探問引導人們將自己知道的說出來；羅馬人則是設計一套傾聽的規範，像是身體要保持何種姿勢、如何引導某人的注意力、如何將說過的話保留下來等。書寫是將所學記下來，時常閱讀，落實這些內容。自我評價則是將學過的內容記憶下來的實踐。

　　對教育領域而言，Foucault於自身關係倫理學的貢獻，會比他對紀律和權力的分析更有教育的意義與價值。在「自我實現」與「社會團結」的教育目標之間，他指引了一種倫理、政治和美學的實踐可能。這種可能性不僅是人們抵抗無所不在的權力最有力的支點，也是最需要運用教育手段與目的來陶冶個人的地方。

關注自身的內涵

按Foucault（2001 / 2005: 494-497）對歷史的考察，古希臘和羅馬時期的關注自身有幾項重點：

重　點	說　明
修身技藝	• 關注自身是一種專注於自身的生活方式，個人應該「終其一生」並「時時刻刻」以自己為對象關注自己；只有從自身出發，個人才能關心照顧他人。 • 這種「轉向自身」的過程是Plato哲學的一項課題，Socrates也說過：「未經省察的（unexamined）生活是不值得過的。」 • 在中文裡，轉向自身也有反求諸己的意味。 • Foucault認為，轉向自身就是把各種「自身的關係」找出來，讓自己能夠自立自主，與自身一同享受愉悅，完全地掌握和控制自己。
社會實踐	• 關注自身要求個人不能自外於社會，必須要投入於各種社會關係的實踐。 • 各種社會關係之所以有助於修養卓越的靈魂，乃是因為關注自身需要得到他人的幫助，只靠自己的力量是無法完成的。
自我教化	關注自身強調自我的教化，其主要有三項功能： **批判**：個人需要擺脫不好的習慣、忘掉從群眾那裡聽到或是從教師那裡學到的虛假意見。 **爭鬥**：它是持續不斷的戰鬥過程。關注自身並不是要讓個人成為對社會有價值的人，他需要擁有與自己人生戰鬥的武器和勇氣。 **療癒**：古希臘人認為哲學的功能就是治療靈魂的疾病，因此教化本身帶有如：護理、醫治、切除和清除等用於身體和靈魂的隱喻。

257

Unit **12-8**
Rorty 的後哲學文化

258

　　Rorty屬於新實用主義（neo-pragmatism）、後分析哲學（post-analytic philosophy）、解構（deconstruction）與後現代主義等哲學陣營的美國思想家。他在《哲學與自然之鏡》（Philosophy and the Mirror of Nature, 1979）中，提出著名的「自然之鏡」之比喻，闡釋Descartes和Locke以來的二元論哲學傳統。Rorty將心靈比喻為一面潔白無瑕的鏡子，人的意識和認識活動皆得自於這面鏡子所映照（再現）出來的表象，人們不僅無從改變表象，更不可能將表象拿來與外在事物相互比較（呂子瑜，2000：33-35；何春蕤，1993：30）。這種「符應的真理理論」（the correspondence theory of truth）認為，一個信念或命題在客觀世界中可以找到與之相應的現象時，即為真（林逢祺，2004：33-34）。Rorty批判符應的真理理論，因為這種知識論將主客體對立起來，讓理念世界和經驗世界之間產生了無從消弭的巨大鴻溝。

　　另一種是由分析哲學開展出來的知識理論，即「融貫的真理理論」（the coherence theory of truth），其認為當一個信念或命題與既有的信念或命題相一致，在邏輯上不互為矛盾，即為真（林逢祺，2004：33-34）。Rorty認為分析哲學，尤其是原子論的分析哲學，將心靈與大腦緊密聯繫起來，並主張如要解釋人類為何能認識到物理世界存在的各種事實，就要探討語言活動。於是，原子論者將哲學引入科學之中，致力於鍛鍊心靈的語言分析方法，使心靈能愈來愈明晰和專業。Rorty反對原子論的分析哲學所欲達到的真理理論，他認為哲學家的任務不在於提出成套的語言分析方法或準則，而是對語言的用法提出建議，使新語彙能導入人類交流和傳播的歷程中。這樣的過程就像是講述故事、與人對話、或是將過去的事物予以重新描述、將歷史傳統重新再脈絡化一樣（Rorty, 2007: 120-130）。

　　Rorty勾勒出一種「後哲學文化」（post-philosophical culture）試圖要回應下面問題：如果大寫的哲學、大寫的真理消失了，如果不再有任何標準可以更加接近真理或使人變得更加理性，如果沒有任何人可以作為最深刻、最完美的模範時，那麼人類的未來和希望又在哪裡？他希望哲學不再是一門探討永恆主題的學門，而是一種促進人類交流的文化類型（趙敦華，1988：192-193）。在後哲學文化中，詩人、小說家、藝術家所發揮的作用，有別於哲學家對舊語彙的探討，他們的作品創造新的語彙，引導人們領略未知的可能性，增進人們對彼此處境和行為的敏感性和想像力，同時也能和哲學一樣提供「世界觀」（林南譯，2007：313-314）。

　　在Rorty設想的後哲學文化中，教育活動在某種程度上訴諸於人們的道德情感，他反對分析哲學的「教育人」理念，因為這種理念只是要求別人追隨某一種「論證」。他明確指出，一切教育絕不會只有「論證」的問題。對他來說，以批判思考展開對意識型態的討論和判斷；設身處地的包容和寬容非理性；在追求民主團結的普遍共識上，相互信任、對話、同理和同情彼此的處境和訴求等，才是民主與本土教育所要努力的方向（林南譯，2007：179-180, 184-185）。

後哲學文化（post-philosophical culture）的主要特色

哲學特色	說　明
具有文化批評的功能	當哲學家不再提供終極的理論或語言後，其角色便轉化為博學多聞的文化批評家，他們擴大和包容各種語彙和概念的意義和用途、洞察社會生活的問題、提供人們追求幸福與團結的建議、促進人們彼此的理解和合作，但不會提供永恆、絕對、必然的真理或內在的本質等理論給人們。
創造各種不同的哲學文化	作為文化批評家的哲學家角色，他們提出的哲學理論就如同某種文化類型一樣，主要著眼於重新描述既有的理論和思想，以及促進人類的對話和交流。
為人們創造對話的空間和機會	在後哲學文化中，各種理論會隨時代變遷而逐漸過時，因此，哲學家或知識分子並不需要承擔起證明普遍價值的責任，而是要提供各種論述，為那些與自己有關的人們，以及彼此有共同目標的人們，創造對話的空間和機會。
訴求情感與團結	在這樣的文化中，人們並不會因此喪失了存在於彼此文化中的信念和價值的支持力量。人們彼此休戚與共的關係，依然會使社會和文化得以維繫下去，而身處在這種境況中的人們，在追求個人自我實現之餘，仍舊保有社群生活之相互連結的道德情感。

資料來源：黃勇譯（2004：16-17）；呂子瑜（2000：94-99）。

後哲學文化中的教育

教育特色	說　明
教師為文化批評家	在後哲學文化中，學校的教師就不只是一位教學專家或藝術家，他們同時也是深具反思和批判能力的文化批評家，負有洞察社會發展之問題及促進公眾彼此理解與合作的責任。在這樣的氛圍中，教師們將成為教育思想、發展與政策的生產者和創造者，因為他們是這個領域最常與學生、家長和社會公眾互動的角色，同時也是最了解多數人對教育之期盼的批評家。
教育學者專家為教師的支持者	教育學者專家在後哲學文化的角色要積極與學校教師相互交流，參與教師團體、教師們的社會和政治活動，以及為教師們提供更多的論述與情感的支持，挹注更多能量於教師的行動之中。
講究民主的審議、試驗和對話	根據上面兩點說明，可以了解後哲學文化訴求的是具有高度包容性的民主社會。在教育政策的制定和實施上，它需要普遍的審議以及試驗，不論是由上至下或由下至上的政策決定模式，它都必須保持對話的開放、接納質疑與批判，充分考慮各種可行的方案。

參考文獻

中文部分

Obert, M.（2005）。生活世界、肉身與藝術——梅洛龐蒂（Maurice Merleau-Ponty）、華登菲（Bernhard Waldenfels）與當代現象學。臺大文史哲學報，63，225-250。

于曉（譯）（2008）。C. Geertz 著。深描說：邁向文化的解釋理論。載於韓莉（譯），文化的解釋（The interpretation of cultures: selected essays）（頁 3-34）。南京市：譯林。

方永泉（2006）。批判取向的教育哲學發展、議題及展望。載於李錦旭、王慧蘭（主編），批判教育學：臺灣的探索（頁 23-57）。臺北市：心理。

方永泉（譯）（2003）。P. Freire 著。受壓迫者教育學（Pedagogy of the oppressed）。臺北市：巨流。

王又如（譯）（1995）。R. Tarnas 著。西方心靈的激情（The passion of the western mind: Understanding the ideas that have shaped our world view）。臺北市：正中。

王俊斌、馮朝霖（2003）。詮釋學的發展與教育哲學。載於邱兆偉（主編），當代教育哲學（頁 91-127）。臺北市：師大書苑。

王建新（譯）（1991）。W. H. Kilpatrick 著。教學方法與原理——教育漫談（Foundations of method: Informal talks on teaching）。北京市：人民。

王炳文（譯）（2005）。E. Husserl 著。歐洲科學的危機與超越論的現象學。北京市：商務。

王炳文、張金言（譯）（1995）。H. Spiegelberg 著。現象學運動（The phenomenological movement）。北京市：商務。

王紅欣（譯）（2010）。R. B. Westbrook 著。杜威與美國民主（John Dewey and American democracy）。北京市：北京大學。

王連生（2000）。開放教育運動。教育大辭書。2014 年 7 月 17 日，取自 http://terms.naer.edu.tw/detail/1311866/

王瑞賢（2007）。社會階級、教育傳遞與社會控制——伯恩斯坦思想之導讀。2012 年 10 月 8 日，取自 http://www.nhu.edu.tw/~edusoc/bookindex/book/bernstein/class-edu.doc

王運成（譯）（1962）。J. -J. Rousseau 著。論政治經濟學（Discourse on political economy）。北京市：商務。

王毅丰（2010 年 3 月 3 日）。恐同公文打壓青少年同志，北市教育局澄清道歉。苦勞網：苦勞報導。2013 年 1 月 2 日，取自 http://www.coolloud.org.tw/node/50764

王磊、李航（譯）（2012）。A. K. Sen 著。正義的理念（The idea of justice）。北京市：中國人民大學出版社。

王雙洪（譯）（2007）。M. P. Nichols 著。蘇格拉底與政治共同體——《王制》義疏：一場古老的論爭（Socrates and the political community: An ancient debate）。北京市：華夏。

王麗雲（譯）（2002）。M. W. Apple 著。意識型態與課程（Ideology and curriculum）。新北市：桂冠。

伍厚愷（1997）。孤獨的散步者：盧梭。成都市：人民。

伍振鷟（編）（1999）。教育哲學。臺北市：五南。

伍振鷟、林逢祺、黃坤錦、蘇永明（2010）。教育哲學。臺北市：五南。

曲囡囡，劉明堂（譯）（2008）。M. W. Apple 著。教育與權力（Education and power）。上海市：華東師範大學。

朱元鴻、馬彥彬、方孝鼎、張崇熙、李世明（譯）（1994）。S. Best、D. Kellner 著。後

現代理論——批判的質疑（Postmodern theory: Critical interrogations）。臺北市：巨流。

朱美珍、李秀鳳、吳怡慧、洪鼎堯、莊易霖（譯）（2008）。N. Noddings 著。教育道德人：品格教育的關懷取向（Educating moral people: A caring alternative to charcter education）。臺北市：巨流。

朱啓華（2000a）。定言令式。教育大辭書。2014 年 1 月 20 日，取自 http://terms.naer.edu.tw/detail/1306316/

朱啓華（2000b）。普通教育學。教育大辭書。2014 年 1 月 20 日，取自 http://terms.naer.edu.tw/detail/1311248/

朱啓華（2010）。J. F. Herbart 普通教育學在全球化下的修正及其蘊含意義。高雄師大學報，29，101-118。

江怡（2005）。《邏輯哲學論》與《哲學研究》的比對。中國人民大學哲學院——哲學在線。2005 年 12 月 10 日，取自 http://philosophyol.com/pol04/analytic/news/article/200501/1491.html

江珍賢（譯）（1992）。S. Harding 著。女性主義，科學與反啓蒙批判。島嶼邊緣，2，57-76。

江國琛（2008）。論洛克的財產權理論。國立清華大學哲學研究所，未出版，新竹市。

但昭偉、簡紅珠（2000）。教學。教育大辭書。2014 年 1 月 20 日，取自 http://terms.naer.edu.tw/detail/1309782/?index=13

何兆武（譯）（1997）。J.- J. Rousseau 著。社會契約論（The social contract）。北京市：商務。

何兆武（譯）（2002）。J.- J. Rousseau 著。科學與藝術的復興是否有助於敦化風俗？（Discourse on the sciences and arts）。載於李瑜青（編），盧梭哲理美文集（頁 207-244）。臺北市：臺灣先智。

何佳瑞（譯）（2008）。R. E. Palmer 著。理解的普遍過程：高達美詮釋學中的七個關鍵字。哲學與文化，35（2），121-144。

何春蕤（1993）。與解構對話：羅逖的實用主義策略。中外文學，22（7），29-44。

何春蕤（2011a）。傅柯專題第五週：Discipline and Punish III—Discipline。2014 年 5 月 17 日，取自 http://sex.ncu.edu.tw/course/Michel%20Foucault/class/foucault_1012.htm

何春蕤（2011b）。傅柯專題第九週：History of Sexuality—III (Deployment of Sexuality)。2014 年 5 月 17 日，取自 http://sex.ncu.edu.tw/course/Michel%20Foucault/class/foucault_1130.htm

余鴻榮（譯）（1997）。J.- J. Rousseau 著。懺悔錄（Confessions）。臺北市：志文。

吳志宏（譯）（1994）。A. N. Whitehead 著。教育的目的（The aims of education）。臺北市：桂冠。

吳俊升（1979）。教育哲學大綱。臺北市：臺灣商務。

呂子瑜（2000）。詩性政治：一個實用主義者的後啓蒙自由主政治想像。國立中山大學政治學研究所碩士論文，未出版，高雄市。

宋素風（譯）（2009）。J. Bulter 著。性別麻煩：女性主義與身分的顛覆（Gender trouble : Feminism and the sunversion of identity）。上海市：上海三聯。

李平漚（譯）（1989）。J.-J. Rousseau 著。愛彌兒（Émile）。臺北市：五南。

李幼蒸（譯）（1994）。R. Rorty 著。哲學和自然之鏡（Philosophy and the mirror of nature）。臺北市：桂冠。

參考文獻

李玉馨（2009）。新手教師的使命與困境：從 Dewey 哲學論臺北市教學導師制度之改進。當代教育研究，17（1），107-136。

李玉馨（2010）。「進步」的揭示與開創：論杜威學說與美國進步主義教育各派別之差異。教育科學期刊，9（2），53-76。

李玉馨（2014）。二元調和：杜威的教育哲學研究方法。載於林逢祺、洪仁進（主編），教育哲學：方法篇（頁 543-559）。臺北市：學富文化。

李安妮（2007）。認識性別主流化。2009 年 12 月 25 日，取自 http://www.womenweb.org.tw/mainweb/document/index.asp?Document_ID=82

李佳馨、吳虹蓉（譯）（2008）。R. E. Palmer 著。詮釋學今日提供給我們什麼（What hermeneutics offers us today）。哲學與文化，35（2），5-20。

李其龍（譯）（1989）。J. F. Herbart 著。普通教育學（Allgemeine Pädagogik aus dem Zweck der Erziehung abgeleitet）。北京市：人民教育。

李咏吟（2000）。五段教學法。教育大辭書。2014 年 8 月 8 日，取自 http://terms.naer.edu.tw/detail/1302641/

李奉儒（2004）。教育哲學——分析的取向。臺北市：揚智。

李奉儒（導讀）（2008）。R. S. Peters 著。教育的證立（The justification of education）。教育哲學經典研讀會。2012 年 9 月 18 日，取自 http://academic.ed.ntnu.edu.tw/~scpe/txt/910902.htm

李明輝（譯）（2002）。I. Kant 著。康德歷史哲學論文集。臺北市：聯經。

李淑菁（2009）。國家、社會與政策：一個大圖像的性別教育觀看方式。教育社會學通訊，76，32-39。2012 年 12 月 31 日，取自 http://www.nhu.edu.tw/~edusoc/ar/ar_index/76.htm

李淑菁（2011）。性別教育的論述角力：教師的詮釋與想像。教育與社會研究，22，39-92。

李復新、馬小梅（譯）（1999）。A .E. Meyer 著。當代教育發展史：二十世紀教育發展回顧（The development of education in the twentieth century）。臺北市：桂冠。

李琪明（2000）。道德教學。https://pedia.cloud.edu.tw/Entry/Detail/?title=%E9%81%93%E5%BE%B7%E6%95%99%E5%AD%B8

李雅婷（2008）。T. Brameld 重建論之教育思想研究。彰化師大教育學報，12，1-24。

李維倫（譯）（2004）。R. Sokolowski 著。現象學十四講（Introduction to phenomenology）。臺北市：心靈工坊。

李錦旭、王慧蘭（2006）。編者序。載於李錦旭、王慧蘭（主編），批判教育學：臺灣的探索（頁 v-viii）。臺北市：心理。

汪文聖（2001）。現象學方法與理論之反思：一個質性方法之介紹。應用心理研究，12，49-76。

周玉秀（2000）。科尼斯堡大學（德國）。教育大辭書。2014 年 1 月 20 日，取自 http://terms.naer.edu.tw/detail/1307682/

周珮儀（1999）。從社會批判到後現代——季胡課程理論之研究。臺北市：師大書苑。

孟湘砥、胡若愚（譯）（1993）。W. F. Connell 著。近代教育史（A history of education in the twentieth century world）。臺北市：五南。

林玉体（1991）。西洋教育史。臺北市：文景。

林玉体（1999）。西洋教育史。臺北市：師大書苑。

參考文獻

林玉体（2013）。教育「是」⋯⋯，教育「似」⋯⋯。載於林逢祺、洪仁進（主編），
　教育哲學：隱喻篇（頁3-20）。臺北市：學富文化。

林宏濤（譯）（1995）。P. Ricoeur 著。詮釋的衝突（The conflict of interpretations）。
　臺北市：桂冠。

林枝旺（2005）。簡介 Coleman 之社會資本理論。網路社會學通訊期刊，51。2012 年
　10 月 8 日，取自 http://www.nhu.edu.tw/~society/e-j/51/51-18.htm

林芳玫（2009）。性別主流化在台灣：從國際發展到在地化實踐。論文發表於臺灣新世
　紀文教基金會舉辦之「臺灣、聯合國與婦女地位的提升」座談會，臺北市。

林南（譯）（2007）。R. Rorty 著。實用主義哲學（Pragmatism philosophy）上海市：譯文。

林建福（2009）。德行取向的道德教育：從亞里斯多德、康德與彌爾的德行思想到當代
　品格教育。臺北市：學富文化。

林逢祺（2004）。教育規準論。臺北市：五南。

林逢祺（譯）（1994）。I. Scheffler 著。教育的語言（The language of education）。
　臺北市：桂冠。

林逢祺（譯）（2001）。R. S. Peters 著。教育哲學（The philosophy of education）。載於 J.
　W. Tibble（編），教育學研究（The study of education）（頁 67-101）。臺北市：桂冠。

林逢祺（譯）（2010）。J. Rachels 著。道德哲學要義（The elements of moral
　philosophy）。臺北市：桂冠。

林逢祺、王力恒、余豪傑、周志聰、林嘉英、游春音、賴韻如、謝廣錚、蘇致嫻（2010）。
　Maxine Greene《釋放想像力》思想及其對教師專業發展的啓示。載於國家教育研究
　院與國立編譯館主辦之「美學取向課程與教學之理論建構與應用」學術論壇（頁 157-
　176），臺北市。

林逢祺、洪仁進（主編）（2013）。教育哲學：隱喻篇。臺北市：學富。

林朝億（2014 年 3 月 9 日）大反彈 139 位歷史學者連署抗議課綱調整。新頭殼
　newtalk。2014 年 4 月 20 日，取自 http://newtalk.tw/news/2014/03/09/45068.html

林曉雲（2014，4 月 17 日）。立委揭朱雲鵬監軍 黑箱修改課綱。自由時報。2014 年 4
　月 20 日，取自 http://news.ltn.com.tw/news/focus/paper/771483

邱子修（2010）。台灣女性主義批評三波論。女學學誌：婦女與性別研究，27，251-
　273。

邱兆偉（編）（2000）。教育哲學。臺北市：師大書苑。

邱兆偉（編）（2003）。當代教育哲學研究。臺北市：師大書苑。

邱兆偉、簡成熙（2000）。哲學與教育哲學。載於邱兆偉（主編），教育哲學（頁1-31）。
　臺北市：師大書苑。

金耀基（2003）。大學之理念。臺北市：時報。

施宜煌、賴郁璿（2010）。「教師即陌生人」隱喻對教師教學的啓示。當代教育研究，
　18（1），111-145。

施盈廷、劉忠博、張時健（譯）（2011）。M. Alvesson、K. Sköldberg 著。反身性方法論：
　質性研究的新視野（Reflexive methodology: New vistas for qualitative research）。
　新北市：韋伯文化。

洪仁進（1998）。教育哲學取向的轉移：從皮德思到卡爾。國立臺灣師範大學教育研究
　所博士論文，未出版，臺北市。

洪仁進（導讀）（2008）。K. Harris 著。R. S. Peters 論學校教育（Peters on schooling）。教育哲學經典研讀會。2012 年 9 月 17 日，取自 http://academic.ed.ntnu.edu.tw/~scpe/txt/930920-1.htm

洪漢鼎（等譯）（1998）。D. J. O' Conner 著。批判的西方哲學史（上）（A critical history of western philosophy）。臺北市：桂冠。

洪漢鼎（譯）（2004a）。H.-G. Gadamer 著。真理與方法：哲學詮釋學的基本特徵（上卷）（Truth and method）。上海市：上海譯文。

洪漢鼎（譯）（2004b）。H.-G. Gadamer 著。真理與方法：哲學詮釋學的基本特徵（下卷）（Truth and method）。上海市：上海譯文。

洪漢鼎（譯）（2005）。H.-G. Gadamer 著。詮釋學（Hermeneutik）。載於洪漢鼎（編譯），詮釋學經典文選（下）（頁 209-227）。臺北市：桂冠。

胡茹萍（2011）。美國 1862~1963 年職業教育法之回顧。教育資料集刊，51，89-106。

范捷茵（2014，4 月 17 日）。檢核小組太上皇？學批課綱黑箱。台灣醒報。2014 年 4 月 20 日，取自 http://anntw.com/articles/20140417-pvYP

倪梁康（1994）。現象學及其效應——胡塞爾與當代德國哲學。北京市：三聯。

倪梁康、張廷國譯（2005）。E. Husserl 著，K. Held 編。生活世界現象學。上海市：譯文。

徐光台（1983）。邏輯經驗論的價值論及其在教育上的意義。教育研究集刊，25，1-11。

徐宗林（1979）。重建主義教育哲學。高雄市：復文。

徐宗林（1991）。西洋教育史。臺北市：五南。

徐敏雄（無日期）。啟蒙時代基督教的社會服務理念。2014 年 8 月 7 日，取自 http://www.fhl.net/sms/study-7.htm

徐學庸（譯注）（2009）。Plato 著。《理想國篇》譯注與詮釋。臺北市：臺灣商務。

高宣揚（1999）。後現代論。臺北市：五南。

高煜（譯）（2002）。J.- J. Rousseau 著。論人類不平等的起源和基礎（Discourse on the origin and foundations of inequality among men）。桂林市：廣西師範大學。

國立臺灣歷史博物館（2010）。臺灣第一個本土獨立婦女團體——彰化婦女共勵會（1925-）。2014 年 4 月 20 日，取自 http://women.nmth.gov.tw/zh-tw/Content/Content.aspx?para=297&page=0&Class=84

崔光宙（2000）。美感判斷力。教育大辭書。2014 年 1 月 20 日，取自 http://terms.naer.edu.tw/detail/1307772/?index=2

張光甫（2003）。教育哲學：中西哲學的觀點。臺北市：雙葉書廊。

張君玫（譯）（2010）。D. J. Haraway 著。猿猴、賽伯格與女人：重新發明自然（Simians, cyborgs, and women: The reinvention of nature）。臺北市：群學。

張育瑛（2007）。盧梭教育哲學思想之研究。國立政治大學教育學系哲學組碩士論文，未出版，臺北市。

張映偉（譯）（2006）。G. Krüger、Friedländer、E. Voegelin 著。《王制》要義（Three interpretations of Plato' s Politeia）。北京市：華夏。

張盈堃、郭瑞坤（2006）。批判教育學只是個名：關於翻譯政治的討論。載於李錦旭、王慧蘭（主編），批判教育學：臺灣的探索（頁 261-317）。臺北市：心理。

張盈堃、彭秉權、蔡宜剛、劉益誠（譯）（2004）。B. Kanpol 著。批判教育學導論（Critical pedagogy: An introduction）。臺北市：心理。

張晉芬（1999）。私有化符合誰的利益？：檢視台灣公營事業所有權移轉的社會效果。臺灣社會學研究，3，115-152。2014 年 7 月 25 日，取自 http://www.ios.sinica.edu.tw/ios/publish/3rd/changcf.htm

張竝（譯）（2011）。P. Nemo 著。民主與城邦的衰弱——古希臘政治思想史講稿（Histoire des idées politiques dans l'Antiquité et au Moyen Âge）。上海市：華東師範大學。

張酒雄（2002）。學生身心的發展與特徵。載於林生傳（主編），教育心理學（頁 17-80）。臺北市：五南。

張國清（譯）（2001）。R. Wolin 著。文化批評的觀念——法蘭克福學派、存在主義和後結構主義（The terms of cultural criticism: The Frankfurt School, existentialism, poststructuralism）。北京市：商務。

張國清（譯）（2003）。R. Rorty 著。後形而上學希望——新實用主義社會、政治和法律哲學（Post-metaphysical hope: Neo-pragmatist essays in social, political, and legal philosophy）。黃勇（編）。上海市：譯文。

張寧（譯）（2004）。J. Derrida 著。書寫與差異（L' ecriture et la difference）。臺北市：麥田。

張憲（2002）。「生活世界」與「生活—世界」——一種中國哲學本體詮釋的可能性。中國現象學網。2008 年 12 月 31 日，取自：http://www.cnphenomenology.com/0209232.htm

教育學（2014，2 月 5 日）。Wikipedia, the free encyclopedia。2014 年 4 月 20 日，取自 http://ja.wikipedia.org/wiki/%E6%95%99%E8%82%B2%E5%AD%A6

教育部（2010a）。性別平等教育白皮書。2014 年 6 月 24 日，取自 https://www.gender.edu.tw/news/news.asp?keyid=258

教育部（2010b）。性別平等教育全球資訊網。2014 年 6 月 24 日，取自 https://www.gender.edu.tw/

教育部（2019）。教育部品德教育促進方案。https://ce.naer.edu.tw/tw/about/index.php?kind=23

梁福鎮（2006）。教育哲學：辯證取向。臺北市：五南。

章國鋒（譯）（2003）。J. Habermas、M. Haller 著。作為未來的過去（The pass as future: Vergangenheit als Zukunft）。臺北市：先覺。

許光麃、黃建松（2008）。英國運動教育改革家：湯馬斯·阿諾德。國立臺灣體育大學學報，21，39-52。

許育萍（2010）。懷特（John White）的美好生活觀及其教育蘊義。國立臺灣師範大學教育研究所碩士論文，未出版，臺北市。

郭夏娟（譯）（2005）。B. Arneil 著。政治學與女性主義（Politics and feminism）。北京市：東方。

郭實渝（2003）。後現代思潮與生態文化教育理念。載於邱兆偉（主編），當代教育哲學（頁 247-273），臺北市：師大書苑。

陳幼慧（2002）。現代與後現代之爭：李歐塔（Jean-François Lyotard）對後現代知識狀態的反省。教育哲學與文化，4，1-38。

陳幼慧（2007）。斯普朗格（Eduard Spranger）「文化教育學」（Kulturpädagogik）：精神發展與實施「通才教育」、「專門教育」的先後順序。通識在線，10，24-27。

陳迺臣（譯）（1988）。George F. Kneller 著。教育哲學（Introduction to the philosophy of education）。高雄市：復文。

陳榮華（2006）。海德格存有與時間闡釋。臺北市：國立臺灣大學出版中心。

陳維綱（譯）（1986）。M. Buber 著。我與你（Ich und Du）。北京市：三聯。

陸興華（譯）（2005）。S. Kierkegaard 著。懷疑者（Johannes Climacus, eller De omnibus dubitandum est）。臺北市：商周。

傅佩榮（譯）（1986）。F. Copleston 著。西洋哲學史（一）——希臘與羅馬（A history of philosophy Vol. 1: Greece and Rome）。臺北市：黎明文化。

傅偉勳（2004）。西洋哲學史。臺北市：三民。

單中惠、馬曉斌（譯）（2009）。L. A. Cremin 著。學校的變革（The transformation of the school）。濟南市：山東教育。

彭秉權（譯）（2005）。B. Kanpol 著。批判教育學的議題與趨勢（Issues and trends in critical pedagogy）。高雄市：麗文。

曾昭媛（2012）。婦女新知 The Awakening。臺灣大百科全書。2014 年 4 月 20 日，取自 http://taiwanpedia.culture.tw/web/content?ID=100136

曾漢塘、林季薇（譯）（2000）。N. Noddings。教育哲學（Philosophy of education）。臺北市：弘智文化。

甯應斌（1998）。Harding 的女性主義立場論。載於國科會 82-85 年度哲學學門研究計畫成果發表委員會編，哲學論文集（頁 261-296）。臺北市：中研院社科所。

童世駿、郁振華、劉進（譯）（2004）。G. Skirbekk、N. Gilje 著。西方哲學史：從古希臘到二十世紀（History of western thought: From ancient Greece to the twentieth century）。上海市：譯文。

覃玉蓉、林秀怡（2014 年 6 月 12 日）。冷血政府霸凌弱勢族群。自由時報。取自 http://news.ltn.com.tw/news/opinion/paper/786840

馮朝霖（2003）。教育哲學專論——主體、情性與創化。臺北市：高等教育。

馮朝霖（2006）。另類教育與二十一世紀教育改革趨勢。研習資訊，23（3），5-12。

黃昌誠（譯）（1995）。V. C. Morris 著。存在主義與教育（Existentialism in education）。臺北市：五南。

黃勇（譯）（2004）。R. Rorty 著。後哲學文化（Post-philosophical culture）。上海市：譯文。

黃瑞祺（2001）。批判社會學。臺北市：三民。

黃群等（譯）（2009）。C. Kelly 著。盧梭的榜樣人生——作為政治哲學的《懺悔錄》（Rousseau's exemplary life: The Confessions as political philosophy）。北京市：華夏。

黃嘉莉、許殷宏（譯）（2002）。J. Walton、J. L. Kuethe 編。教育究竟是什麼（The discipline of education）。臺北市：桂冠。

黃麗珍（譯）（2009）。C. Beasley 著。性別與性慾特質：關鍵理論與思想巨擘（Gender and sexuality: Critical theories, critical thinkers）。新北市：韋伯文化。

楊忠斌、羅之君、葉振偉（2011）。「懲罰」的概念分析對教師管教之啟示。中等教育，62（4），14-28。

楊深坑（2000a）。教育。教育大辭書。2014 年 1 月 20 日，取自 http://terms.naer.edu.tw/detail/1309767/?index=1

楊深坑（2000b）。教育美學。教育大辭書。2014 年 8 月 23 日，取自 http://terms.naer.edu.tw/detail/1309870/?index=4

楊深坑（2000c）。詮釋性研究。教育大辭書。2014 年 8 月 3 日，取自 http://terms.
　　naer.edu.tw/detail/1312559/?index＝8

楊深坑（2014）。教育研究的現象學方法。載於林逢祺、洪仁進（主編），教育哲學：
　　方法篇（頁 15-44）。臺北市：學富。

楊德睿（譯）（2002）。C. Geertz 著。地方知識：詮釋人類學論文集（Local
　　knowledge: further essays in interpretive anthropology）。臺北市：麥田。

萬毓澤（譯）（2007）。A. Callinicos 著。創造歷史：社會理論中的行動、結構與變遷
　　（Making history: Agency, structure, and change in social theory）。臺北市：群學。

葉彥宏（2013）。以 J. Dewey「教育即生長」探討臺灣中小學教師專業發展的問題。新
　　竹教育大學教育學報，30（1），71-100。

葉彥宏（2014）。J. Dewey 的理智觀在其教育哲學中的作用。國立臺灣師範大學教育研
　　究所博士論文，未出版，臺北市。

詹棟樑（2000）。教育科學。教育大辭書。2014 年 1 月 20 日，取自 http://terms.naer.
　　edu.tw/detail/1309869/?index＝1

鄒景雯（2014 年 2 月 11 日）。課綱檢核小組成員吳連賞 坦承過去沒有檢核小組。自由
　　時報。2014 年 4 月 20 日，取自 http://news.ltn.com.tw/news/focus/paper/753274

鄔昆如（2006）。哲學與哲學家：西方篇。臺北市：五南。

廖湘怡（2011）。皮德思（R. S. Peters）教育思想中的教師圖像。國立臺灣師範大學教
　　育研究所碩士論文，未出版，臺北市。

趙秀福（譯）（2010）。S. C. Rockefeller 著。杜威：宗教信仰與民主人本主義（John
　　Dewey: Religious faith and democratic humanism）。北京市：北京大學。

趙敦華（1988）。維特根斯坦。臺北市：遠流。

劉北成、王皖強（編譯）（2004）。E. J. Wilson、P. H. Reil 著。啟蒙運動百科全書
　　（Encyclopedia of the enlightenment）。上海市：上海人民。

劉育忠（譯）（2007）。H. A. Ozmon、S. M. Craver 著。教育哲學（Philosophical
　　foundations of education）。臺北市：五南。

劉昌元（2004）。尼采。臺北市：聯經。

劉貴傑（譯）（1994）。P. H. Hirst、R. S. Peters 著。教育的邏輯（The logic of
　　education）。臺北市：五南。

歐陽教（1989）。觀念分析學派的教育思潮。載於中國教育學會（編），現代教育思潮（頁
　　1-50）。臺北市：師大書苑。

歐陽教（1998）。德育原理。臺北市：文景。

歐陽教、方永泉（2000）。教育倫理學。教育大辭書。2014 年 8 月 23 日，取自 http://
　　terms.naer.edu.tw/detail/1310054/?index＝1

歐陽教（2002）。教育哲學導論。臺北市：文景。

潘世尊（2005）。P. H. Hirst 論「教育理論」之評介。臺東大學教育學報，16（2），1-42。

潘德榮（譯）（2012）。R. E. Palmer。詮釋學（Hermeneutics）。北京市：商務。

蔡如雅、李郁緻、但昭偉（2014）。教育是哲學的實驗室——思維實驗。載於林逢祺、洪
　　仁進（主編），教育哲學：方法篇（頁 447-466）。臺北市：學富文化。

蔡幸芝（無日期）。胡賽爾對伽俐略物理學的反思。香港人文哲學會網頁　http://www.
　　arts.cuhk.edu.hk/~hkshp。2008 年 12 月 31 日，取自：http://humanum.arts.cuhk.

edu.hk/~hkshp/zhesi/zs3/tart1.htm

蔡淑如（2004）。赫爾巴特教學論之研究。國立臺東大學教育所，未出版，臺東縣。

蔡錚雲（1991）。知覺現象學家：梅洛龐蒂。載於沈清松（編），時代心靈之鑰：當代哲學思想家（頁 144-168）。臺北市：正中書局。2012 年 12 月 2 日，取自 http://www.douban.com/group/topic/4687485/

蔡錚雲（譯）（2005）。D. Moran 著。現象學導論（Introduction to phenomenology）。新北市：桂冠。

鄭玄藏、余振民、黃淑清、彭瑞祥、趙祥和、蔡藝華（譯）（2002）。G. Corey 著。諮商與心理治療：理論與實務（Theory and practice of counseling and psychotherapy）。臺北市：雙葉。

鄭同僚（審定）（2004）。P. F. Carspecken 著。教育研究的批判民俗誌──理論與實務指南（Critical ethnography in educational research: A theoretical and pratical guide）。臺北市：高等教育。

鄭義愷（譯）（2005）。M. Foucault 著。傅柯說真話（Fearless speech）。臺北市：群學。

駐美國臺北經濟文化代表處文化組（2008）。美國發表「危機中的國家」教育建言二十五週年成效。2012 年 10 月 1 日，取自 http://epaper.edu.tw/e9617_epaper/windows.aspx?windows_sn=1437

蕭昭君、陳巨擘（譯）（2003）。P. McLaren 著。校園生活：批判教育學導論（Life in schools: An introduction to critical pedagogy in the foundations of education）。臺北市：巨流。

霍桂桓（譯）（2011）。A. Schütz 著。社會理論研究（Studies in social theory）。杭州市：浙江大學。

謝小芩（2001）。台灣的性別教育：回顧與前瞻。2014 年 6 月 23 日，取自 http://taiwan.yam.org.tw/nwc/nwc6/education/08.htm

鍾明倫（2009）。國中好小子同儕文化研究：Paul Willis「文化創生」理論之應用與評析。國立臺灣師範大學公民教育與活動領導學系碩士論文，未出版，臺北市。

簡成熙（2000）。分析哲學的教育哲學。載於邱兆偉（主編），教育哲學（頁 169-203），臺北市：師大書苑。

簡成熙（2003a）。女性主義的教育哲學。載於邱兆偉（主編），當代教育哲學（頁 209-246），臺北市：師大書苑。

簡成熙（2005）。教育哲學專論：當分析哲學遇上女性主義。臺北市：高等教育。

簡成熙（譯）（2002）。G. R. Knight 著。教育哲學導論（第 3 版）（Issues and alternatives in educational philosophy）。臺北市：五南。

羅達仁（譯）（1998）。W. Windelband 著。西洋哲學史（Lehrbuch der Geschichte der Philosophie）。臺北市：臺灣商務。

關鍵時刻雜誌（無日期）。英國教育改革家：湯瑪斯‧阿諾德博士（1795-1842）。2014 年 8 月 7 日，取自 http://www.kairosjournal.org/document.aspx?DocumentID=14789&QuadrantID=2&CategoryID=7&TopicID=13&L=8

嚴群（譯）（1983）。Plato 著。游敘弗倫、蘇格拉底的申辯、克力同（Euthyphro, Apology, Crito）。北京市：商務。

西文部分

Aristotle (1933). Aristotle in 23 Volumes, Vols. 17, 18 Metaphysics (H. Tredennick, Trans.). Cambridge, MA: Harvard University Press. Retrieved October 14, 2012, from http://www.perseus.tufts.edu/hopper/text?doc=Perseus:text:1999.01.0052

Aristotle (1934). Aristotle in 23 Volumes, Vol. 19 Nicomachean ethics (H. Rackham, Trans.). Cambridge, MA: Harvard University Press. Retrieved October 14, 2012, from http://www.perseus.tufts.edu/hopper/text?doc=Perseus:text:1999.01.0054

Aristotle (2007). Metaphysics (W. D. Ross, Trans.). Retrieved March 23, 2012, from http://ebooks.adelaide.edu.au/a/aristotle/metaphysics/

Bagley, W. C. (1911). Educational values. New York: The Macmillan.

Bambach, C. R. (1995). Heidegger, Dilthey, and the crisis of historicism. New York: Cornell University Press.

Bode, B. H. (1921). Foundamentals of education. New York: The Macmillan.

Bonnett, M. (2003). Martin Heidegger, 1899-1976. In J. A. Palmer, L. Bresler, & D. E. Cooper (Eds.), Fifity modern thinkers on education: From Piaget to the present (pp. 23-28). London: Routledge.

Bourdieu, P. (1986). The forms of capital. In J. Richardson (Ed.), Handbook of theory and research for the sociology of education (pp. 241–258). New York: Greenwood Press. (Original work published 1983)

Brameld, T. (1965). Education for the emerging age: Newer ends and stronger means. New York: Harper & Row.

Brameld, T. (1971). Patterns of educational philosophy: Divergence and convergence in culturological perspective. New York: Holt, Rinehart and Winston.

Buber, M. (1937). I and thou (R. G. Smith, Trans.). Edinburgh, UK: Morrison & Gibb. (Original work published 1923)

Calkins, N. A. (1889). Philosophy of education. General course 1889 and '90. New York: J. J. Little.

Carr, W., & Hartnett, A. (1996). Education and the struggle for democracy: The politics of educational ideas. Buckingham, UK: Open University Press.

Comenius, J. A. (1887). The orbis pictus of John Amos Comenius (M. A. Charles Hoole, Trans.). New York: C. W. Bardeen.

Corradetti, C. (2011). The Frankfurt School and critical theory (Internet Encyclopedia of Philosophy). Retrieved June 21, 2012, from http://www.iep.utm.edu/frankfur/

Cortazzi, M., & Jin, L. (1999). Bridges to learning: Metaphors of teaching, learning and language. In L. Cameron, & G. Low (Eds.), Researching and applying metaphor (pp. 149-176). Cambridge, Uk: Cambridge University Press.

Counts, G. S. (1952). Education and American civilization. New York: Teachers College, Columbia University.

Counts, G. S. (1978). Dare the school build a new social order? Carbondale, IL: SIU Press.

Cremin, L. A. (1964). The transformation of the school: Progressivism in American education, 1876-1957. New York: Vintage Books.

Darder, A., Baltodano, M., & Torres, R. D. (2003). Critical pedagogy: An introduction. In A.

Darder, M. Baltodano, & R. D. Torres (Eds.), The critical pedagogy reader (pp. 1-21). New York: RoutledgeFalmer.

David Hume (2014, July 7). In Wikipedia, the free encyclopedia. Retrieved July 12, 2014, from http://en.wikipedia.org/wiki/David_Hume

Deik-. (2008). myETYMOLOGY. Retrieved January 19, 2014, from http://www.myetymology.com/proto-indo-european/deik-.html

Dewey, J. (1891). Psychology. In J. A. Boydston (Ed.), The early works, Vol. 2 (pp. 1-366). Carbondale, IL: SIU Press.

Dewey, J. (1893). The relation of philosophy to theology. In J. A. Boydston (Ed.), The Early works, Vol. 4 (pp. 365-368). Carbondale, IL: SIU Press.

Dewey, J. (1895). Interest in relation to training of the will. In J. A. Boydston (Ed.), The early works, Vol. 5 (pp. 111-150). Carbondale, IL: SIU Press.

Dewey, J. (1896a). Interpretation of the culture-epoch theory. In J. A. Boydston (Ed.), The early works, Vol. 5 (pp. 247-253). Carbondale, IL: SIU Press.

Dewey, J. (1896b). The need for a laboratory school. In J. A. Boydston (Ed.), The early works, Vol. 5 (pp. 436-441). Carbondale, IL: SIU Press.

Dewey, J. (1897a). My pedagogic creed. In J. A. Boydston (Ed.), The Early works, Vol. 5 (pp. 84-95). Carbondale, IL: SIU Press.

Dewey, J. (1897b). Pedagogy I B 19: Philosophy of education, 1898-1899-winter quarter. In J. A. Boydston (Ed.), The Early works, Vol. 5 (pp. 328-341). Carbondale, IL: SIU Press.

Dewey, J. (1898). Pedagogy I B 19. Philosophy of education 1898-1899-winter quarter. In J. A. Boydston (Ed.), The early works, Vol. 5 (pp. 328-341). Carbondale, IL: SIU Press.

Dewey, J. (1899). "Consciousness" and experience. In J. A. Boydston (Ed.), The middle works, Vol. 1 (pp. 113-130). Carbondale, IL: SIU Press.

Dewey, J. (1900). The school and society. In J. A. Boydston (Ed.), The middle works, Vol. 1 (pp. 1-112). Carbondale, IL: SIU Press.

Dewey, J. (1902). The evolutionary method as applied to morality. In J. A. Boydston (Ed.), The middle works, Vol. 2 (pp. 3-38) . Carbondale, IL: SIU Press.

Dewey, J. (1903). The place of industries in elementary education by Katharine Elizabeth Dopp. In J. A. Boydston (Ed.), The middle works, Vol. 3 (pp. 307-309) . Carbondale, IL: SIU Press.

Dewey, J. (1905). The postulate of immediate empiricism. In J. A. Boydston (Ed.), The middle works, Vol. 3 (pp. 158-167) . Carbondale, IL: SIU Press.

Dewey, J. (1913a). Contributions to a cyclopedia of education, volumes 3, 4, and 5. In J. A. Boydston (Ed.), The middle works, Vol. 7 (pp. 207-365). Carbondale, IL: SIU Press.

Dewey, J. (1913b). Interest and Effort in Education. In J. A. Boydston (Ed.), The middle works Vol. 7 (pp. 151-197). Carbondale, IL: SIU Press.

Dewey, J. (1913c). Professional spirit among teachers. In J. A. Boydston (Ed.), The middle works, Vol. 7 (pp. 109-112). Carbondale, IL: SIU Press.

Dewey, J. (1915). Schools of To-Morrow. In J. A. Boydston (Ed.), The middle works, Vol. 8: (pp. 205-404). Carbondale, IL: SIU Press.

Dewey, J. (1916a). Democracy and education. In J. A. Boydston (Ed.), The middle works, Vol. 9 (pp. 1-402). Carbondale, IL: SIU Press.

Dewey, J. (1916b). Professional organization of teachers. In J. A. Boydston (Ed.), The middle works Vol. 10 (pp. 168-172). Carbondale, IL: SIU Press.

Dewey, J. (1916c). The educational balance, efficiency and thinking. In J. A. Boydston (Ed.), The later works Vol. 17 (pp. 77-82). Carbondale, IL: SIU Press.

Dewey, J. (1922). Human nature and conduct. In J. A. Boydston (Ed.), The middle works, Vol. 14 (pp. 1-230) . Carbondale, IL: SIU Press.

Dewey, J. (1925a). Experience and nature. In J. A. Boydston (Ed.), The later works, Vol. 1 (pp. 3-326) . Carbondale, IL: SIU Press.

Dewey, J. (1925b). The development of American pragmatism. In J. A. Boydston (Ed.), The later works, Vol. 2 (pp. 3-21). Carbondale, IL: SIU Press.

Dewey, J. (1929). The quest for certainty. In J. A. Boydston (Ed.), The later works, Vol. 4 (pp. 1-250). Carbondale, IL: SIU Press.

Dewey, J. (1930). From absolutism to experimentalism. In J. A. Boydston (Ed.), The later works, Vol. 5 (pp. 147-160). Carbondale, IL: SIU Press.

Dewey, J. (1933a). How we think. In J. A. Boydston (Ed.), The later works, Vol. 8 (pp. 105-352). Carbondale, IL: SIU Press.

Dewey, J. (1933b). The Underlying Philosophy of Education. In J. A. Boydston (Ed.), The later works,Vol. 8 (pp. 77-104). Carbondale, IL: SIU Press.

Dewey, J. (1934a). Art as experience. In J. A. Boydston (Ed.), The later works, Vol. 10 (pp. 7-352). Carbondale, IL: SIU Press.

Dewey, J. (1934b). The Need for a Philosophy of Education. In J. A. Boydston (Ed.), The later works, Vol. 9 (pp. 194-204). Carbondale, IL: SIU Press.

Dewey, J. (1937). Democracy is radical. In J. A. Boydston (Ed.), The later works, Vol. 11 (pp. 296-299). Carbondale, IL: SIU Press.

Dewey, J. (1938). Experience and education. In J. A. Boydston (Ed.), The later works, Vol. 13 (pp. 1-62). Carbondale, IL: SIU Press.

Dewey, J. (1940). Investigating education. In J. A. Boydston (Ed.), The later works Vol. 14 (pp. 370-372). Carbondale, IL: SIU Press.

Didactic (2014). Dictionary.com. Retrieved January 19, 2014, from http://dictionary. reference.com/browse/didactic

Dilthey, W. (1988). Introduction to the human sciences: An attempt to lay a foundation for the study of society and history (R. J. Betanzos, Trans). Detroit, MI: WSU Press. (Original work published 1883)

Edmund Husserl (2014, June 25). In Wikipedia, the free encyclopedia. Retrieved July 15, 2014, from http://en.wikipedia.org/wiki/Edmund_Husserl

Educate. (2008). myETYMOLOGY. Retrieved January 19, 2014, from http://www. myetymology.com/english/educate.html

Encyclopedia (2014, May 15). In Wikipedia, the free encyclopedia. Retrieved May 18,

2014, from http://en.wikipedia.org/wiki/Encyclopedia#cite_note-9

Foucault, M. (1977). Discipline and punish (A. Sheridan, Trans.). New York: Vintage. (Original work published 1975)

Foucault, M. (1978). The history of sexuality Vol. 1: An introduction (R. Hurley, Trans.). New York: Pantheon Books. (Original work published 1976)

Foucault, M. (2001). Fearless speech (J. Pearson, Trans.). Los Angeles: Semiotext(e).

Foucault, M. (2003). Society must be defended: Lectures at the collège de France, 1975-76 (D. Macey, Trans.). New York: Picador. (Original work published 1997)

Foucault, M. (2005). The hermeneutics of the subject: Lectures at the College de France 1981-82 (G. Burchell, Trans.). New York: Palgrave Macmillan. (Original work published 2001)

Francis Bacon (2014, January 24). Wikimedia Commons, the free media repository. Retrieved July 12, 2014, http://commons.wikimedia.org/wiki/File:British_-_Francis_Bacon_-_Google_Art_Project.jpg

Fraser, N. (2013, October 14). How feminism became capitalism's handmaiden - and how to reclaim it. The guardian. Retrieved June 24, 2014, from http://www.theguardian.com/commentisfree/2013/oct/14/feminism-capitalist-handmaiden-neoliberal

Freire, P. (1998). Pedagogy of freedom: Ethics, democracy, and civic courage. (P. Clarke Trans.). New York: Rowman & Littlefield Publishers.

Freire, P. (1998). Teachers as cultural workers: Letters to those who dare teach. Boulder, CO: Westview Press.

Freire, P. (2000). Pedagogy of the oppressed (M. B. Ramos Trans.). New York: Continuum. (Original work published 1970)

Gadamer, H. -G. (1975). Truth and method (J. Weinsheimer, & D. G. Marshall, Trans.). New York: Continuum. (Original work published 1960)

Gadamer, H. -G. (1976). Philosophical hermeneutics (D. E. Linge, Trans., & Ed.). Berkeley, CA: University of California Press.

Gall, J. (1840). A practical enquiry into the philosophy of education. Edinburgh, UK: James Gall & Son.

Geertz, C. (1973). The interpretation of cultures: Selected essays. New York: Basic Books.

Geertz, C. (1983). Local knowledge: Further essays in interpretive anthropology. New York: Basic Books.

Geisteswissenschaften (2013, December 8). In Wikipedia, the free encyclopedia. Retrieved June 21, 2014, from http://en.wikipedia.org/wiki/Geisteswissenschaft

Gilligan, C. (1982). In a different voice: Psychological theory and women's development. Cambridge, MA: Harvard University Press.

Giroux, H. (1988). Teachers as transformatory intellectuals. Retrieved October 12, 2012, from http://www.sef.org.pk/old/Educate/education/Teachers%20as%20Transformatory%20Intellectuals%20by%20Henry%20Giroux.pdf

Giroux, H. (1991). Border pedagogy as postmodern resistance. Retrieved July 6, 2014,

from http://www.stephenhicks.org/wp-content/uploads/2011/09/giroux_henry-poe. pdf

Goodyear, D. (n.d.). John Locke's pedagogy. The encyclopaedia of educational philosophy and theory. Retrieved April 19, 2014, from http://eepat.net/doku. php?id=john_locke_s_pedagogy

Hank (2012, September 22). Allegory of the cave. Retrieved July 19, 2014, from http:// ethicsjusticeandsociety.voices.wooster.edu/allegory-of-the-cave/

Hannon, R. T. (2004). Women's psychology: Sigmund Freud. Retrieved April 19, 2014, from http://salempress.com/store/samples/psychology_basics/psychology_basics_ freud.htm

Hans-Georg Gadamer (2014, July 1). In Wikipedia, the free encyclopedia. Retrieved July 14, 2014, from http://en.wikipedia.org/wiki/Hans-Georg_Gadamer

Heidegger, M. (1988). The basic problems of phenomenology (A. Hofstadter, Trans.). Bloomington, IN: Indiana University Press. (Original work published 1975)

Heidegger, M. (1996). Being and time (J. Stambaugh, Trans.). New York: State University of New York. (Original work published 1927)

Hilgenheger, N. (1993). Johann Friedrich Herbart (1776-1841). Retrieved June 21, 2012, from http://www.ibe.unesco.org/fileadmin/user_upload/archive/publications/ ThinkersPdf/herbarte.pdf

Hirst, P. H. (1993). Education, knowledge and practice. In R. Barrow, & P. White (Eds.), Beyond liberal education: Essays in honour of Paul H. Hirst (pp.184-199). London: Routledge.

Hirst, P. H., & Peters, R. S. (1970). The logic of education. London: Routledge & Kean Paul.

Horne, H. H. (1907). The philosophy of education. New York: The Macmillan.

Hume, D. (1888). A treatise of human nature. Oxford: Clarendon.

Hume, D. (2010). An enquiry concerning the principles of morals. Retrieved April 19, 2014, from http://econfaculty.gmu.edu/klein/Assets/Hume_Morals.pdf

Immanuel Kant (2014, August 8). In Wikipedia, the free encyclopedia. Retrieved August 16, 2014, from http://en.wikipedia.org/wiki/Immanuel_Kant

Instruction. (2008). myETYMOLOGY. Retrieved January 19, 2014, from http://www. myetymology.com/latin/instructio.html

Jean-Jacques Rousseau (2014, July 20). In Wikipedia, the free encyclopedia. Retrieved July 21, 2014, from http://en.wikipedia.org/wiki/Jean-Jacques_Rousseau

Jean-Paul Sartre (2014, August 1). In Wikipedia, the free encyclopedia. Retrieved August 5, 2014, from http://en.wikipedia.org/wiki/Jean-Paul_Sartre

Johann Friedrich Herbart (2014, July 28). In Wikipedia, the free encyclopedia. Retrieved August 8, 2014, from http://en.wikipedia.org/wiki/Johann_Friedrich_Herbart

John Dewey (2014, July 7). In Wikipedia, the free encyclopedia. Retrieved July 19, 2014, from http://en.wikipedia.org/wiki/John_Dewey

John Locke (2014, July 8). In Wikipedia, the free encyclopedia. Retrieved July 17, 2014, from http://en.wikipedia.org/wiki/John_Locke

Kant, I. (1900). On pedagogy (A. Churton, Trans.). Boston: D. C. Heath. (Original work published 1803)

Kilpatrick, W. H. (1922). Syllabus in the philosophy of education. New York: Teachers College, Columbia University.

Kilpatrick, W. H. (1926). Foundations of method: Informal talks on teaching. New York: The Macmillan Company.

Kohlberg, L. (1971). From is to ought: How to commit the naturalistic fallacy and get away with it in the study of moral development. In T. Mischel (Ed.), Cognitive development and epistemology (pp. 151-284). New York: Academic Press.

Lacewing, M. (2014). Nietzsche's perspectivism. Retrieved February 16, 2014, from http://cw.routledge.com/textbooks/alevelphilosophy/data/A2/Nietzsche/NietzschePerspectivism.pdf

Laertius, D. (1853). The lives and opinions of eminent philosophers. (C. D. Yonge, Trans.). London: Henry G. Bohn. Scanned and edited for Peithô's Web. Retrieved August 23, 2012, from http://classicpersuasion.org/pw/diogenes/dlplato.htm

Laird, S. (2003). Jane Roland Martin 1929-. In J. A. Palmer, L. Bresler, & D. E. Cooper (Eds.), Fifity modern thinkers on education: From Piaget to the present (pp. 203-209). London: Routledge.

Locke, J. (1889). Some thoughts concerning education. Cambridge, Uk: Cambridge University Press.

Ludwig Wittgenstein (2014, July 4). In Wikipedia, the free encyclopedia. Retrieved July 5, 2014, from http://en.wikipedia.org/wiki/Ludwig_Wittgenstein

Lyotard, J. -F. (1984). The postmodern condition: A report on knowledge (G. Bennington, & B. Massumi, Trans.). Minneapolis, MN: University of Minnesota Press. (Original work published 1979)

MacVannel, J. A. (1912). Outline of a course in the philosophy of education. New York: The Macmillan.

Martin Buber (2014, July 10). In Wikipedia, the free encyclopedia. Retrieved July 14, 2014, from http://en.wikipedia.org/wiki/Martin_Buber

Martin Heidegger (2014, July 6). In Wikipedia, the free encyclopedia. Retrieved July 15, 2014, from http://en.wikipedia.org/wiki/Martin_Heidegger

Martin, J. R. (1998). The wealth of cultures and the problem of generations. Philosophy of education, 1998, 23-38.

Martinez, E., & Garcia, A. (1996). What is neoliberalism? A brief definition for activists. Retrieved July 27, 2014, from http://www.corpwatch.org/article.php?id=376

Maurice Merleau-Ponty (2014, July 13). In Wikipedia, the free encyclopedia. Retrieved July 15, 2014, from http://en.wikipedia.org/wiki/Maurice_Merleau-Ponty

McLaughlin, T. H. (2003). Paul H. Hirst 1927-. In J. A. Palmer, L. Bresler, & D. E. Cooper (Eds.), Fifity modern thinkers on education: From Piaget to the present (pp. 193-199). London: Routledge.

Merleau-Ponty, M. (1962). Phenomenology of perception (C. Smith, Trans.). London: Routledge. (Original work published 1945)

Merleau-Ponty, M. (1964). Signs (L. Gallimard, Trans.). Evanston, IL: Northwestern University Press. (Original work published 1960)

Michel Foucault (2014, July 10). In Wikipedia, the free encyclopedia. Retrieved July 18, 2014, from http://en.wikipedia.org/wiki/Michel_Foucault

Moran, D. (2000). Introduction to phenomenonlogy. New York: Routledge.

Moustakas, C. (1994). Phenomenological research methods. London: SAGE.

Munzel, G. F. (2003). Kant, Hegel, and rise of pedagogical science. In R. Curren (Ed.), A companion to the philosophy of education (pp. 113-129). Malden, MA: Blackwell.

National Society for the Study of Education (2012). The history of the National Society for the Study of Education – 1901 to 2008. Retrieved July 3, 2012, from http://nsse-chicago.org/About.asp

Naugle, D. K. (2004). Worldview: History, theology, implications. Retrieved January 19, 2014, from http://www.leaderu.com/philosophy/worldviewhistory.html

Nichols, M. P. (1987). Socrates and the political community: An ancient debate. New York: State University of New York.

Nietzsche, F. W. (1968). The will to power (W. Kaufmann, & R. J. Hollingdale Trans.). New York: Vintage Books.

Nietzsche, F. W. (2006). The spoke Zarathustra (A. D. Caro, Trans.). Cambridge, UK: Cambridge University Press. (Original work published 1961)

Noddings, N. (1984). Caring: A feminine approach to ethics and moral education. Berkeley, CA: University of California.

Noddings, N. (2007). Philosophy of education (2nd ed.). Bulder, CO: Westview Press.

Osborne, S. (2001). Feminism. North Pomfret, VT: Trafalgar Square.

Ozmon, H. A., & Craver, S. M. (2008). Philosophical foundations of education (8th ed.). Columbus, OH: Merrill Prentice Hall.

Paidagogos. (2008). myETYMOLOGY. Retrieved January 19, 2014, from http://www.myetymology.com/greek/paidagogos.html

Paidagogos. (2013). Bible Study Tools Online. Retrieved January 19, 2014, from http://www.biblestudytools.com/lexicons/greek/kjv/paidagogos.html

Paideia (1999). Bible Study Tools Online. Retrieved January 19, 2014, from http://www.biblestudytools.com/lexicons/greek/nas/paideia.html

Paideia (2008). myETYMOLOGY. Retrieved January 19, 2014, from http://www.myetymology.com/greek/paideia.html

Paideia (2014, March 1). In Wikipedia, the free encyclopedia. Retrieved January 19, 2014, from http://en.wikipedia.org/wiki/Paideia

Palmer, R. E. (1969). Hermeneutics: Interpretation theory in Schleiermacher, Dilthey, Heidegger, and Gadamer. Evanston, IL: Northwestern University Press.

Panopticon. (2014, May 5). In Wikipedia, the free encyclopedia. Retrieved May 19, 2014, from http://en.wikipedia.org/wiki/Panopticon

Paul Ricœur (2014, June 17). In Wikipedia, the free encyclopedia. Retrieved August 9, 2014, from http://en.wikipedia.org/wiki/Paul_Ric%C5%93ur

Pedagogy. (2009). New World Encyclopedia. Retrieved January 19, 2014, from http://

www.newworldencyclopedia.org/entry/Pedagogy

Peters, R. S. (1966). The philosophy of education. In J. W. Tibble (Ed.), The study of education (pp. 59-89). London: Routledge and Kegan Paul.

Peters, R. S. (1970). Ethics and education. London: GeorgeAllen & Unwin.

Peters, R. S. (1973). The justification of education. In R. S. Peters (Ed.), The philosophy of education (pp. 239-267). Oxford, UK: Oxford University Press.

Phillips, D. C. (2008). Philosophy of education (Stanford Encyclopedia of Philosophy). Retrieved November 15, 2011, from http://plato.stanford.edu/entries/education-philosophy/#Rel

Piaget, J. (1965). The moral judgement of the child. New York: The Free Press.

Plato (1925). Plato in twelve volumes, Vol. 9 Hippias Major, Hippias Minor, Ion, Menexenus, Cleitophon, Timaeus, Critias, Minos, Epinomis, or Nocturnal Council. (W. R. M. Lamb, Trans.). Cambridge, MA: Harvard University Press. Retrieved August 23, 2012, from http://www.perseus.tufts.edu/hopper/text?doc=Perseus:text:1999.01.0180

Plato (1955). Plato in twelve volumes, Vol. 8 Alcibiades 1, Alcibiades 2, Hipparchus, Lovers, Theages, Charmides, Laches, Lysis (W. R. M. Lamb, Trans.). Cambridge, MA: Harvard University Press. Retrieved August 23, 2012, from http://www.perseus.tufts.edu/hopper/text?doc=Perseus:text:1999.01.0176

Plato (1966). Plato in twelve volumes, Vol. 1 Euthyphro, Apology, Crito, Phaedo (H. N. Fowler, Trans.). Cambridge, MA: Harvard University Press. Retrieved August 23, 2012, from http://www.perseus.tufts.edu/hopper/text?doc=Perseus:text:1999.01.0170

Plato (1967). Plato in twelve volumes, Vol. 3 Euthydemus, Protagoras, Gorgias, Meno (W. R. M. Lamb, Trans.). Cambridge, MA: Harvard University Press. Retrieved August 23, 2012, from http://www.perseus.tufts.edu/hopper/text?doc=Perseus:text:1999.01.0178

Plato (1969). Plato in twelve volumes, Vol. 5&6 The Republic (P. Shorey, Trans.). Cambridge, MA: Harvard University Press. Retrieved August 23, 2012, from http://www.perseus.tufts.edu/hopper/text?doc=Perseus:text:1999.01.0168

Plowden report (2014, May 3). In Wikipedia, the free encyclopedia. Retrieved July 17, 2014, from http://en.wikipedia.org/wiki/Plowden_report

Quine, W. V. O. (1961). From a logical point of view. New York: Harper & Row.

René Descartes (2014, July 8). In Wikipedia, the free encyclopedia. Retrieved July 12, 2014, from http://en.wikipedia.org/wiki/Ren%C3%A9_Descartes

Ricoeur, P. (2004). The conflict of interpretations: essays in hermeneutics (D. Ihde, Ed.). NY: Continuum. (Original work published 1969)

Robert Owen (2014, June 20). In Wikipedia, the free encyclopedia. Retrieved July 15, 2014, from http://en.wikipedia.org/wiki/Robert_Owen

Robeyns, I., & Byskov, M. F. (2020). The capability approach. https://plato.stanford.edu/entries/capability-approach/

Rockefeller, S. C. (1991). John Dewey: Religious faith and democratic humanism. New

York: Columbia University Press.

Rorty, R. (1979). Philosophy and the mirror of nature. Princeton, NJ: Princeton University Press.

Rorty, R. (2007). Philosophy as cultural politics: Philosophical papers, Volume 4. New York: Cambridge University Press.

Rorty, R. (Ed.). (1967). The linguistic turn: Essays in philosophical method. Chicago: The University of Chicago Press.

Rosenkranz, J. K. F. (1887). The philosophy of education (A. C. Brackett, Trans.). New York: D. Appleton and Company.(Original work published 1848)

Rousseau, J. -J. (1979). Emile: or on education (A. Bloom, Trans.). New York: Basic Books. (Original work published 1762)

Rousseau, J. -J. (1997a). Discourse on the sciences and arts or First discourse. In V. Gourevitch (Ed.), The discourses and other early political writings (pp. 1-28). Cambridge, UK: Cambridge University Press. (Original work published 1750)

Rousseau, J. -J. (1997b). Discourse on the origin and foundations of inequality among men or Second discourse. In V. Gourevitch (Ed.), The discourses and other early political writings (pp. 111-188). Cambridge, UK: Cambridge University Press. (Original work published 1754)

Rousseau, J. -J. (2004a). Discourse on political economy and the social contract. In C. Betts (Trans.), Jean-Jacques Rousseau: Discourse on political economy and the social contract (pp. 1-41). Kessinger Publishing. (Original work published 1755)

Rousseau, J. -J. (2004b). The social contract. In C. Betts (Trans.), Jean-Jacques Rousseau: Discourse on political economy and the social contract (pp. 43-168). Kessinger Publishing. (Original work published 1762)

Ruitenberg, C. (Ed.). (2010). What do philosophers of education do (And how do they do it). Oxford, UK: Wiley-Black Well.

Ryan, K. (2015). The six Es of character education. https://www.scu.edu/character/resources/the-six-es-of-character-education/

Ryle, G. (1949). The concept of mind. London: The Mayflower Press.

Sartre, J.-P. (2005). Existentialism is a humanism (P. Mairet, Trans.). Retrieved November 13, 2012, from http://www.marxists.org/reference/archive/sartre/works/exist/sartre.htm (Original work published 1956)

Scheffler, I. (1960). The language of education. Springfield, IL: Charles Thomas.

Schütz, A. (1976). Collected papers 2: Studies in social theory. A. Brodersen (Ed.). The Hague, Netherlands: Martinus Nijhoff.

Schütz, A. (1990). Collected papers 1: The problem of social reality. M. Natanson (Ed.). Dordrecht, Netherlands: Kluwer Academic Publishers.

Siegel, H. (2003). Israel Scheffler, 1923-. In J. A. Palmer, L. Bresler, & D. E. Cooper (Eds.), Fifity modern thinkers on education: From Piaget to the present (pp. 142-147). London: Routledge.

Siegel, H. (2007). Philosophy of education (Encyclopædia Britannica Online). Retrieved June 21, 2012, from http://www.britannica.com/EBchecked/topic/179491/

philosophy-of-education

Simon, R. I. (1987). Empowerment as a pedagogy of possibility. Language Arts, 64(4), 370-382. .

Simpson, J. (1836). The philosophy of education: With its practical application to a system and plan of popular education. London: Edinburgh.

Sócrates. (2013, March 28). In Wikipedia, the free encyclopedia. Retrieved January 19, 2014, from http://commons.wikimedia.org/wiki/File:S%C3%B3crates.jpeg#file

Sokolowski, R. (2000). Introduction to phenomenology. Cambridge, UK: Cambridge University Press.

Standish, P. (2010). What is the philosophy of education? In R. Bailey (Ed.), The philosophy of education: An introduction (pp. 4-20). London: Continuum.

Stojanov, K. (2011). Overcoming social pathologies in education: On the concept of respect in R. S. Peters and Axel Honneth. In S. E. Cuypers & C. Martin (Eds.), Reading R. S. Peters today: Analysis, ethics, and the aims of education (pp. 156-167). West Sussex, UK: Wiley-Black Well.

Tate, T. (1884). The Philosophy of Education; or, the principles and practice of teaching. New York: C. W. Bardeen.

Westbrook, R. B. (1991). John Dewey and American democracy. Ithaca, NY: Cornell University Press.

White, J. (2003). R. S. Peters 1919-. In J. A. Palmer, L. Bresler, & D. E. Cooper (Eds.), Fifity modern thinkers on education: From Piaget to the present (pp. 118-122). London: Routledge.

Whitehead, A. N. (1979). Process and reality. New York: Simon and Schuster.

Windelband, W. (1958). A history of philosophy Vol. 1: Greek, Roman, and medieval (J. H. Tufts, Trans.). New York: Harper Torchbooks. (Original work published 1901)

Wittgenstein, L. (1922). Tractatus logico-philosophicus (D. F. Pears, & B. F. McGuinness, Trans.). London: Routledge. (Original work published 1921)

Wittgenstein, L. (1969). On certainty. (D. Paul & G. E. M. Anscombe, Ed., D. Paul & G. E. M. Anscombe, Trans.). Oxford: Blackwell.

Wittgenstein, L. (1977). Remarks on colour. (G. E. M. Anscombe, Ed., L. L. McAlister & M. Schättle, Trans.). Berkeley: University of California Press.

Wittgenstein, L. (2009). Philosophical investigations (G. E. M. Anscombe, P. M. S. Hacker, & J. Schulte, Trans.). Malden, MA: Wiley-Blackwell. (Original work published 1953)

Zembylas, M. (2003). Jean-François Lyotard, 1924-98. In J. A. Palmer, L. Bresler, & D. E. Cooper (Eds.), Fifity modern thinkers on education: From Piaget to the present (pp. 148-154). London: Routledge.

國家圖書館出版品預行編目資料

圖解教育哲學／葉彥宏著. -- 二版. -- 臺北
市：五南圖書出版股份有限公司, 2023.06
面；　公分.--（圖解系列）

ISBN 978-626-343-940-5 (平裝)

1. CST: 教育哲學

520.11　　　　　　　112003809

1IYM

圖解教育哲學

作　　　者 ― 葉彥宏

企劃主編 ― 黃文瓊

責任編輯 ― 李敏華

封面設計 ― 姚孝慈

出 版 者 ― 五南圖書出版股份有限公司

發 行 人 ― 楊榮川

總 經 理 ― 楊士清

總 編 輯 ― 楊秀麗

地　　　址：106臺北市大安區和平東路二段339號4樓

電　　　話：(02)2705-5066　　傳　　真：(02)2706-6100

網　　　址：https://www.wunan.com.tw

電子郵件：wunan@wunan.com.tw

劃撥帳號：01068953

戶　　　名：五南圖書出版股份有限公司

法律顧問　林勝安律師

出版日期　2015年5月初版一刷（共七刷）
　　　　　2023年6月二版一刷
　　　　　2024年9月二版二刷

定　　　價　新臺幣380元

經典永恆·名著常在

五十週年的獻禮——經典名著文庫

五南，五十年了，半個世紀，人生旅程的一大半，走過來了。

思索著，邁向百年的未來歷程，能為知識界、文化學術界作些什麼？

在速食文化的生態下，有什麼值得讓人雋永品味的？

歷代經典·當今名著，經過時間的洗禮，千錘百鍊，流傳至今，光芒耀人；

不僅使我們能領悟前人的智慧，同時也增深加廣我們思考的深度與視野。

我們決心投入巨資，有計畫的系統梳選，成立「經典名著文庫」，

希望收入古今中外思想性的、充滿睿智與獨見的經典、名著。

這是一項理想性的、永續性的巨大出版工程。

不在意讀者的眾寡，只考慮它的學術價值，力求完整展現先哲思想的軌跡；

為知識界開啟一片智慧之窗，營造一座百花綻放的世界文明公園，

任君邀遊、取菁吸蜜、嘉惠學子！